古代美術史研究

二編

第14冊

五代墓葬美術研究（上）

鄭以墨 著

花木蘭文化出版社

國家圖書館出版品預行編目資料

五代墓葬美術研究（上）／鄭以墨 著 — 初版 — 新北市：花
木蘭文化出版社，2017〔民 106〕
序 2+ 目 2+224 面；19×26 公分
（古代美術史研究 二編；第 14 冊）
ISBN：978-986-322-589-8（精裝）
1. 古墓　2. 美術考古　3. 五代十國
618　　　　　　　　　　　　　　　　　103001128

ISBN-978-986-322-589-8

古代美術史研究
二　編　第十四冊　　　　　　ISBN：978-986-322-589-8

五代墓葬美術研究（上）

作　　者　鄭以墨
總 編 輯　杜潔祥
副總編輯　楊嘉樂
編　　輯　許郁翎、王筑　美術編輯　陳逸婷
出　　版　花木蘭文化出版社
社　　長　高小娟
聯絡地址　235 新北市中和區中安街七二號十三樓
　　　　　電話：02-2923-1455 ／傳真：02-2923-1452
網　　址　http://www.huamulan.tw 信箱 hml810518@gmail.com
印　　刷　普羅文化出版廣告事業
初　　版　2017 年 3 月
全書字數　259669 字
定　　價　二編 28 冊（精裝）新台幣 75,000 元

五代墓葬美術研究（上）

鄭以墨 著

作者簡介

鄭以墨，女，1972 年出生，2003 年至 2006 年於首都師範大學攻讀美術學專業的碩士研究生
學位，研究方向爲中國美術史，師從李福順先生；2006 年至 2009 年於中央美術學院攻讀美術
學專業的博士研究生學位，研究方向爲美術考古，師從鄭岩先生；2009 年至今任教於河北科技
大學藝術學院，從事中國美術史的教學與研究。曾在《美術研究》、《故宮博物院院刊》、《南京
藝術學院學報》（美術與設計版）、《東南文化》、《四川文物》等雜誌發表學術論文數篇。

提　　要

　　五代的政治分裂使得墓葬的地域差異更爲明顯，此時的墓葬美術呈現出與唐代迥異的發展
面貌。在五代墓葬系統的創建過程中，墓葬美術、地上繪畫、佛教美術、建築等不同系統之間
的交流與碰撞變得異常頻繁。本書將以五代墓葬爲研究對象，旨在探討其與其他圖像系統之間
的複雜關係。

　　對五代墓葬的類型學分析意在勾勒其整體的發展面貌，並在此基礎上選取三個典型案例，
即王處直墓、王建墓和仿木建築，三者分別指向同一個問題的不同方面。

　　對王處直墓的分析主要關涉畫工是如何用壁畫表達某一特定觀念的。其中包括畫工對各種
繪畫題材、風格樣式的選擇、對諸多壁畫的組織、對空間關係的處理等等，從中可看到畫工對
不同系統繪畫的借鑒與再創造。

　　對王建墓的探討則試圖勾畫一座帝王陵墓的形成軌迹。文中首先討論了該墓形制、佈局
及棺槨樣式與以法門寺爲代表之佛舍利瘞埋制度的關係，並在此基礎上進一步分析棺床雕刻、
十二半身像與佛教淨土思想的關係、王建像與皇權的表達，兼及諸多圖像所共同組成的意義體系。
對上述問題的解答在某種程度上展示了佛教圖像在墓葬中的轉換與重組。

　　對仿木建築的分析將有助於揭示墓葬與地上建築之間的特殊關係。其中涉及三方面的子問
題；其一，從模仿的動機、形式、技術三個方面來分析仿木樣式的來源；其二，工匠爲了實現
對地上木建築的眞實模仿而遵循的比例法則、觀看法則以及處理不同建築空間所採用的各種手
段等；其三，解讀該形式所蘊含的思想觀念。

2012 年度教育部人文社會科學研究一般項目
《五代墓葬美術研究》（12YJC760123）

序

　　以墨的博士論文沉澱幾年後，即將出版。她畢業以來，除從事教學等工作外，還光榮地成為一位辛苦而幸福的母親，各方面的負擔可想而知。儘管擔心她沒有太多精力作細緻的打磨，但我還是支持她將文章拿出來請讀者批評，這也可以激發她下一步縱深或拓展性的研究。

　　五代是中國美術史上幾個重要的關節點之一，儘管《圖畫見聞志》、《宣和畫譜》等文獻不乏對這一時期畫家與作品的記述，然而涉及具體作品，則問題層出不窮。十多年前，圍繞紐約大都會美術館所藏《溪岸圖》的爭論，即在一定程度上反映了早期卷軸畫研究面臨的材料（當然也包括研究方法）的困境。

　　材料的局限是史家永遠要面對的問題，而新材料的開發往往與觀念的轉換互為表裏。二十世紀近代學科意義上中國美術史寫作的展開，正與田野考古學的引入和成熟大致同步，美術史觀念的更新得到了考古材料的支持，而考古學的研究方法也擴展了美術史的視野。

　　有學者注意到，河北曲陽縣西燕川村五代王處直墓壁畫中的山水與傳世的董源畫作相當接近，其後室正壁的花鳥畫，則可能與文獻記載的徐熙裝堂花有關。然而，以墨論文題目的關鍵詞是「墓葬美術」，其重點並不在於「補充」或「證明」成說，使卷軸畫的故事更為圓融（這一點無疑也很重要），而在於努力建立一個新的敘事體系。這裡使用的「美術」一詞，不再局限於文藝復興以來形成的「繪畫、雕塑、建築、工藝美術」分類，而重在將墓葬本身看作一個完整的藝術系統。在這個系統內部，一方面不難看到繪畫、雕塑、建築和工藝等傳統藝術形式，另一方面，整個墓葬系統的功能和性質與

陳列於博物館，或為人們欣賞把玩的藝術品迥然不同，也與寺塔道觀等公共性的宗教藝術有較大差別。換言之，「美術」在這裡除了是對研究對象外在形式的描述，同時也是一種視角的選擇。墓室建築、壁畫、隨葬品的形態決定了我們有理由運用美術史的操作方式進行研究；而墓葬的整體性、墓葬與墓主的關係、墓葬與建造者的關係、不同墓葬之間的時空關係、墓葬的宗教與歷史背景等等，又引導我們引入其他相關學科的問題與方法。以墨的論文在這兩個方向上都作了不同程度的探索，其中不少看法值得重視。

站在科學的角度，我們有一百個、一千個理由指責《古墓麗影》、《盜墓筆記》等消費文化產品中故事情節的荒誕不經，但對美術史研究者來說，埋伏於地下的墓葬的確也是我們心智「穿越」到古代世界的重要通道，學術探索的旅程同樣千回百轉、山重水複，富有吸引和挑戰。近年來，中國古代墓葬美術的研究有不少新的進展，由國內外多家高校聯合發起的「古代墓葬美術研究國際學術討論會」，從 2009 年以來已經召開三屆，有關的著作也不斷面世。但總體來說，目前這一領域的研究仍是試驗性的。可喜的是，其開放的格式，有利於包容各種不同的方法和理念，有利於吸引不同學科的學者參與。同樣，我們也期待像以墨這樣更年輕的學者投身其中，不斷做出新的成績。

鄭　岩

2013 年 10 月 27 日於薩默維爾寓所

目次

緒　論

一、選題目的和意義

　　近年來，美術史的研究發生了很大變化，從研究對象來看，它不僅包含傳統意義上的作品，如卷軸畫、雕塑、器物、建築等單體，而且涵蓋了其他形式的視覺材料，如與政治、禮儀相關聯的城市佈局、墓葬，與生活方式密切相連的傢具、絲織品等等。材料的變化與觀念、方法的變化互為因果。面對這些新的材料，研究者所關心的問題，不再局限於風格的特徵與變化，研究的目的亦非僅限於評判作品的真偽優劣，而開始關注更為廣泛的問題，方法也越來越趨於多樣化。

　　在這些變化中，墓葬美術是近年來研究的一個熱點，且研究成果顯著，但據筆者近幾年的考察，發現仍存在一些問題。本書選擇五代墓葬進行研究，目的即在於對以往的研究進行學術史的反思，並在此基礎上思考一些新問題，如「美術史」在古代是一個什麼概念，與今人的認識有哪些區別？墓葬美術與卷軸畫、屏風畫、佛教美術、建築等其它的美術系統是什麼關係？墓葬美術在美術史中應處於何種地位？

　　接下來的問題是，目前從漢至宋、遼均有豐富的墓葬美術材料，本書的研究為何選擇五代？原因在於：

　　1. 20 世紀中葉以來，五代墓葬美術考古取得了很大的進展，其豐富程度雖無法與漢、唐、宋、遼相比，但相對於其存在時間而言，墓葬的數量與質量已相當可觀。目前學者對墓葬美術的研究多集中在漢、魏晉南北朝、唐、宋、遼，而五代卻一直處於邊緣地帶，即使偶有涉及，也只是作為唐代墓

葬的後綴或宋代墓葬的先聲，應該說對其獨立之美術史價值的研究尚未充分展開。

2. 本書的研究旨在揭示墓葬美術與其他圖像系統的關係。從理論上講，分析幾個系統關係之前提應該是：它們都要有較充分的可資比較的材料，包括各種形式的圖像、文字等。漢代的美術材料大多來自墓葬，其他系統的美術作品幾乎無存或存之甚少，且此時未有系統的畫史著述，我們難以獲悉當時美術史的發展狀況，因此漢代不具備解決筆者所提問題之條件。魏晉南北朝、隋、唐均有較為豐富的墓葬、佛教美術材料，且有較為系統的畫史、畫論出現，特別是唐代出現了中國歷史上第一部繪畫通史《歷代名畫記》及第一部斷代史《唐朝名畫錄》，但作為美術史重要組成部分的卷軸畫作品卻很少，僅有的幾幅，其年代問題尚存很大爭議。因此，這一時段的材料亦不足以解決幾個系統關係之問題。宋、遼不僅有豐富的墓葬及佛教美術材料，更有較為豐富繪畫著述及傳世作品，具備討論上述問題的所有條件，但宋代墓葬美術的源頭可上追五代，如五代的問題未能解決，就會使得後期的墓葬美術研究缺乏連貫性。

3. 五代具備解決上述問題的必要條件：其一，將近百年的政權割據，使得五代墓葬美術呈現明顯的地域性，藝術面貌的多樣化為本書的討論提供了廣闊的視野；其二，此時較為可靠的傳世作品及較為豐富的佛教美術均為本書的研究提供了重要依據；其三，《歷代名畫記》的成書時間為晚唐，距五代很近，恰可作為研究五代美術源頭的可靠材料，此外《營造法式》雖成書於宋代，但其內容卻在某種程度上反映了前代的建築法則，亦可作為有關仿木建築之討論的關鍵材料；其五，唐、宋墓葬美術存在明顯差異，其轉折點即在五代，此時的墓葬美術不僅延續了唐代的一些典型樣式，同時還萌發了宋代的一些重要形式。因此，以五代為研究對象可兼顧前後兩個時代，並增加本書所要解決之問題的普遍性。

4. 就目前中國美術史研究而言，以五代為界，前段注重考古材料，而後段則更注重傳世品。本書以五代墓葬美術為切入點，可嘗試尋求前後兩個時段的內在聯繫，並為彌補兩者之間的缺環作一些方法上的試驗。

二、五代墓葬的發現與研究

自 20 世紀 50 年代以來，共發掘五代墓葬約一百多座〔註1〕，其中中原地區發現較少，主要有王處直墓、馮暉墓、李茂貞夫婦墓等；南方十國則較多，主要分佈在四川、浙江、湖南、福建等地，包括前蜀王建墓、後蜀孟知祥墓、張虔釗墓、孫漢韶墓、宋琳墓、南唐二陵、閩國的王審知墓、張華墓、吳越錢寬墓、水邱氏墓、康陵、錢元瓘墓、吳漢月墓、南漢康陵、德陵等等（詳見附錄一）。

以往關於五代墓葬的研究主要集中在以下幾個方面：

（一）墓葬的等級制度

此類研究主要是採用考古類型學的方法對五代的墓葬進行分期分區〔註2〕，劃分的標準包括墓葬的封土、形制、材質以及隨葬品的種類、數量等。其貢獻在於，他們將零散的材料作系統的分類，有助於宏觀把握某些區域墓葬發展的整體面貌。

有學者對一些重要的陵墓進行個案研究，探討當時的陵寢制度。張強祿從南漢康陵的陵園制度入手，對比了唐宋皇陵乃至五代十國其它帝陵和貴族墓葬，認爲其整體佈局沿襲唐代，但陵前的廊式建築則爲唐宋皇陵所不見，圓形方座陵臺可能與印度佛教建築中的窣堵波（stupa）有關。〔註3〕李清泉考察了南漢康陵陵臺的形態、南漢皇室的信仰、墓葬墳塔化的歷史背景以及 10 世紀墓葬藝術的新趨向等問題，也認爲康陵陵臺應是受到了西域佛教之窣堵波（stupa）的影響。〔註4〕崔世平對閩國劉華墓的形制進行了分析，認爲該墓應爲劉華與閩國第二代王王延鈞合葬的王陵，其形制與王審知夫婦墓相同，

〔註1〕　本書的討論將不會涉及荊楚的下層墓葬，因此這裡並未對整個五代墓葬數量作精確地統計。

〔註2〕　張肖馬：《前後蜀墓葬制度淺談》，《成都文物》1990 年第 2 期，頁 36～44；丁曉雷：《五代時期的楊吳、南唐和吳越墓葬》，《青年考古學家》總第 11 期，頁 47～57；李蜀蕾：《十國墓葬初步研究》，吉林大學碩士論文，2004 年；張玉蘭：《晚唐五代錢氏家族墓葬初步研究》，《東南文化》2005 年第 5 期，總 187 期，頁 41～47；徐淩：《中原地區五代墓葬的分期研究》，西北大學碩士論文，2011 年。

〔註3〕　張強祿：《南漢康陵的陵寢制度》，《四川文物》2009 年第 2 期，頁 60～64。

〔註4〕　李清泉：《從南漢康陵「陵臺」看佛教影響下的 10 世紀墓葬》，Tenth-century China and Beyond: Art and Visal Culture in a Multi-centered Age, Edited by Wu Hung, Center for the Art of East Asia Symposia, University of Chicago, 2012, pp.126~49。

體現了閩國陵寢制度的主要特徵，而墓室內設有腰坑，隨葬神怪俑的做法，又帶有濃厚的地方特色。〔註5〕

還有學者集中探討五代墓葬與同時期其他墓葬的關係，如王欣比較了遼墓與五代十國墓在佈局、墓室裝飾及葬具裝飾方面的共性，認為這一現象的產生是由於遼代墓葬文化受到了五代十國的影響。〔註6〕

（二）圖像的內容

目前此類研究主要集中在王建墓和馮暉墓，其中對王建墓棺床伎樂及十二半身像身份之考證，成為爭論的熱點。關於棺床伎樂，學者們多據樂器的種類來推斷樂隊的性質，代表性觀點有：燕樂〔註7〕、宮廷宴饗樂〔註8〕、霓裳羽衣舞〔註9〕、佛曲〔註10〕、仙樂等〔註11〕。關於棺床兩側之十二半身像，馮漢驥認為他們是工技家六壬式十二神〔註12〕，而張勳燎則將其認定為道教中的隨斗十二神〔註13〕。

楊泓認為王處直墓後室浮雕散樂圖承繼了唐代余昉的佳作，同時也開啟了北宋以及遼代墓葬中壁畫散樂圖像之先聲。〔註14〕羅豐考證了馮暉墓彩繪樂舞磚雕中的樂器，並進一步探討了其中所反映的樂舞制度。〔註15〕還有學者對該墓磚雕的拍板圖進行專門考釋。〔註16〕周偉洲認為馮暉墓甬道東壁隊

〔註5〕 崔世平：《五代閩國劉華墓再探討》，《東南文化》2010年第4期，頁74～78。

〔註6〕 王欣：《遼墓與五代十國墓旳佈局、裝飾、葬具的共性研究》，吉林大學碩士論文，2013年。

〔註7〕 馮漢驥：《前蜀王建墓內石刻伎樂考》，《四川大學學報》1957年第1期。

〔註8〕 （日）岸邊成雄，樊一譯：《王建墓棺床石刻二十四樂妓》，《四川文物》1988年第4期，頁76～80。

〔註9〕 秦方瑜：《王建墓石刻伎樂與霓裳羽衣舞》，《四川文物》1986年第2期，頁15～20。

〔註10〕 遲乃鵬：《王建墓棺床石刻樂伎弄佛曲說探證》，《四川文物》1997年第3期，頁18～22。

〔註11〕 張勳燎、白彬：《前蜀王建永陵發掘材料中的道教遺跡》，《中國道教考古》（九），線裝書局，2005年。

〔註12〕 馮漢驥：《前蜀王建墓發掘報告》，文物出版社，2002年，頁36～42。

〔註13〕 張勳燎：《試說前蜀王建永陵發掘材料中的道教遺跡》，《四川考古文集》，文物出版社，1996年，頁213～223。

〔註14〕 楊泓：《河北五代王處直墓彩繪浮雕女樂圖》，《收藏家》1998年第1期，頁4。

〔註15〕 羅豐：《五代後周馮暉墓出土彩繪磚雕題材試析》，《考古與文物》1998年第6期，頁66～81；羅豐：《後周馮暉墓彩繪樂舞磚雕》，《胡漢之間——「絲綢之路」與西北歷史考古》，文物出版社，2005年，頁299～325。

〔註16〕 曹發展：《陝西彬縣五代馮暉墓出土彩繪磚雕「拍板」圖考》，《中國文物報》

舞近似於宋代宮廷隊舞中的『醉胡騰隊』之雛形；甬道西壁隊舞則近似宋宮廷隊舞中的『柘枝隊』之雛形。〔註17〕黃劍波認爲馮暉墓伎樂浮雕中的兩幅「竹竿子」反映了宋之前「竹竿子」的雛形，同時還對「竹竿子」出現的原因及其形制發展進行了梳理。〔註18〕賈嫚對馮暉墓彩繪磚雕中的花冠舞伎進行了考證，認爲這一形象應是中晚唐最爲流行的「柘枝舞」舞伎，而後演變爲隊舞中之「花心」，是唐代「柘枝」向宋代隊舞發展的過渡階段。〔註19〕劉浩東從音樂文化的角度對馮暉墓散樂浮雕中的樂人、樂器及演奏狀態進行了較爲詳盡的分析，認爲這是在沿襲唐代已有音樂制式基礎上的新發展。〔註20〕

此外，劉雨茂、劉平較爲細緻地分析了孫漢韶墓出土的陶房，涉及建築的結構樣式、構件的比例關係，並與地上木構建築的法則相比照，指出其中所反映的唐代建築之特點。〔註21〕

（三）圖像的題材風格

羅世平對王處直墓山水畫進行了整體分析，指出該作品與董源山水畫風格的關係，並強調了其在美術史上的重要意義。〔註22〕還有學者對五代墓室壁畫的發現、研究以及題材風格等進行了概述。〔註23〕

（四）圖像的功能與意義

這些研究均注重將圖像與人的宗教信仰、政治背景相聯繫，試圖揭示圖

1996 年 7 月 7 日第 3 版。

〔註17〕周偉洲：《五代馮暉墓出土文物考釋》，載《中華文史論叢》2012 年第 2 期，上海古籍出版社。

〔註18〕黃劍波：《五代後周馮暉墓中「竹竿子」人物圖像考證》，《南京藝術學院學報》（美術與設計版）2012 年第 1 期，頁 22～24。

〔註19〕賈嫚：《「柘枝」從唐到宋之迭嬗——馮暉墓彩繪磚雕花冠舞伎考》，《文藝研究》2013 年第 8 期，頁 61～67。

〔註20〕劉浩東《馮暉墓出土磚雕樂人研究》，陝西師範大學碩士論文，2012 年。

〔註21〕劉雨茂、劉平：《孫漢韶墓出土陶房考識》，《四川文物》2000 年第 3 期，頁 64～67。

〔註22〕羅世平：《略論曲陽五代墓山水壁畫的美術史價值》，《文物》1996 年第 9 期，頁 74～75。此外還有，黃景略：《中國古代墓葬壁畫的縮影》，《文物》1996 年第 9 期，頁 63～64；徐蘋芳：《看〈河北古代墓葬壁畫精粹展〉札記》，《文物》1996 年第 9 期，頁 65～66；郝建文：《淺談曲陽五代墓壁畫》，《文物》1996 年第 9 期，頁 78～79。

〔註23〕黃劍波、朱亮亮：《論五代十國墓室壁畫的藝術特徵》，《中國美術研究》2009 年第 1 期，頁 31～46。

像背後的社會文化內涵。如張勳燎從王建像、十二個半身像、棺槨中的水銀、哀冊文等方面分析了王建墓中的道教因素〔註24〕；沈仲常則認爲其中包含了佛教因素〔註25〕；而王玉冬則對半身像這一藝術形式進行深入研究，認爲該形式是對四川佛教造像中托舉兜跋毗沙門像中的地天、惡鬼的模仿，有「飛升」、「雲中現」、「昇天」之意，並藉此實現了墓主人的尸解「往生」〔註26〕。之後王玉冬又對王建墓進行了個案研究，認爲該墓結合了唐代帝王葬儀和道教葬俗，因此，它不僅是王建的陵寢，同時也是一個石室、玄壚。王建將於此處，步王子晉後塵，假死入墓，之後乘坐天車，得道成眞。中室的十二半身像不是在托舉一個棺床，而是在飆風之中，駕駛著一部華蓋天車、玉雲軒、八景輿或一艘玉彩舟。在仙樂和著華麗裝的女眞、女仙的陪伴下，在雲車夫的護衛下，仙去的王建乘此「十二神輿」正在向浩渺的彼界逍遙飛去。〔註27〕

（五）墓葬的維修與保護

此類研究不容忽視，因爲它們往往能夠提供一些發掘報告所沒有的細節材料。〔註28〕

此外，還有對墓葬其他問題的討論，如樊一對王建墓進行了較爲細緻的分

〔註24〕 張勳燎：《試說前蜀王建永陵發掘材料中的道教遺迹》，《四川考古文集》，文物出版社，1996 年，頁 213～223。

〔註25〕 沈仲常：《王建、孟知祥墓的棺床石刻內容初探》，《前後蜀的歷史與文化》，巴蜀書社，1994 年，頁 107～111。

〔註26〕 王玉冬：《半身像與社會變遷》，《藝術史研究》第六輯，2002 年，頁 5～70。

〔註27〕 王玉東：《走進永陵——前蜀王建墓設計方案與思想考論》，《藝術史研究》第十一輯，2009 年，頁 227～272。

〔註28〕 馬文彬：《王建墓保坎的修復工程》，《四川文物》1986 年第 2 期，頁 49～50；成都市王建墓博物館：《王建墓維修工程綜述》，《成都文物》1990 年第 4 期，頁 3～5；張美華：《王建墓綜合整治工程設計介紹》，《成都文物》1990 年第 4 期，頁 9～12；曾中懋：《王建墓棺床石雕風化原因的研究》，《成都文物》1991 年第 1 期，頁 24～27；嚴家栩：《淺談王建墓室內支撐及石拱觀測》，《成都文物》1990 年第 4 期，頁 28～31；沈寶玉：《王建墓維修工程三合土防漏層技術總結》，《成都文物》1991 年第 4 期，頁 18～20；劉蓉英：《王建墓維修工程中的墓內保護措施》，《成都文物》1991 年第 4 期，頁 26～27；嚴家栩：《淺談王建墓室內支撐與石拱觀測》，《成都文物》1991 年第 4 期，頁 28～31；曾中懋：《王建墓防滲、排水和通風工程及其穩定性的研究》，《文物保護與考古科學》第 8 卷第 2 期，頁 8～17；劉雨茂：《王建墓維修保護工程中的考古新發現》，《前後蜀的歷史與文化》，頁 129～133。

析考證，揭示了其原初規模、被盜時間以及與杜光庭的特殊關係等。〔註29〕

通過上述分析可以看出，一方面，其他學科的學者也開始關注墓葬美術，如考古學、歷史學、社會學、地理學、建築學等等。他們根據各自學科的特點、知識體系，從不同的角度對墓葬美術進行研究，使得這一領域呈現出多元化趨勢，並爲今後的研究提供了新思路、新視角。但同時我們也應看到，不同學科的學者，對墓葬美術的認知和使用，是存在很大差異的，如歷史學、社會學及物質文化研究僅將圖像看作文獻材料的補充，用於補經證史或復原當時的社會生活狀況。考古學研究雖然開始重視圖像，但圖像在這裡只是分期分區的一種標識。由此看來，其他學科的研究多非對圖像的正面討論。

另一方面，相對於豐富的墓葬材料，美術史的研究其實還相對薄弱。究其原因可能在於，傳統美術史一直視卷軸畫、佛教美術、建築等地上美術爲正統，而墓葬美術在其中僅處於次要或補充地位，用來「證明」和「補充」現成的、依據文獻所構建的美術史框架，其價值相當於文獻所構成的美術史的插圖或注腳。〔註30〕那麼，墓葬美術果眞是傳統美術史中的次等材料嗎？它與其他圖像系統之間究竟是什麼關係？對這些問題的思考將有助於我們重新認識墓葬美術在美術史發展中的地位和作用。更重要的是，隨著墓葬美術材料的日漸豐富，它已成爲美術史中不可迴避的重要組成部分，如何有效地利用、整合這些考古材料將是美術史家所面臨的重要問題，這不僅可以推動新時期的美術史研究，同時也符合美術史自身發展的要求。

而本書正是對這些問題的思考與嘗試。

三、問題的提出

基於對前賢研究成果的借鑑與反思，本書將以五代墓葬爲切入點，分析當時墓葬美術與地上繪畫、佛教美術、建築等系統的互動關係。對這一問題的討論將從三個方面展開：

1. 以王處直墓爲例分析墓葬美術與地上繪畫的關係。
2. 以王建墓爲例探討墓葬美術與佛教美術的關係。
3. 從仿木建築磚雕入手揭示墓葬美術與地上建築的關係。

〔註29〕 樊一：《前蜀永陵雜考》，《成都文物》1991 年第 1 期，頁 35～43。
〔註30〕 鄭岩：《考古學提供的僅僅是材料嗎？》，《美術研究》2007 年第 4 期，頁 71
　　　　 ～76。

墓葬美術之所以能夠與其他圖像系統產生聯繫，必然有一些中間環節或關鍵因素的推動，包括人的宗教信仰、政治觀念、藝術發展的規律、創作者之間的交流與互動等等。本書涉及的三個問題對此各有側重：對墓葬與地上繪畫關係的分析注重美術發展的自律性以及不同身份創作者之間的交流與互動；對墓葬與佛教美術關係的探討多涉及個人宗教信仰及政治觀念的作用；而對墓葬與地上建築關係的研究則更多地關注美術作品的材料及形式的轉換，即藝術家是如何用磚雕的形式來模仿木構建築的。

對上述三個問題的選擇基於以下幾點的考慮：

1. 五代墓葬美術與當時美術史的關係

《歷代名畫記》是唐代最具代表性的繪畫通史，文中涉及的繪畫形式包括卷軸畫、屏風畫和寺觀壁畫等，繪畫題材包括人物畫、山水畫、花鳥畫、界畫等。本書所涉及的三個方面恰可基本涵蓋上述的形式或題材，其中對墓葬與繪畫關係的分析將關涉卷軸畫、屏風畫中的人物、花鳥、山水、竹石等題材；對墓葬與佛教美術關係的討論可對應寺觀壁畫；而對墓葬與地上建築關係的探討則與界畫密切相關。

2. 過渡性

五代墓葬美術具有承前啟後之過渡性，這在王處直墓和仿木建築中均可得到充分體現。首先，唐代墓葬最重要的特徵是壁畫大量出現在高規格墓葬中，而王處直墓正是延續了這一傳統，其中的壁畫可看作唐代墓葬壁畫之輝煌終結；其次，晚唐五代墓葬中大量出現了仿木建築磚雕，這種形式被宋代繼承並於哲宗之後大興，成為宋代墓葬美術的最典型特徵。

3. 區域性

五代墓葬還體現了較強的區域性，本書正是從不同區域中選取典型墓葬作為標本，如河北定州的王處直墓主要反映了墓葬美術與卷軸畫等其他圖像系統在內容、構圖方式、觀看方式等方面的互動，以王建墓為主的四川地區體現了墓葬美術與佛教美術的交融，而仿木建築多出現在陝西、內蒙古、南京等地區，它充分體現了墓葬美術對地上建築的借鑒與改造。

4. 墓主身份

本書三個案例涉及的墓主身份各有差異，包括帝王、地方節度使、中下層官員及民眾等各個階層，這將在某種程度上增加本書所探討問題的普

遍性。

這裡需要解釋的是，墓葬美術與其他系統之間的互動方式並非僅限於本書所談到的幾個方面，但因材料所限，很多問題尚無法展開，只能期盼新材料的出現。

四、關於研究方法的說明

面對目前豐富的墓葬材料，採取什麼樣的方法進行研究一直是美術史家所關注的問題。以往研究積累了一些重要方法，並較為有效地解決了一些美術史的問題，這也將成為本書研究方法的直接來源。但近年來一些學者對研究方法的進一步探索，又提醒我們注意方法本身的局限性﹝註31﹞。因此，這裡有必要對本書所使用的方法加以簡要說明。

目前墓葬美術研究中常見的一種做法是，將作品與文獻中記載的大畫家或畫派的風格相對照，來推斷壁畫的作者，並將作品歸入某些著名畫家的名下。此種研究當然有其合理之處，但其局限性也不容忽視。首先，從理論上講，墓葬美術與中國傳統美術所處的環境、功能、媒介以及創作者的身份均不相同，兩者應分屬不同的系統。其次，古代的繪畫史籍幾乎皆未涉及墓葬繪畫。當然，一個顯而易見的事實是，歷代美術史的作者皆是文人，他們編寫的美術史勢必帶有一定的局限性和選擇性，而這種選擇和局限恰恰說明了兩個系統之間的差異，並提醒我們在對照兩個系統時要注意這一差別的存在。本書的研究依然會採用此種方法，但研究的前提和目的與以往不同，本書是在承認兩個系統之間的差異的基礎上進行比較，比較的目的不是為了尋求兩者的契合之處，也不是證明一方對另一方的影響，而是探討兩者在共存關係中的交流與互動。

對圖像內容的考釋是一項基礎而重要的工作，它貫穿於墓葬美術研究的始終。因為對圖像內容的正確解讀是進一步研究的前提，否則我們的研究就會變成空中樓閣。在這些研究中，學者們使用的方法基本一致，但得出的結論卻迥然不同，究其原因，主要在於研究方法的局限性。此類研究多是根據文獻記載來考證圖像的內容，其理想狀態應是圖像與文獻的完全或基本對

﹝註31﹞ 如：巫鴻在《武梁祠──中國古代畫像藝術的思想性》中用「圖像程序」的方法解讀圖像；邢義田在《畫為心聲：畫像石、畫像磚與壁畫》中對漢畫解讀方法的反思與探索；鄭岩在《魏晉南北朝壁畫墓研究》中對圖像研究方法的思考。

應，但實際的情況卻複雜得多：其一，有些文獻記載語焉不詳〔註32〕，存在
歧意，甚至不同的文獻對同一形象的記載存在矛盾，因此學者理解這些文獻
時必然帶有一定的主觀性，從而導致對圖像的誤讀。其二，學者對某一圖像
的考證通常會使用幾種不同的文獻加以參照，這種做法的前提是，此圖像是
根據不同文獻的組合繪製而成，顯然這一前提並不存在。其三，有些圖像與
不同的文獻記載皆有部分相合之處，說明畫像與某一部文獻之間不能完全對
應，換言之，並無嚴格按照某種文獻來繪製的標準像。其四，更重要的是，
文獻與圖像分屬兩個不同體系，兩者之間很難建立一種對應關係。正如邢義
田所說：「畫工石匠創作時所依據的可能並不是由士大夫所掌握的文字系統，
而較可能是縉紳所不言的街巷故事，……在一個讀書識字是少數人專利的時
代，除了文字傳統，應另有民間的口傳傳統。兩者不是截然兩分或互不相涉，
但傳聞異辭，演變各異應該是十分自然的事。」〔註33〕這就更增加了問題的
複雜性。因此，對圖像內容的考釋不僅要關注圖像本身，還要考慮該圖像與
其他圖像的組合關係，以期得到較為合理的解釋。

　　對圖像意義的解讀也是目前研究中重要的方法之一，因為圖像存在的意
義不僅在於其形式、風格的視覺感受，還在於其內容及形式的意義，其中包
含了人的情感、觀念、信仰等。目前學者對圖像的解釋多注重圖像之間的有
機聯繫，這不僅有助於澄清某一圖像的確切含義，還有助於還原同一空間內
所有圖像所表達的深刻內涵。但是，「如果將原本有獨自母題寓意的畫像一味
地貫串起來解釋，有時反而誤入歧途」〔註34〕，因為一座墓葬的形成原因錯
綜複雜，有偶然因素，也有必然因素，有時代因素，又有個人因素，不可將

〔註32〕　對於文獻的局限早有學者提及，如安志敏指出，「為了加深對帛畫內容的理
　　　　解，我們擬從有關的文獻記載進行試探，但由於畫面較為複雜，而圖像詭異
　　　　又富於變化，其文獻根據往往不是那麼充分，因而所作的解釋就不一定恰
　　　　當」，馬雍也提出，「由於文獻上的有關記載相當簡略，而出土物所能提供的
　　　　對比資料也很貧乏，因此對這些問題上未能獲得確切不疑的解答」。安志敏：
　　　　《長沙新發現的西漢帛畫試探》，《考古》1973年第1期，頁43～53；馬雍：
　　　　《論長沙馬王堆一號漢墓出土帛畫的名稱和作用》，《考古》1973年第2期，
　　　　頁118～127。
〔註33〕　邢義田：《「七女為父報仇」漢畫故事為例》，邢義田主編：《中世紀以前的地
　　　　域文化、宗教與藝術：中央研究院第三屆國際漢學會議歷史組論文集》，中央
　　　　研究院歷史語言研究所，2002年，頁183～234。
〔註34〕　邢義田：《漢代畫像中的「射爵射侯圖」》，《中央研究院歷史語言所集刊》71：
　　　　1，2000年，頁1～66。

結論簡單化。

　　考古類型學研究多根據墓葬形制、壁畫內容和佈局、隨葬品等對各個時代或地區墓葬的發展脈絡進行梳理，以建立較爲宏觀的時空框架，此爲迅速把握一個時代或一個地區墓葬整體情況之最有效方法，它充分體現了考古學的學科特徵——尋求事物的共性。然而，這恰恰又是其局限所在，因爲在研究中一味地強調共性，勢必會導致對墓葬個性的忽視。此外，在對壁畫的題材內容進行分類時使用該方法也存在較大局限性，對此已有學者詳細論述，茲不贅述。〔註35〕

　　對這些方法的具體使用表現在：對王處直墓壁畫、仿木建築磚雕的討論側重使用圖像形式、風格分析的方法，對王建墓的討論則注重對圖像內容的考證。換言之，如果說對王建墓的討論注重「表現什麼」，那麼對王處直墓和仿木建築的討論則更傾向於「怎麼表現」。而附錄中對五代墓葬材料的整體梳理則使用了考古類型學的方法。至於對圖像意義的闡釋，則在各節中均有涉及。

　　此外，就三個案例本身而言，對王處直墓和王建墓的分析均屬個案研究，旨在通過對兩座墓葬整體設計的解讀，揭示墓葬美術是以何種方式對其他圖像系統進行借鑒、改造或重組的。但兩者又各有側重，王處直墓的設計與歷史上的一些特殊事件與人物有關，個人觀念是通過繪畫的形式來表達的，其中涉及地上繪畫尤其是卷軸畫的形式及創作理念在墓葬壁畫中的使用和改造等；而王建墓的設計則與最高統治者的個人野心和政治目的直接相關，它反映的是一個政權在建立之初對陵墓制度的重新創立，佛教美術在其中起到了重要的作用。對仿木建築磚雕的討論屬題材研究，其中主要涉及該形式對地上木構建築法則的選擇與使用，並涉及該題材在墓葬中的特殊含義。

　　本書對章節的安排也有整體的考慮，其中第一章至第三章均爲解決本書中心問題的不同案例，而附錄一中對五代墓葬材料的分析整理則爲前者的討論提供了一個完整的時代背景。因此，幾個部分內容並非孤立存在，而是均爲同一個問題的不同方面，並統一於五代墓葬美術這一大背景之中。

五、關於研究範圍的說明

　　關於五代，有狹義和廣義之分。狹義之「五代」僅指被奉爲正朔的五個

〔註35〕鄭岩：《魏晉南北朝壁畫墓研究》，文物出版社，頁8～14。

中原政權，包括後梁、後唐、後晉、後漢、後周；而廣義之「五代」不僅包括上述政權，還包括南方十國，即吳、南唐、前蜀、後蜀、吳越、閩國、楚、荊南、南漢、北漢。本書的研究對象為廣義之五代。

歷史上的五代是指後梁開平元年（907）至宋建隆元年（960），即從唐代的滅亡至北宋的建立。但五代的一些文化現象早在晚唐既已發生，正如陳寅恪所說：「因唐代自安史之亂後，名義上雖或保持其統一之外貌，實際上則中央政府與一部分之地方藩鎮，以截然劃為二不同之區域，非僅政治軍事不能統一，即社會文化亦完全成為互不關涉之集團，其統治階級氏族之不同類更無待言矣。」〔註36〕墓葬美術作為當時重要的文化現象亦是如此。因此，本書討論的五代起止時間為第一個政權楊吳的割據開始直至最後一個政權吳越的滅亡，即唐僖宗乾符三年（876）吳國楊行密據有兩浙地區至宋太平興國三年（978）吳越滅亡。

目前的五代墓葬材料涉及北漢之外的所有政權，但荊南、楚的墓葬主要是平民的土坑墓，墓中僅有極少的隨葬品，因此不在本書研究之列。

此外，本書的研究不限於壁畫，還包括浮雕、雕塑、隨葬品及墓葬形制等，因為「歷史上實際存在的墓葬絕不僅僅是一個建築的軀殼，而是建築、獄畫、雕塑、器物、裝飾甚至銘文等多種藝術和視覺形式的綜合體。」〔註37〕

〔註36〕陳寅恪：《隋唐制度淵源略稿唐代政治史述論稿》，生活・讀書・新知三聯書店，2004年，頁202～203。

〔註37〕巫鴻：《墓葬：可能的美術史亞學科》，《讀書》2007年第1期，頁59～67。

第一章　王處直墓：墓葬與繪畫[註1]

五代很多墓葬中繪有壁畫，但就其規模、題材的豐富性與保存狀況而言，王處直墓堪稱典範。該墓壁畫包含了唐代以來幾乎所有的繪畫題材，如人物、山水、花鳥、竹石、器物等，似可看作五代繪畫發展的縮影。面對這些壁畫，我們不禁要問：爲什麼該墓出現如此豐富的壁畫？這些壁畫的來源有哪些？不同壁畫之間的關係是什麼？畫工使用何種手段來組織不同空間的諸多壁畫？這些壁畫表達了何種含義？上述的表現方式及內涵與地上繪畫存在何種關係？這些問題將成爲本章討論的重要內容。

一、史實與文字

王處直墓墓坐北朝南，由青石砌成，方向 159°。墓葬結構包括封土、墓道、墓門、甬道、前室、後室、東耳室、西耳室（圖1-1）。墓門到後室長 12.5米。棺床位於後室，平面呈「凹」字形，布滿整個墓室，棺槨無存。該墓除後室頂部外，其餘各部位皆繪有壁畫或裝飾有浮雕。[註2]

在進入墓葬壁畫的討論之前，應首先對墓主的生平及當時的政治、歷史背景進行梳理，以尋求該墓壁畫與墓主或墓葬建造者之間的密切關係。

（一）兵變

後梁龍德元年（921）二月，一場兵變使得王處直由聲名顯赫的定州節度使淪爲階下囚。至於兵變的原因，還需追溯到王處直與王都之間的複雜關

[註1] 此處的繪畫不僅包括傳統意義上的繪畫，還包括一些彩繪浮雕，該形式雖屬雕刻，但彩繪的形式又使其具有了繪畫的特點。

[註2] 該墓壁畫內容佈局詳細情況見附錄一。

圖 1-1　王處直墓平、剖面圖

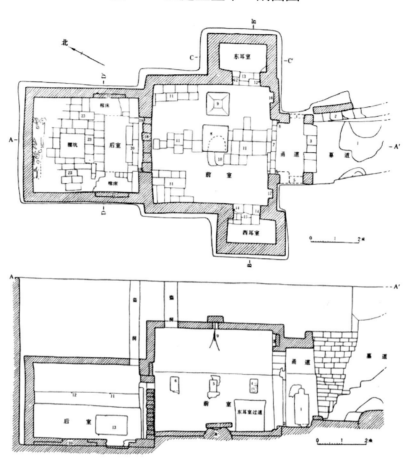

係。王處直（863～923），字允明，出身於唐長安富豪之家〔註3〕，光化三年（900）始任定州義武軍節度使。〔註4〕最初，王處直膝下無子，後受到江湖術士李應之的誘騙，將「天生異相」的劉雲郎收爲養子，改名王都。王處直有子王郁，早年失寵，投奔晉王李克用。又因「餘子皆幼」，王處直便以王都

〔註3〕 「王處存，京兆萬年縣勝業里人。世隸神策軍，爲京師富族，財產數百萬。父宗，自軍校累至檢校司空、金吾大將軍、左街使，遙領興元節度。宗善興利，乘時貿易，由是富擬王者，仕宦因貲而貴，侯服玉食，僮奴萬指。處存起家右軍鎮使，累至驍衛將軍、左軍巡使。乾符六年十月，檢校刑部尚書、義武軍節度使。」《舊唐書・一百三十二・王處存》卷一百八十二，頁 4699～4701。王處直爲王處存之弟。

〔註4〕 參見《義武軍大事年表》，河北省文物研究所、保定市文物管理處：《五代王處直墓》（附錄二），文物出版社，1998 年，頁 67～69。

爲節度副大使，「欲以爲嗣」〔註5〕。但這一局面因晉王李存勖討伐鎭州張文禮而急轉直下。〔註6〕王處直認爲鎭、定兩地相爲脣齒，擔心「鎭亡而定孤」〔註7〕，於是與其子王郁密謀勾結契丹，以解鎭州之圍，並許諾王郁爲繼承人。王都得知此事後，便與屬下和昭訓合謀，糾結將士將王處直及其妻妾幽禁於西第，並盡殺王處直的子孫及心腹，之後便自爲留後，做起了新一任的定州節度使。〔註8〕

爲了擴充實力，拉攏定州藩鎭，晉王李存勖非但未對王都的惡行進行懲處，反而將其正式任命爲定州節度使。而王都也趁機與晉王聯姻，從此恩寵日盛。這在文獻中有詳細的記述：

> 天祐十八年（921）十二月，莊宗親征鎭州，敗契丹於沙河。明年正月，乘勝追敵，過定州，都馬前奉迎，莊宗幸其府第曲宴。都有愛女，十餘歲，莊宗與之論婚，許爲皇子繼岌妻之，自是恩寵特異，奏請無不從。〔註9〕

> 帝以義武節度使王都將入朝，欲鬪毬場，憲曰：「比以行宮闕廷

〔註5〕　《資治通鑑・後梁紀六・均王下》卷二百七十一，頁8868。此外，《舊五代史》也有詳細記載：「王都，本姓劉，小字雲郎，中山徑邑人也。初，有妖人李應之得於村落間，養爲己子。及處直有疾，應之以左道醫之，不久病間，處直神之，待爲羽人。始假幕職，出入無間，漸署爲行軍司馬，軍府之事，咸取決焉。處直時未有子，應之以都遺於處直曰：『此子生而有異。』因是都得爲處直之子。其後應之閱白丁於管內，別置新軍，起第於博陵坊，面開一門，動皆鬼道。處直信重日隆，將校相應，變在朝夕，謀先事爲難。會燕師假道，伏甲於外城，以備不虞，昧旦入郭，諸校因引軍以圍其第，應之死於亂兵，咸云不見其屍，衆不解甲。乃逼牙帳請殺都，處直堅靳之，久乃得免。翼日賞勞，籍其兵於臥內，自隊長以上記於別簿，漸以佗事孳戮，迨二十年，別簿之記，略無子遺。都既成長，總其兵柄，姦詐巧佞，生而知之。處直愛養，漸有付託之意，時處直諸子尚幼，乃以都爲節度副大使。」《舊五代史・唐書三十・列傳第六》卷五十四，頁731~732。

〔註6〕　晉王李存勖後即爲後唐莊宗。參見《新五代史・唐本紀第五》卷五，頁41~51。

〔註7〕　《資治通鑑・後梁紀六・均王下》卷二百七十一，頁8869。

〔註8〕　軍府之人皆不欲召契丹，都亦慮郁奪其處，乃陰與書吏和昭訓謀劫處直。會處直與張文禮宴於城東，暮歸，都以新軍數百伏於府第，大噪劫之，曰：「將士不欲以城召契丹，請令公歸西第。」乃並其妻妾幽之西第。盡殺處直子孫在中山及將佐之爲處直腹心者。都自爲留後。《資治通鑑・後梁紀六・均王下》卷二百七十一，頁8869。

〔註9〕　《舊五代史・唐書三十・列傳第六》卷五十四，頁732。

爲球場，前年陛下即位於此，其壇不可毀，請闢毬場於宮西。」數日，未成，帝命毀即位壇。憲謂郭崇韜曰：「此壇，主上所以禮上帝，始受命之地也，若之何毀之！」崇韜從容言於帝，帝立命兩虞候毀之。憲私於崇韜曰：「忘天背本，不祥莫大焉。」〔註10〕

可見，與皇室的聯姻，大大提高了王都的政治地位。之後，莊宗對他言聽計從，甚至爲了迎接王都的來訪，莊宗竟不顧大臣的再三勸阻，毀掉即位壇，將其改做球場。正值王都政治生涯走向巔峰之時，王處直卻於龍德三年（923）憂憤而卒。〔註11〕

史書中關於王處直的記載到此結束了，但王處直墓的發掘又使我們獲悉了這一歷史事件的後續。面對這樣一座豪華大墓，我們會產生一連串的疑問：王都爲何選擇這樣的方式安葬其養父？該墓是按照何種身份等級營建的？該墓壁畫表達了何種思想觀念？畫工又是如何按照雇主的要求設計壁畫的？這些畫家或畫工在滿足雇主的要求的同時又是如何在壁畫設計及繪製中展現自己的才華的？

（二）誌文

王都是營建王處直墓的關鍵人物，他的觀念將會左右該墓的基本面貌，因此，本節首先要解決的問題便是推測王都對墓葬的設計思想，即他想爲王處直營造一個怎樣的地下世界。對此，史書雖未提供直接材料，但該墓出土的墓誌銘可看作與墓葬直接相關的文字材料，它爲我們解決上述問題提供了重要的依據。

按照慣例，誌文首先詳細說明了墓主王處直的生平，接著用很大的篇幅記述了其生前的征戰事迹，有意思的是，文中對王處直在作戰中的失利進行了粉飾，從而將其塑造成爲一個有勇有謀的出色將領。誌文中還不斷強調王處直所獲得的皇家恩寵，以渲染其顯赫的聲名，如「頃以家居帝輦，譽滿國朝」、「勳名益振，位望彌隆」等。〔註12〕然後又大力讚揚王處直的仁政愛民，並以詩歌的形式表達了王處直對理想社會的暢想：

　　　我有戶分夜不扃，我有子分不爲丁。田疇結實春雨足，烽燧□
　　光秋塞　寧。若非琬琰留德政，萬古之人何以聽。於是螭首龜趺，

〔註10〕　《資治通鑒・後唐紀二・莊宗光聖神閔孝皇帝中》卷二百七十三，頁8930。
〔註11〕　《資治通鑒・後梁紀六・均王下》卷二百七十一，頁8871。
〔註12〕　《五代王處直墓》，頁65。

鼇擎一朵；龍章藻麗，鳳吐千詞。〔註13〕

這一世界恰似陶淵明所描繪的世外桃源：人們夜不閉戶，路不拾遺；國家無戰亂之災，男丁亦不必服兵役；風調雨順，農田豐收，一派太平盛世之象。在此之後，誌文便虛構了一段王處直「退位讓賢」的故事。誌文寫道：

> 至十八年冬，首謂□ 次子太傅（王都）曰：吾雖操剸未退，但神情已闌，況當耳順之年，正好心閒之日。若俟眸昏齒落，方期避位懸車，應廢立之間，安危是患。即五湖之上，范蠡豈遂於遨遊；三傑之中，留侯不聞於獨步。成其堂構，襲以門風，勉而敬之，斯言不再。 太傅感其 嚴誨，涕泗交流，雖欲勞謙，誠難拒命，其年遂立。秦南山四皓，慶不及於子孫；漢東門二疎，榮止聞於身 世。唯 公之清譽，千古一賢矣！〔註14〕

當年發生的兵變事件在誌文中呈現出完全不同的情景，此時的王處直可謂品行高尚的「千古一賢」，而王都也搖身一變成為一個「雖欲勞謙，誠難拒命」的謙謙君子。接下來的內容是對王處直退位後生活狀況的描述：

> 公乃歸私第而習南華，爇奇香而醮北極。行吟蔣徑春草生，而綠□池塘；坐酌融罇餘花落，而香飄戶牖。〔註15〕

這顯然與史書記載的王處直「憂憤而卒」大相徑庭。

通過上述分析可以看出，誌文強調的內容包括以下三個方面：其一，極言墓主人身份地位的富貴尊崇及其一生中受到的殊榮；其二，將慘烈的「兵變事件」篡改為溫情脈脈的「讓賢退位」；其三，虛構了王處直退位後閒適、安逸的生活，文中透露出虛擬的王處直之「個人願望」和「追求」。

上述志文與事實的偏離並非孤例，這已成為當時極為普遍的現象，對此早有學者予以關注。而筆者感興趣的是：誌文究竟反映了王都的何種心態？

墓誌銘為和少微（即和昭訓）所撰。〔註16〕此人為王都的謀士，他不僅與王都謀劃了對王處直的「兵變」，還參與了之後王都對後唐的反叛，對此文獻皆有詳細記載。〔註17〕由此可見，他完全瞭解事情發生的本末，而且很

〔註13〕 《五代王處直墓》，頁65。

〔註14〕 《五代王處直墓》，頁65。

〔註15〕 《五代王處直墓》，頁65。

〔註16〕 根據《舊五代史》，「和昭訓」在《宋史‧趙上交傳》中作「和少微」，因此兩者應為同一人。（《舊五代史‧唐書三十‧列傳十六》卷五十四，頁733。）

〔註17〕 《舊五代史》記載：「初，同光中，祁、易二州刺史，都奏部下將校為之，不

清楚王都的所思所想。也許，這正是王都選擇和少微撰寫志文的原因。因此，儘管誌文並非王都撰寫，卻仍可透露出王都的真實想法，誌文中對事實進行的篡改，恰可說明這一點。至於篡改的目的，掩蓋真相以保持聲譽固然重要，更重要的是，這些描述似乎表明了王都的一個未能實現的願望，即他獲取兵權的理想狀態：王處直主動退隱「西第」〔註18〕，並樂於享受退位後悠閒、安逸的生活，而王都也通過一種正常的或高尚的手段獲得了權位。

誌文的內容幾乎成為王都營建、裝飾墓葬的主導思想，一方面，他會遵從墓誌中所描述的王處直的「喜好」及其生前「願望」，創造一個供王處直死後繼續頤養天年的理想世界，正如其生前所居之「西第」；另一方面，他還會要求墓葬能夠充分體現其本人及墓主生前的身份地位及雄厚的財力。

二、觀念的圖像化

如今，我們已無從知道王處直墓壁畫的作者，但有一點可以肯定，他在設計並繪製該墓壁畫時一定是按照王都的要求進行創作的，包括壁畫的思想觀念、壁畫的規模、內容題材等。另一方面，作為專業人員，在不影響雇主要求的情況下，畫工也會對壁畫的內容佈局進行藝術創作，最大限度地發揮自身的才華，以獲得雇主和同行的認可。因此，一座墓葬的完成應是雙方協調統一的結果。正是由於不同雇主的不同要求以及畫工主觀的藝術創作，才使得現存的墓葬呈現出不同的面貌。到目前為止，我們幾乎找不到壁畫內容、佈局完全相同的兩座墓葬。

從壁畫繪製的程序來講，畫工應首先對諸多壁面的內容、佈局有一個預先的設計，而設計的首要工作是選擇壁畫的題材，即用哪些內容來滿足雇主

進戶口，租賦自贍本軍，天成初仍舊。既而安重誨用事，稍以朝政蘗之。時契丹犯塞，諸軍多屯幽、易間，大將往來，都陰為之備，屢廢迎送，漸成猜間。和昭訓為都籌劃曰：『主上新有四海，其勢易離，可圖自安之計。』」（《舊五代史‧唐書三十‧列傳第六》卷五十四，頁732～733。）「都恐朝廷移之他鎮，腹心和昭訓勸都為自全之計。都乃求婚於盧龍節度使趙德鈞。」（《資治通鑑‧後唐紀‧明宗聖德和武欽孝皇帝中之上》卷二百七十六，頁9017。）因此，墓誌銘的內容雖非王都親筆，但一定是王都意願的充分體現。

〔註18〕 胡三省在《資治通鑑》中對「西第」有著明確的解釋：「凡官府第舍以東為上，西第者，即安養閒之地，唐末王處存帥義武，兄弟相繼，至是而敗。」可知，「西第」為引退修養之所。《資治通鑑‧後梁紀六‧均王下》卷二百七十一，頁8869。

的要求。〔註19〕

在王處直墓中，畫工選擇的題材無疑是極爲豐富的，幾乎涉及當時出現的各個門類，他們將這些題材進行有機地組合，從而建構了一個虛擬的圖像世界。筆者認爲，這些圖像的設計與墓誌的內容直接相關，它們無不爲表達「地下西第」觀念及墓主或王都的身份地位而存在。

（一）地下「西第」

1.「西第」的表達

該墓除後室頂部外，其餘各部位皆繪有壁畫或裝飾有浮雕。墓門拱頂邊緣彩繪菱形花紋帶，兩側繪菊花。甬道南部東西兩壁壁龕內爲武士浮雕〔註20〕。前室四壁有壁龕十二個，龕內鑲嵌漢白玉生肖及人物浮雕，南壁墓門兩側下部各有一壁龕，龕內浮雕被盜。四壁壁畫分上下兩欄，上下欄間用赭色紋帶和忍冬或團窠花及垂幔隔開。上欄爲八幅雲鶴圖，下欄南壁墓門兩側繪男侍，西壁繪屏風式人物花鳥畫五幅，分別是侍女圖、兩幅牡丹圖、月季圖、牽牛圖、薔薇圖。東壁的壁畫佈局與西壁相同，內容爲侍女圖、牡丹圖、兩幅薔薇圖、牽牛圖、牡丹圖。北壁正中繪一幅山水畫，頂部繪天象圖（圖 1-2）。東耳室北壁爲侍女、童子圖，背景上點綴幾枝翠竹，南壁爲侍女圖，人物背景用淡彩繪出花紋。東壁畫面可分爲兩部分，上部爲一橫幅山水畫，下部爲一長案，其上放置掛有黑色展腳襆頭的帽架、長方形盒、瓷器、鏡架、掃帚等。疊澀頂部繪滿花卉、雲氣、蝴蝶等。西耳室的壁畫佈局與東耳室一致，北壁、南壁皆爲侍女圖，人物背後各有一扇屏風。西壁畫面分兩部分：上部爲花鳥畫，下部繪一長案，上置鏡架、長方形箱、瓷器等日常用具。南壁東、西側皆繪菊花圖。東壁分兩部分，上部繪出菊花，下部南端爲侍奉浮雕，中北端爲山石翠竹。西壁結構與東壁相同，上部爲菊花，下部南端爲伎樂浮雕，中北端爲湖石樹木。壁畫上端繪兩層垂幔，浮雕南側用濃墨勾出幔帳下擺。北壁是一幅通景式花鳥畫牡丹湖石圖，佔據整個壁面，上部是團窠花紋及白色、紅色垂幔，兩側及下部是深褐邊框（圖 1-3）。

〔註19〕 在實際的操作中，也許並沒有本書分析的如此明確的程序，而是不同的程序交替進行。筆者之所以採用這種表述方式是爲了更爲清晰的說明墓葬壁畫的題材、形式、風格是如何被選擇並完成的。

〔註20〕 這兩件浮雕原已被盜。2000 年，其中一件從美國克里斯蒂（佳士得）春季拍賣會上追回，另一件由紐約大收藏家安思遠先生無償捐獻。李力：《古墓恩仇錄》，《北京青年報》2007 年 3 月 12 日第 D2 版。

圖 1-2 王處直墓前室壁畫

圖 1-3 王處直墓後室壁畫透視圖

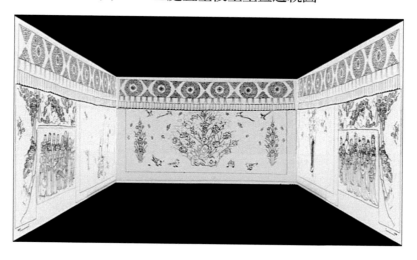

　　整體來看，各個墓室的壁畫內容迥然不同，這可能與墓室的空間性質相關，如前室內容為山水、花草、雲鶴及天象圖，多為室外的景物，而後室與東、西耳室則更傾向於室內景象的描繪。如果將不同空間的壁畫內容連綴在一起來考察就會發現，這些情境常見於唐、五代筆記小說中所描述的理想世界，如：

公弼乃指扣石壁，中有人問曰：「謂誰？」曰：「某。」遂劃然開一門，門中有天地日月，公弼將入，法師隨入。〔註21〕

二年外一月餘，工人忽聞地中雞犬鳥雀聲；更鑿數尺，旁通一石穴，工人乃入穴探之。初數十步無所見，但捫壁而旁行。俄轉，會如日月之光，隧下；其穴下連一山峰，工人乃下於山。正視而立，乃別一天地日月世界。其山傍向萬仞，千巖萬壑，莫非靈景，石盡碧琉璃色，每巖壑中，皆有金銀宮闕，有大樹，身如竹，有節，葉如芭蕉，又有紫花如盤。五色蛺蝶，翅大如扇，翔舞花間。五色鳥大如鶴，翱翔樹杪。每巖中有清泉一眼，色如鏡；白泉一眼，白如乳。〔註22〕

在這兩則故事中，石壁或石穴成為隔離兩個世界的屏障，一旦將這些屏障打開，便別有洞天，其中有日月星辰、奇花異草、珍禽異獸。有的故事中則是以山為隔斷，山後掩藏著另一個美妙的去處，這裡山水清幽，草木繁盛，其間鸞鳥飛翔，並有朱戶甲第，錦衣美食，室內一派歌舞昇平的景象，如：

初上一山，山下有水，過水，延綿凡十餘處，景色漸異，不與人間同。忽下一山，見水北朱戶甲第，樓閣參差，花木繁榮，煙雲鮮媚，鸞鶴孔雀，徊翔其間，歌管嘹亮耳目。〔註23〕

下一山，物象鮮媚，松石可愛，樓臺宮觀，非世間所有。將及門，引者揖曰：「阿郎來。」紫衣吏數百人羅拜道側。既入，青衣數十人，容色皆殊，衣服鮮華，不可名狀，各執樂器引拜。遂入中堂。宴食畢，且命茂實坐。夐入更衣，返坐，衣裳冠冕，儀貌堂堂然，實真仙之風度也。其窗戶、階闥、屏幃、茵褥之盛，固非人世所有；歌鸞舞鳳及諸聲樂，皆所未聞。情意高逸，不復思人寰之事，歡極。

主人曰：「此乃仙居，非世人之所到。……」〔註24〕

更有意思的是，在小說中，人的耳朵裏也會裝有一個奇異的世界，透過這一

〔註21〕《玄怪錄・袁洪兒誇郎》卷三，頁390。注：文中的強調符號為筆者所加，下同。

〔註22〕《博異志・陰隱客》，頁484。

〔註23〕《玄怪錄・張老》卷一，頁348。

〔註24〕《續玄怪錄・麒麟客》卷一，頁431～432。

特殊的通道，觀者即可看到其中「別有天地，花卉繁茂，甍棟連接，清泉翠竹，縈繞香甸。」〔註25〕有時，故事中的主人公會借助一種特殊的交通工具到達某一理想國，如：

> 與一竹杖長丈二餘，令元之乘騎隨後，飛舉甚速，常在半天。西南行，不知里數，山河逾遠，欻然下地，已至和神國。其國無大山，高者不過數十丈，皆積碧瑤。石際生青彩輅筱，異花珍果，軟草香媚。好禽嘲哳。山頂皆平正如砥，清泉迸下者三二百道。原野無凡樹，悉生百果及相思石榴之輩。每果樹花卉俱發，實色鮮紅翠葉，于香叢之下，紛錯滿樹，四時不改。唯一歲一度，暗換花實，更生新嫩。〔註26〕

當然，有時小說中的主人公也會無意間進入另一個奇異空間，如：

> 初尚荒涼，移步愈佳。行數百步，方及大門，樓閣重複，花木鮮秀，似非人境。煙翠蔥蘢，景色妍媚，不可名狀。香風颯來，神清氣爽，飄飄然有凌雲之意，不復以使車為重，……遂揖以入，坐於中堂。窗戶梁棟，飾以異寶，屏障皆畫雲鶴。有傾，四青衣捧碧玉台盤而至，器物珍異，皆非人世所有，香醪嘉饌，目所未窺。既而日將暮，命其促席。燃九光之燈，光華滿座。女樂二十人，皆絕代之色，列坐其前。……天將曉，裴召前黃頭曰：「送趙氏夫人。」且謂曰：「此堂乃九天畫堂，常人不到。」〔註27〕

> 瘐側身走入堂前，垂簾望之。諸女徐行，直詣藤下。須臾，陳設華麗，床榻並列，雕盤、玉樽、杯、杓皆奇物。八人環坐，青衣執樂者十人，執板立者二人，左右侍立者十人。〔註28〕

上述理想世界的性質不盡相同，但卻有一共同的特點，即在這個虛幻的世界裏，均有日月星辰，其間種植各種奇花異草，花木鮮秀，泉石清幽，瑞鳥飛翔其間，之後還會看到華麗壯觀的屋宇，室內裝飾豪華，通常飾有帷幔、屏風等。主人正在宴飲，所用器物珍異奢華，並有歌舞伎樂，美女相伴。

這些事物在王處直墓壁畫中均可看到：通過墓門進入墓室，就好像進入

〔註25〕《玄怪錄·張左》卷三，頁384。

〔註26〕《太平廣記·古元之》卷三百八十三，《文津閣四庫全書·子部·小說家類》（348），頁100。

〔註27〕《玄怪錄·裴諶》卷一，頁351～352。

〔註28〕《續玄怪錄·張瘐》卷三，頁444。

了另一個世界，頂部有日月星辰〔註29〕，周圍泉石縈徹，異花駢植，瑞鶴飛翔，景色清幽〔註30〕。接下來便進入廳堂〔註31〕，室內陳設華麗，床榻並列，床側飾以屏風，帷幔輕垂〔註32〕，並有眾多侍女及歌舞伎樂。

此外，為了形象地表現室內外的不同空間，前室花鳥畫還採用了與後室迥異的表現形式，畫面中的花鳥更強調其生長狀態，彷彿是要努力再現大自然原貌，而後室的牡丹湖石圖則帶有較強的裝點廳堂之特點。〔註33〕

小說在描繪此類世界時多有意誇大與人間的距離，如「此堂乃九天畫堂，常人不到」〔註34〕、「固非人世所有」〔註35〕等等。於是，這種虛擬的理想世界便成為人們可望而不可及的精神追求，正如王青所指出的，這種魏晉以來形成的田園式或莊園式的理想世界是人們對彼岸世界的想像，反映了唐朝士大夫的一種審美傾向。〔註36〕

反觀墓誌中描述的王處直所追求的理想世界：「我有戶兮夜不扃，我有子兮不為丁。田疇結實春雨足，烽燧□光秋　塞寧。若非琬琰留德政，萬古之人何以聽。」這種世外桃源式的生活環境，恰可看作上述田園式彼岸世界的另一種表述方式。而畫工則用圖像的形式再次詮釋了這一觀念，他們將這一

〔註29〕 王處直墓前室拱頂部和南、北壁上半部半圓形壁面都塗以青灰色，象徵天空，其上繪有日月及二十八宿，這種做法無疑加強了對室外空間的模擬。而天象圖與十二生肖的組合應是延續了唐代長安的葬制。（宿白：《關於河北四處古墓的札記》，《文物》1996 年第 9 期，頁 59。）此外，這種方式還見於宣化遼墓，李清泉認為，它們的基本含義是象徵天的時序和結構。（《宣化遼墓》，文物出版社，2008 年，頁 231～235。）

〔註30〕 此為前室的景象。

〔註31〕 此為後室所描繪的景象。

〔註32〕 王處直墓後室除了四壁上部的兩層垂幔和東西兩壁的南端的幔帳外，棺床之上也應裝飾有帷幔。因為在東、西、北壁的壁頂交接處插有 8 個鐵釘環，每壁 2 個，東北角和西北角各 1 個，這些對應的鐵釘環應是給墓主垂掛幔帳之用。參見《五代王處直墓》，頁 13。此外還有東、西兩壁南端繪製的隨風飄舉、動感極強的幔帳。

〔註33〕 這裡需要說明的是，雖然文獻記載與王處直墓壁畫的極為吻合，但並不能說這些壁畫是畫工按照文獻記載設計的，而是時代風尚使然。換言之，當時筆記小說中記載了大量的理想世界，其面貌大同小異，說明當時的「理想國」觀念已深入人心，並成為人們的共同追求。

〔註34〕 《玄怪錄·裴諶》卷一，頁 352。

〔註35〕 《續玄怪錄·麒麟客》卷一，頁 432。

〔註36〕 王青：《西域文化影響下的唐五代筆記小說》，中國社會科學出版社，2006 年，頁 184～190。

常人不能及的世界形象地塑造出來，以供墓主在地下享用。

2.地下「西第」與「王侯之居」

儘管小說中描述的均非人間景象，但作者還是會時常將這個世界與現實生活環境相比照，當談到室內的豪華裝飾時，作者也會將其比附爲「王侯之居」，如「中堂陳設之華曄，若王侯之居。盤饌珍華，味窮海陸」〔註37〕。可見，對理想世界的想像性描述應是以上層社會的生活爲底本的。那麼，後室及東、西耳室中描繪的屛風、歌舞伎樂、侍女、几案、器物等，則在某種程度上反映了當時王公貴族的生活面貌。

與上述室內景象相對，前室壁畫表現的皆爲戶外之景，這就使得墓主人的地下生活空間更加完善。〔註38〕有意思的是，誌文中對王處直退隱後的生活極其思慕的理想世界之形象描述恰可作爲前室壁畫的完美注腳：

> 公乃歸私第而習南華，燕奇香而醮北極。行吟蔣徑春草生，而綠□池塘；坐酌融罇餘花落，而香飄戶牖。……公素尚高潔，退慕幽奇。觀夫碧甃千岩，春籠萬　木。白鳥穿煙之影，流泉落澗之聲，實遂生平之所好。〔註39〕

文中提到的春草、花木、千岩萬壑、流泉落澗、白鳥穿煙均可對應其中的山水畫、花鳥畫、雲鶴圖和天象圖。如前所述，誌文講述的是王處直退位後的悠閒生活，其活動的場所應是府邸中的園林。這些景物恰與文獻中記載的當時上層社會之私家園林相吻合，其中有的園林規模宏大，並極力模擬自然山水的狀貌，如：

> 安樂公主改爲悖逆庶人。奪百姓莊園，造定昆池四十九里，直抵南山，擬昆明池。累石爲山，以象華岳，引水爲澗，以象天津。飛閣步簷，敍橋磴道，衣以錦繡，畫以丹青，飾以金銀，瑩以珠玉。又爲九曲流盃池，作石蓮花臺，泉於臺中湧出。窮天下之壯麗。〔註40〕
>
> 平泉莊去洛城三十里，卉木臺榭，若造仙府。有虛檻，前引泉

〔註37〕 《續玄怪錄・竇玉妻》卷三，頁446。

〔註38〕 其實這種佈局並非此時畫工的首創，唐代墓葬中有很多類似的做法。如章懷太子墓、懿德太子墓、永泰公主墓等均是由室外與室內兩部分組成，只是選取的物象有著明顯的差異。

〔註39〕 《五代王處直墓》，頁65～66。

〔註40〕 《朝野僉載》卷三，頁41。

水，縈回穿鑿，像巴峽、洞庭、十二峰、九派迄於海門江山景物之
狀。竹間行徑有平石，以手摩之，皆隱隱見雲霞、龍鳳、草樹之
形。〔註41〕

相比之下，元載與王鎔的園林雖無上述園林的規模，卻更多了一些精緻與華
麗，他們不僅在園林中修砌池塘，還會遍植珍貴的花草，以此來炫耀自己的
高雅情趣。

（元載）造芸輝堂於私第。芸輝，香草名也，出于闐國。……
芸輝之前有池，悉以文石砌其岸，中有蘋陽花，亦類白蘋，其花紅
大如牡丹，不知自何而來也。更有碧芙蓉，香潔菡萏偉于常者。
〔註42〕

鎔自幼聰悟，然仁而不武，征伐出於下，特以作藩數世，專制
四州，高屏塵務，不親軍政，多以閹人秉權，出納決斷，悉聽所爲。
皆雕靡第舍，崇飾園池，植奇花異木，遞相誇尚。人士皆褒衣博帶，
高車大蓋，以事嬉遊，藩府之中，當時爲盛。〔註43〕

在上述的私家園林中，我們依然可以看到誌文或壁畫中的主要因素：山水泉
石、花草樹木等。由此可推知，王處直墓前室壁畫應是對地上園林的模仿。

這種對地上園林的模仿並非孤例，類似的做法還見於陝西富平朱家道村
唐墓，墓室北壁的仙鶴圖、崑崙奴馭牛圖、西壁的山水畫、南壁的臥獅也反
映了園林的部分景象（圖 1-4）。西安中堡村出土了陶院宅，最後一進院落中
安置有假山，可看作當時私家園林的一角（圖 1-5）。後蜀孫漢韶墓（956）中
發現的陶照壁、陶假山、假山牆、閣、過廳、亭、素面牆等近乎一整套園林
模型，更是再現了墓主人對理想世界的追求（圖 1-6）。〔註44〕與王處直墓相
比，這些墓葬雖選取的景物不盡相同，所採用的塑造手法各異，但其基本設
計思路是一致的。

由此推知，畫工在設計表現地下「西第」時至少受到兩方面影響：一方
面，當時筆記小說中大量描繪了田園式的理想世界，其間的人們過著一種遠
離塵世煩惱，遠離功名利祿的世外桃源生活，這些知識背景爲畫工提供了對

〔註41〕《劇談錄‧李相國宅》卷下，頁 1481。
〔註42〕《杜陽雜編》卷上，頁 1375。
〔註43〕《舊五代史‧唐書三十‧列傳第六‧王鎔》卷五十四，頁 729。
〔註44〕成都市博物館考古隊：《五代後蜀孫漢韶墓》，《文物》1991 年第 5 期，頁 11
　　　　～26。

圖1-4　陝西富平朱家道村唐墓壁畫線描圖

圖1-5　西安中保村唐墓出土的陶院宅

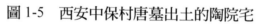

圖 1-6　孫漢韶墓出土的陶建築

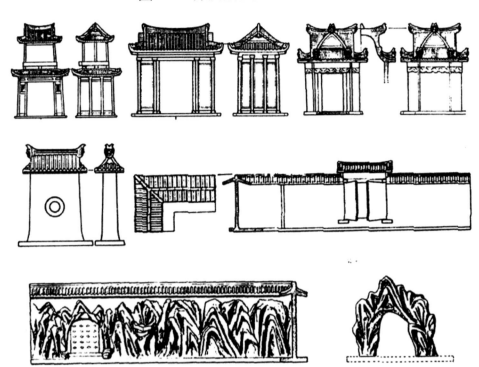

（閣、過廳、亭、照壁、素面牆、假山牆、假山）

地下世界的豐富想像；另一方面，要想把想像的世界以圖像形式表現出來，還需要有實物作為參照，而上層貴族的生活方式及居住環境無疑為畫工提供了現實的範本。

3. 山水畫與「掛冠」圖

為了進一步加強「退隱西第」的觀念，畫工還設計了一些有意思的畫面，如東耳室東壁壁畫，畫面內容為一幅山水屏風和几案的組合，几案的帽架上放置有一頂展腳襆頭（圖 1-7）。〔註 45〕筆者認為，山水畫與襆頭的結合當別

〔註45〕《雲麓漫紗》卷三：「五代帝王多裹朝天襆頭，二腳上翹，至劉漢祖……裹襆頭，左右長尺餘，橫直之，不復上翹。迄今不改。國初時腳不甚長，巾子勢坡向前。今兩腳加長，而巾勢反仰向後矣。」周峰認為，朝天襆頭即翹角襆頭，蓋為晚唐遺制，五代因之，維劉氏南漢朝用展腳襆頭，兩腳左右橫直，各長一尺二寸。至宋，則延其制，以為官帽，但頂已為方形，兩折。據此可知，畫面中的襆頭應為展角襆頭。周峰：《中國古代服裝參考資料：隋唐五代部分》，燕山出版社，1987 年，頁 25。

圖1-7　王處直墓東耳室東壁壁畫摹本

有深意，理由在於：

其一，山水畫在當時有著特殊的含義。根據《歷代名畫記》，山水畫是中、晚唐的流行題材，很多文人、雅士參與了山水畫的創作。〔註46〕文獻中在敘述畫家的性格及其創作活動時，多注重其高尚、脫俗的情致，並認為這是畫工所不能比擬的特質。這些特質表現在不同的方面：首先這些畫家不像畫工那樣處處受到雇主的限制，他們的繪畫創作是隨心所欲的。如稱讚王宰「十日畫一水，五日畫一石。能事不受相促迫，王宰始肯留真迹。壯哉崑崙方壺圖，掛君高堂之素壁」〔註47〕。其次，這些畫家思致高雅，非一般畫工能比。如：

> 公（劉商）邅情浩然，酷尚山水，著文之外，妙極丹青。好事君子或持冰素越淮湖求一松一石、片雲孤鶴，獲者寶之，雖楚璧南金不之過也。〔註48〕

> 杜楷（一作措）成都人。善工山水，極妙，作枯木斷崖，雲崦煙岫之態，思致頗遠。又圖寫昔人詩句為之，亦可以想見其胸次耳。〔註49〕

> （李靄之）善畫山水泉石。……時以號靄之為金波處士。妙得幽

〔註46〕畫史記載唐、五代的山水畫家大約33位，其中處士、隱士、僧人約為12人，官員或名流約11人，畫家約10人。大多為非職業畫家。（見附錄二）

〔註47〕杜甫：《戲題畫山水圖歌》，《全唐詩》卷二百一九，頁2305。

〔註48〕《文苑英華・劉商郎中集序》卷七百七十三，中華書局，1982年，頁3682。

〔註49〕《宣和畫譜・山水一・杜楷》卷十，人民美術出版社，1964年，頁179。

人逸士林泉之思致。故一寄於畫，則無復朝市車塵馬足，肩磨轂擊之狀，眞胸中自有丘壑者也。〔註50〕

蓋全之所畫，其脫略毫楮，筆愈簡而氣愈壯，景愈少而意愈長也。而深造古淡，如詩中淵明，琴中賀若，非碌碌之畫工所能知。〔註51〕

此類評述較少用於稱讚人物和花鳥畫家。此外，山水畫還有著與花鳥畫、人物畫不同的審美功能。如：

心累猶不盡，果爲物外牽。偶因耳目好，復假丹青妍。嘗抱野閒意，而迫區中緣。塵事固已矣，秉意終不遷。良工適我願，妙墨揮岩泉。變化合群有，高深侔自然。置陳北堂上，仿象南山前。靜無戶庭出，行已茲地偏。萱草憂可樹，合歡忿益蠲。所因本微物，況乃憑幽荃。言象會自泯，意色聊自宣。對玩有佳趣，使我心渺綿。〔註52〕

廟堂多暇日，山水契中情。欲寫高深趣，還因藻繪成。九江臨戶牖，三峽繞簷楹。花柳窮年發，煙雲逐意生。能令萬里近，不覺四時行。氣染荀香馥，光含樂鏡清。詠歌齊出處，圖畫表沖盈。自保千年遇，何論八載榮。〔註53〕

粉壁爲空天，丹青狀江海。遊雲不知歸，日見白鷗在。博平眞人王志安，沈吟至此願挂冠。松溪石磴帶秋色，愁客思歸坐曉寒。〔註54〕

面對山水畫，觀者好像置身於幽靜的大自然中，可以忘卻塵世的煩惱；足不出戶，便可感受山水的佳趣，它「能令萬里近，不覺四時行」，甚至由此而生「掛冠」之思。可見，山水畫已成爲人們愉悅性情、超然物外的一種手段。更值得關注的是，山水畫創作還是上層人士雅集的重要內容。《唐文粹》記載：

荊州從事監察御史陸澧，字深源，洎令弟曰灞、曰潤、曰淮，

〔註50〕《宣和畫譜·畜獸二·李靄之》卷十四，頁232。
〔註51〕《宣和畫譜·山水一·關全》卷十，頁177。
〔註52〕張九齡：《題畫山水障》《全唐詩》卷四十七，頁577～578。
〔註53〕孫逖：《奉和李右相中書壁畫山水》，《全唐詩》卷一百十八，頁1195～1196。
〔註54〕李白：《觀博平王志安少府山水粉圖》，《全唐詩》卷一百八十三，頁1869。

皆以文行穎耀當世。故含藻蘊奇之士多遊其門焉。秋七月，深源陳燕宇下，華軒沉沉，樽俎靜嘉，庭篁霽景，踈爽可愛。公天縱之思，欻有所詣，暴請霜素，願攄奇蹤，主人奮裾鳴呼相和。是時，座客聲聞士凡二十四人在其左右，皆岑立注視而觀之。員外（張璪）居中，箕坐鼓氣，神機始發。其駭人也，若流電激空，驚飆戾天，摧挫斡掣，撝霍瞥列，毫飛黑噴，捽掌如裂，離合惝恍，忽生怪狀。

及其終也，則松鱗、皴石、巉岩，水清湛，雲窈眇。〔註55〕

從這段文字可以看出，張璪的山水畫創作無疑成為雅集的視覺中心，此間，「主人奮裾鳴呼相和」，而眾多的客人也都「岑立注視而觀之」。

　　根據以上幾點分析可知，山水畫在當時有著特殊的功能，它幾乎成為一種身份的象徵，象徵著人的高雅志趣以及不凡的文人身份。面對山水畫，這些文人可以不為現實名利所羈絆，而超然於物外，執著地嚮往著自由自在的田園生活。〔註56〕而墓誌中所描述的王處直之情趣正好符合這一特點。

　　　公素尚高潔，邈慕幽奇。觀夫碧甃千岩，春籠萬木。白鳥穿煙之影，流泉落澗之聲，實遂生平之所好。

　　其二，襆頭掛在帽架上，可稱為「掛冠」。「掛冠」在古代具有特殊含義，意為擺脫塵世羈絆，遠離功名利祿，辭官歸隱。如：

　　　朕以其年在遲暮，用循挂冠之事，俾遂赤松之遊。〔註57〕

　　　魚鳥好自逸，池籠安所欽。挂冠東都門，採蕨南山岑。〔註58〕

　　　年來歲去成銷鑠，懷抱心期漸寥落。挂冠裂冕已辭榮，南畝東皐事耕鑿。〔註59〕

　　　問子青霞意，何事留朱軒。自言心遠俗，未始迹辭喧。過蒙良

〔註55〕符載：《江陵陸侍御宅燕集觀張員外畫松石序》，《唐文粹》卷九十七，《四庫・集部・總集類》（449），頁395。

〔註56〕有意思的是，該墓壁畫應為畫工所繪，那麼，畫工對山水畫的創作是否是對自身地位、能力的肯定呢？此外，前文分析的壁畫空間佈局的巧妙構思也多於卷軸畫相吻合，這種種做法應是畫工的精心設計，目的在於強調自身的存在。鄭岩曾談論了富平朱家道村唐墓壁畫中所體現的畫工的別出心裁，並指出這是畫工有意通過壁畫的題材、樣式和佈局來說明自身的存在。鄭岩：《壓在「畫框」上的筆尖》，《新美術》2009年第1期，頁39～51。

〔註57〕明皇帝（李隆基）：《送賀知章歸四明並序》，《全唐詩》卷三，頁31。

〔註58〕張九齡：《在郡秋懷二首》，《全唐詩》卷四十七，頁576。

〔註59〕駱賓王：《疇昔篇》，《全唐詩》卷七十七，頁836。

時辛，側息吏途煩。簪纓非宿好，文史棄前言。夕臥北窗下，夢歸南山園。白雲慚幽谷，清風愧泉源。夕臥北窗下，夢歸南山園。白雲慚幽谷，清風愧泉源。十年茲賞廢，佳期今復存。挂冠謝朝侶，星駕別君門。〔註60〕

同時，比較東、西耳室壁畫几案上的飾物便可以發現，兩室應分屬男、女墓主人（圖 1-8）。〔註61〕可見，東耳室的壁畫是專門為王處直繪製的。此外，後室圍繞棺床的東、西屏風壁畫繪有樹石圖和竹石圖，東耳室南北兩壁的屏風畫中也繪製了翠竹，這些畫面均出現在男墓主周圍，目的在於體現墓主人的清雅之趣〔註62〕，從而加強了「地下西第」思想的表達。

圖 1-8　王處直墓西耳室西壁壁畫摹本

（二）等級地位與財富

1. 伎樂、侏儒

墓葬的規模及形制是體現等級地位的最重要因素。而墓葬的規模與形制又直接制約著壁畫的整體設計。

一般來講，一座墓葬規模及建築材質當由雇主決定，這直接涉及雇主

〔註60〕張說：《雜詩四首》之一，《全唐詩》卷八十六，頁 937。

〔註61〕東耳室東壁的長案上繪有襆頭、方鏡架等，西耳室西壁長案上則繪有婦人飾物、圓鏡等。宿白：《關於河北四處古墓的札記》，《文物》1996 年第 9 期，頁 60。

〔註62〕張彥遠在《歷代名畫記》專設「山水樹石」一節進行討論，可見樹石與山水的關係極為密切。《歷代名畫記》卷一，頁 15～17。

或墓主人的身份等級和財力。那麼，王都爲王處直建造雙室石墓當有其深意。根據宿白的研究，「在唐代，一般品官，即使是正一品，只要沒有皇帝的殊寵，也是不能興建使用雙室磚墓的」〔註63〕。而王處直墓不僅使用了雙室，且還用青石砌成，這種帶有等級意味的材質更說明了該墓的特殊之處。報告稱此爲「僭越」，但筆者認爲，這種解釋似乎過於簡單化。因爲「僭越」的評價是相對於唐代的墓葬建造等級制度而言的，但在墓葬營建者看來，他會找到充分的理由證明自己或自己的家人完全有資格享受此規格的墓葬。

如前所述，墓誌中反覆強調了王處直顯赫的地位及所受的恩寵，而王都的政治生涯在當時更是如日中天，與皇室的姻親關係又使他擁有了皇族成員的身份。因此，使用高規格的雙石室墓不僅是體現了王處直生前的身份地位，更是王都對自身政治地位的認定。

該墓壁畫雖意在強調「地下西第」觀念，但其中也不乏表現墓主的身份等級的題材，最突出的即是後室之伎樂圖。〔註64〕根據《唐會要》記載：

> 長慶三年十二月，浙西觀察使李德裕奏：「緣百姓厚葬，及於道途盛設祭奠，兼置音樂等。閭里編甿，罕知報義，生無孝養可紀，歿以厚葬相矜。喪仗僭差，祭奠奢靡，仍以音樂榮其送終。或結社相資，或息利自辦，生業以之皆空。習以爲常，不敢自廢。人户貧破，抑此之由。今百姓等喪葬祭，並不許以金銀錦繡爲飾及陳設音樂。」〔註65〕

可見，在墓室中設置伎樂應爲上層階級所獨享，唐墓壁畫中大量出現的伎樂圖正是這一制度的體現。〔註66〕

〔註63〕 宿白：《西安地區的唐墓形制》，《文物》1995年第12期，頁41～49。

〔註64〕 根據文獻表明，工匠深諳當時的喪葬制度。如《唐會要》記載：「以前刑部尚書、兼京兆尹鄭元修，詳定品官葬給。素有章程。歲月滋深，名數差異，使人知禁，須重發明制，庶可經久。伏以喪葬條件明示所司，如五作及工匠之徒捉搦之後，自合准前後勅文科繩，所司不得更之。喪孝之家，妄有捉搦，只坐工人，亦不得句留，令過時日。勅旨：宜依。」政府爲了維護喪葬制度，竟在工匠身上大做文章。因此，工匠必須深諳喪葬制度，否則就會受到懲罰。宋・王溥撰，牛繼清校證，《唐會要校證》卷三十八〈葬〉，三秦出版社，2012年，頁598。

〔註65〕 同上，頁599。

〔註66〕 這些壁畫墓墓主的身份地位較高，李星明甚至將這時的墓葬壁畫歸爲貴族文化，是唐代主流文化的一個方面。李星明：《唐代墓室壁畫研究》，陝西人民

此外，伎樂圖和侍奉圖中的侏儒也應是一種特殊身份的象徵。侏儒最早是被視為淫亂的娛樂，為正統所不恥〔註67〕，孔子曾對此採取過極端的方式〔註68〕。但秦漢以來，「俳優、侏儒盡入太常房中之樂」〔註69〕，並成為百戲中的重要節目〔註70〕。至唐代，侏儒更成為重要的貢品。

　　戊申，禁獻侏儒、短節小馬、庫牛、異獸奇禽者。〔註71〕

　　（康）開元初，貢鎖子鎧、水精杯、碼瑙瓶、駝鳥卵及越諾、侏儒、胡旋女子。〔註72〕

　　（室利佛逝）咸亨至開元間，數遣使者朝，表為邊吏侵掠，有詔廣州慰撫。又獻侏儒、僧祇女各二及歌舞，宮使者為折衝，以其王為左威衛大將軍，賜紫袍、金鈿帶。後遣子入獻，詔宴於曲江，宰相會，冊封賓義王，授右金吾衛大將軍，還之。〔註73〕

　　（道州）州產侏儒，歲貢諸朝。城哀其生離，無所進。帝使求

美術出版社，2005 年，頁 1。

〔註67〕 今夫新樂，進俯退俯奸聲，以濫溺而不止。及優侏儒獶雜，子女不知父子樂，終不可以語，不可以道。古此新樂之發也，俯猶曲也，言不齊一也，濫濫竊也。溺而不止。聲淫亂，無以治之。獶獼猴也，言舞者如獼猴戲也，亂男女之尊卑，獶或為優音義。（《禮記注疏·樂記》卷三十九，《四庫·經部·禮類》（129），頁 230。）

〔註68〕 「有頃，齊有司趨而進曰：『請奏宮中之樂。』景公曰：『諾。』優倡侏儒為戲而前。孔子趨而進，歷階而登，不盡一等，曰：『匹夫而營惑諸侯者罪當誅，請命有司！』有司加法焉，手足異處。」《史記·孔子世家第十七》卷四十七，中華書局，1962 年，頁 1915。

〔註69〕 「秦漢以下，俳優、侏儒盡入太常房中之樂，但以窮聲色娛耳目，而興賢育才之地，一化為酣歌妙舞之場。賢者豈肯出此哉！房者，樂師肄業所居之房也。古注以為房中之樂，箋疏以天子路寢、小寢之房。釋之，夫路寢，法地也。樂師可陽陽然執簧以招友為樂乎！」《詩瀋·君子陽陽》卷六，《四庫·經部·詩類》（30），頁 542。

〔註70〕 「始齊武平中，有魚龍爛漫、俳優、朱儒、山車、巨象、拔井、種瓜、殺馬、剝驢等，奇怪異端。百有餘物，名為百戲。周時，鄭譯有寵於宣帝，奏徵齊散樂人，並會京師為之。蓋秦角抵之流者也。開皇初，並放遣之。及大業二年，突厥染干來朝，煬帝欲誇之，總追四方散樂，大集東都。」（《隋書·志第十·音樂下》卷十五，頁 380～381。）

〔註71〕 文中雖是指「禁獻」，但也從另一個角度說明之前有進獻侏儒的傳統。《新唐書·本紀第一》卷一，頁 8。

〔註72〕 《新唐書·列傳第一百四十六下·西域》卷二百二十一（下），頁 6244。

〔註73〕 《新唐書·列傳第一百四十七下·南蠻》卷二百二十二（下），頁 6305。

之，城奏曰：「州民盡短，若以貢，不知何者可供。」自是罷。州人
感之，以「陽」名子。〔註74〕

在諸多的貢品中，侏儒多與歌舞伎樂或奇禽異獸並列在一起，以為觀賞娛樂
之用。此外，侏儒還可用來充當侍從〔註75〕，章懷太子墓、惠莊太子、臧懷
亮墓、張去奢墓中繪製的侏儒便可證明這一點。

另外，從各地貢奉侏儒的頻率來看，當時皇室對侏儒的需求量相當可
觀。筆者推測，這些侏儒除了供皇帝使用外，還可能用於對大臣的賞賜，能
夠有機會使用侏儒者應是當時地位顯赫的寵臣。由此可知，王處直墓、馮暉
墓中的侏儒可能是墓主人或墓葬贊助人身份、地位的象徵。

2. 漢白玉浮雕

王處直墓中出現的大量的漢白玉浮雕極為引人注目，該形式的使用應與
當地的藝術傳統有關。漢白玉浮雕堪稱定州地區的特色，這可從修德寺出土
的造像中找到依據。此處共發現石造像2200多件，均以曲陽黃山之白石為材
料雕刻而成，屬定州系白石佛像。從造型上看，該系佛像絕大多數為背屏式，
少量為圓雕，極個別為造像碑。〔註76〕且造像中以立像居多，占總數的
58.96%。〔註77〕雖然這批造像毀於會昌滅佛之際，但其雕刻技術定會傳至後
世，王處直墓中的漢白玉浮雕皆為站立的人物形象，可作例證。

此外，從這些造像的題記來看，在271件造像題記中，有163件提到了
造像的質地，多稱為「白玉像」、「玉像」，可見當地人對漢白玉的推崇。值得
注意的是，這些造像的體量較小，多為20～50釐米，當與贊助人之財力有關。
因為這些造像的贊助者多為平民，且多以家庭出資為主。〔註78〕

〔註74〕《新唐書・列傳第一百一十九・卓行・陽城》卷一百九十四，頁5572。

〔註75〕「侏儒戚施，實御在側，近頑童也。」（《御批資治通鑑綱目前編》卷九，《四
庫・史部・史評類》（230），頁464。）「有供奉侏儒名黃秔，性警黠：上（唐
玄宗）常憑之以行，謂之『肉几』，寵賜甚厚。」（《資治通鑑・唐紀二十九・
玄宗至道大聖大明孝皇帝中之上》卷二百一十三，頁6801。）

〔註76〕定州系白石佛像是指流行於定州地區（外延北到河北易縣，西達山西昔陽，
東臨山東博興）的佛教造像體系。盛行於北魏至隋唐間，曲陽為其造像中
心。李靜傑、田軍：《定州系白石佛像研究》，《故宮博物院院刊》1999年第3
期，頁66～84。

〔註77〕根據《定州系白石紀年佛像像式與時期數且關係表》，李靜傑、田軍：《定州
系白石佛像研究》，《故宮博物院院刊》1999年第3期，頁66～84。

〔註78〕馮賀軍：《曲陽白石造像研究》附錄三《發願文總錄》，紫禁城出版社，2005
年，頁136～257。

　　反觀王處直墓，至少使用了 18 塊漢白玉浮雕，其中甬道東、西兩壁龕的武士像通高 1.13 米，寬約 0.59 米〔註 79〕，前室南壁墓門兩側下部壁龕的浮雕高約 0.97 米、寬約 0.37 米〔註 80〕，前室四壁上方的十二生肖浮雕高 0.52～0.57 米、寬 0.33 米〔註 81〕，後室東西兩壁的伎樂圖和侍奉圖高 0.82 米、寬 1.36 米。這些浮雕的數量和體量足以表現王都的深厚財力。

三、壁畫的來源

　　在完成了題材內容的選擇之後，下一步的工作應是確定每一類題材的風格樣式。此時，畫工可資利用的圖像材料包括幾個不同的系統：其一是地上繪畫，包括卷軸畫、屏風畫和宗教繪畫等，這些繪畫作品無疑爲畫工的創作提供了直接的視覺依據；其二是畫工世代流傳的粉本系統，這是由畫工技藝的傳承方式決定的，在長期的實踐活動中，粉本已成爲畫工必不可少的圖像來源；其三是墓葬本身的圖像傳統，即前代墓葬遺留下來的約定俗成的圖像模式。此外，就王處直墓而言，還有一個特殊的來源，那就是王都的收藏。據《舊五代史》記載：

> 都好聚圖書，自常山始破，梁國初平，令人廣將金帛收市，以得爲務，不責貴賤，書至三萬卷，名畫樂器各數百，皆四方之精妙者，萃於其府。〔註 82〕

以王都對書畫的癡迷，必然對這些作品有著相當的鑒賞水平，爲了保證壁畫的質量，王都極有可能會拿出自己的收藏以供畫工借鑒。而地域傳統則又是影響王處直墓壁畫形式的另一因素。

（一）山水

　　王處直墓中發現的兩幅山水畫分別位於前室北壁和東耳室東壁，前者高 1.8 米、寬 2.22 米（圖 1-9），後者高 1.47 米、寬 2.15 米。從畫幅的尺寸來看（圖 1-10），兩者皆屬橫幅。

〔註 79〕 李力：《古墓恩仇錄》，《北京青年報》2007 年 3 月 12 日第 D2 版。浮雕的寬度應與其所在的壁龕的寬度相同或略窄。

〔註 80〕 已被盜，壁龕高 0.97、寬 0.37 米，其內的浮雕應略小於壁龕的尺寸。

〔註 81〕 現僅存鼠、龍、蛇、羊、馬、雞六塊浮雕，但丟失的浮雕尺寸應與此基本相近。

〔註 82〕 《舊五代史・唐書三十・列傳第六》卷五十四，頁 733。

圖 1-9　王處直墓前室北壁山水畫

圖 1-10　王處直墓東耳室東壁山水畫

　　在風格上，兩者均強調平遠的空間效果。對比兩幅山水畫局部的山巒造型，我們會發現它們的相似之處。如畫面左端的山峰，均是中間安排一組縱向的山峰，層層疊疊，向遠方延伸，與左面的一組山峰高度基本平齊，兩組山峰構成的峽谷正前方安排有一叢小山峰。其右為一組較為低矮的山丘，漸次延伸至水中。所不同的是，由於幅寬之故，東耳室山水畫的山巒造型較前者更為疏朗。從構圖方式來看，兩者也基本一致，畫面左右兩組山巒對峙分佈，空白處表示水面和天空，只是前室北壁山水畫的山石多集中在前景和中景，氣勢較為雄偉，而東耳室山水畫則將兩組山巒安排在中景，使得空間更

爲開闊。〔註83〕兩者的相似性似乎表明了其共同的來源，它們應是對同一幅山水畫原稿改造後所呈現的不同面貌。這種「兩山夾峙」的構圖方式與考古發現的唐代山水畫有著很大差別〔註84〕，如陝西富平呂村鄉朱家道村唐墓的山水六扇屏〔註85〕，該壁畫位於墓室西壁，其中五幅屏風均以壁立千仞、尖峭突兀的山峰佔據畫面中心，氣勢逼人（圖1-11）。慶山寺舍利塔基精室東壁繪有五位僧人，僧人的背後爲多扇式山水屏風〔註86〕。該幅壁畫雖非純粹的山水畫，但畫面中的山水屏風已經是完全意義上的山水作品，從中可看到山水屏風在現實生活中的使用狀態。畫面中的山峰佔據中心位置，高聳挺拔，與富平山水屏風的風格相同。

　　此外，陝西中堡村唐墓出土的三彩假山盆景〔註87〕、咸陽底張灣唐墓出土的遊山俑〔註88〕雖爲陶塑（圖1-12、圖1-13），但山體造型明顯與上述兩幅

〔註83〕 要試圖理清該墓山水畫所屬的風格流派，需借助文獻記載，但有關唐、五代畫家的記載中，能夠與該墓山水畫特徵建立聯繫的只有關於「平遠」的論述，如：「（盧鴻）……頗喜寫山水平遠之趣。」（《宣和畫譜‧山水一‧盧鴻》卷十，頁210。）「山水平遠，雲峰石色，絕迹天機，非繪者之所及也。」（《舊唐書‧文苑下‧王維》卷一百九十下，頁5052。）「張璪松人間最少，此卷幽深平遠，如行山陰道中，誠寶繪也。」（《畫鑒》，《畫史叢書》，頁410。）「寫蜀境山川平遠，心思造化，意出先賢，數年之中，創成一家之能，俱盡山水之妙。」（《益州名畫錄‧妙格下品‧李昇》卷中，人民美術出版社，2004年，頁27。）可知，在當時的山水畫家中，王維、張璪、盧鴻、李昇的山水畫作品均具有「平遠」的特點。但幾位畫家的風格顯然非一脈相承，而是存在明顯的區別（見附錄二）。因此，僅憑這一特點很難將該墓山水畫歸入某一畫家門下。而目前的文獻資料也無法提供更可靠的證據，這是由其描述方式決定的。根據附錄，其中對山水畫風格的描述多使用較爲主觀的、不確定的詞語，根據這些文字很難復原出某一畫家或畫派的作品。因此，將王處直墓山水畫與文獻記載的一些山水畫風格簡單對比，進而認定其屬於某一流派的風格的做法幾乎是無效的。

〔註84〕 懿德太子墓（706）、章懷太子墓（706）、節愍太子墓（724）墓道亦繪有山水畫，但只是作爲人物、城闕的背景出現，還不能稱爲眞正意義上的獨幅山水畫。

〔註85〕 井增利、王小蒙：《富平縣新發現唐墓壁畫》，《考古與文物》1997年第4期，頁8～11。

〔註86〕 臨潼縣博物館：《臨潼唐慶山寺舍利塔基精室清理記》，《文博》1985年第5期，頁12～37。

〔註87〕 陝西省文物管理委員會：《西安西郊中堡村唐墓清理簡報》，《考古》1960年第3期，頁34～38。

〔註88〕 《文物參考資料》1954年第9期，封面，「陝西咸陽底張灣唐墓出土的遊山俑」。

圖 1-11　陝西富平朱家道村唐墓山水六扇屏

圖 1-12
陝西中堡村唐墓山水亭池小景

圖 1-13
陝西底張灣唐墓假山

山水畫風格屬同一體系。五代荊浩的山水畫也是此類風格的延續，在傳爲荊浩的《匡廬圖》中，崇山峻嶺，層巒疊嶂，氣勢雄偉而壯觀，只是對山水樹石的刻畫較前者更爲細緻、秀潤（圖 1-14）。法庫葉茂臺遼墓出土的山水畫《深山會棋圖》亦屬此類（圖 1-15）。

顯然，王處直墓的山水畫絕不屬於上述風格，且目前唐墓中並未發現類似的山水畫作品，因此，可將其看作五代興起的山水畫新風。

圖 1-14　匡廬圖　　　　　圖 1-15　深山會棋圖

　　值得注意的是，該墓山水畫風格與遠在南唐的董源之「江南體」山水畫
風極為相似。在構圖上，「兩山夾峙」的構圖樣式見於傳為董源的《龍宿郊民
圖》（圖 1-16）；在景物造型方面，畫面中平緩的山巒在傳為董源的山水畫中
也可時時見到（圖 1-17）〔註 89〕；在畫法上，山石用墨線勾廓，結構起伏多
作長短線的皴法，類似後來的披麻皴而稍顯簡略（圖 1-18）。山頭遠樹作豎筆
小點，與董源山水的礬頭畫法已很接近〔註 90〕。同時，前室山水畫左側的山
巒造型酷似傳為巨然的《溪山蘭若圖》，這些特點均不見於唐代山水畫（圖
1-19）。〔註 91〕

<hr>

〔註 89〕　鄭岩：《壓在「畫框」上的筆尖》，《新美術》2009 年第 1 期，頁 39～51。
〔註 90〕　羅世平：《略論曲陽五代墓山水壁畫的美術史價值》，《文物》1996 年第 9 期，
　　　　　頁 74～75。
〔註 91〕　懿德太子墓、章懷太子墓、節愍太子墓、慶山寺、陝西富平唐墓山水畫對山
　　　　　石的刻畫是用墨勾勒輪廓，然後用水墨色點染，並無皴法。

圖 1-16　龍宿郊民圖

圖 1-17　王處直墓山水畫與《夏景山口待渡圖》圖式的比較

圖 1-18　王處直墓山水畫與《夏景山口待渡圖》皴法的比較

圖 1-19　王處直墓山水畫與《溪山蘭若圖》山巒造型的比較

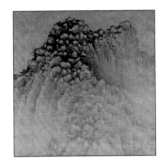

　　可見，所謂的「江南風格」在北方早已出現〔註 92〕，恰可看作「前董源時期」〔註 93〕。此處需要說明的是，兩者的相似性並不代表王處直墓山水畫直接影響了董源畫風，而應是唐末五代人口的南遷導致了地區間繪畫樣式的轉移。〔註 94〕

〔註 92〕鄭午昌曾指出，山水畫「自顧、陸發明以來，鄭展起而一變。由人物畫背景，而為精意臺閣之山水，用筆取景，一以精工細密是尚。及唐王維、張璪、畢宏、鄭虔等出，又變其精工細密之風，而為淡逸平遠。入五代，荊、關崛起，又變淡逸平遠而為高古雄渾矣。」（鄭午昌：《中國畫學全史》，上海書畫出版社，1985 年，頁 165。）但現在看來，當時的山水畫並非是簡單的線性發展，而是不同風格的並存。

〔註 93〕孟暉也注意到王處直墓山水畫具有「董源畫風」。孟暉：《花間十六聲》，生活・讀書・新知三聯書店，2006 年，頁 32～35。

〔註 94〕唐末五代，中原人士因戰亂紛紛南遷，主要流向為西蜀和江南。參見陳葆真：《南唐烈祖的個性與文藝活動》，《美術史研究集刊》第二期，頁 43；何建明：《南唐崇儒之風與江南社會的文化變遷》，《歷史教學》2003 年第 10 期，頁 31～35；施建中：《論「徐黃體異」與五代畫家地籍、身份分異之間的關係》，《南京藝術學院學報》（美術與設計版），2006 年第 1 期，頁 48～50。此外，陳寅恪曾指出：「……而天寶安史之亂後又別產生一新世局，與前此迥異矣。夫『關中本位政策』既不能維持，則統治之社會階級亦必有變遷。此變遷可分為中央及藩鎮兩方敘述。其所以需有此空間之區別者，因唐代自安史之亂後，名義上雖或保持其統一之外貌，實際上則中央政府與一部分之地方藩鎮，以截然化為二不同之區域，非僅政治軍事不能統一，即社會文化亦完全成為互不關涉之集團，其統治階級氏族之不同類更無待言矣。蓋安史之霸業雖俱失敗，而其部將及所統之民眾依舊保持其勢力，與中央政府相抗，以迄於唐室之滅亡，約一百五十年之久，雖號稱一朝，實成為二國。」（陳寅恪：《唐代政治史述論稿》，生活・讀書・新知三聯書店，2004 年，頁 202～203。）玄宗朝以來，安祿山、史思明先後割據河朔（即今天的河北地區），形成勢力強大的藩鎮，其文化藝術雖承襲唐代，但也會呈現獨特的地方特色。王處直墓山水畫與《牡丹湖石圖》的形式、風格不見於京畿地區，可能

這裡就涉及一個美術史上的大問題，即大畫家的風格是如何形成的？金維諾曾對唐代西州墓出土的絹畫進行了深入研究，並指出，「過去文字記載上論述的所謂『周昉風格』，實際上早在初盛唐之際已經出現，稍後在天寶年間的敦煌壁畫供養人像上也可以看到。這種風格並不是某一個畫家的個人創造，而是一些不知名的畫工在長時間的實踐中逐漸形成的。」〔註95〕可見，大畫家並不總是引領時代的新風格，其標誌性風格的形成也會時常受到畫工作品的影響甚或是兩者互動的結果。

（二）花鳥

目前發現的唐墓壁畫中的花鳥畫不多，〔註96〕主要有湖北鄖縣李徽墓墓室北壁西側和西壁北側的六扇花卉屏風（684）、章懷太子墓石槨西壁上的三幅花鳥畫（706～711）（圖1-20）、慶山寺舍利塔基精室西壁花鳥畫（741）、阿斯塔那217號墓壁畫（713～754）（圖1-21）和新疆哈拉和卓50號墓出土唐代花鳥圖屏（圖1-22）、西安西郊陝棉十廠唐墓的花卉圖（741～746）、北

圖1-20　章懷太子墓棺床石刻花鳥畫摹本

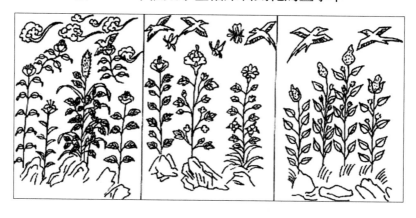

正是其地方特色的體現。有趣的是，該墓壁畫與南唐繪畫有著諸多相似之處，如山水畫與董源山水畫風格、《牡丹湖石圖》與徐熙「裝堂花」的關係，甚至壁畫空間佈局與南唐《重屏會棋圖》和《韓熙載夜宴圖》也存在相近的意趣。據此似可做以下推測：唐代的繪畫在河北地區得到承襲和發展，並進一步影響了南唐的繪畫面貌，其途徑應是戰亂帶來的人口遷移。但這一推測尚待進一步證明。

〔註95〕金維諾：《唐代西州墓的絹畫》，《中國美術史論集》，黑龍江出版社，2004年，頁195～202。

〔註96〕章懷太子墓石槨西壁上的三幅花鳥畫是目前所見年代明確的第一件真正意義上的「花鳥」作品，本書所討論的花鳥畫僅涉及這類作品。

圖 1-21　新疆阿斯塔那 217 號唐墓花鳥六扇屏

圖 1-22　新疆哈拉和卓 50 號墓出土唐代花鳥圖屏（紙本）

京八里莊唐王公淑墓（838）的《牡丹蘆雁圖》等。就其構圖形式而言，大體分爲兩類：第一類是唐代以來流行的多扇立軸條屏式，畫面中央爲一花樹，花樹的形態及構圖應是模仿了樹木的畫法。花樹前爲湖石或禽鳥，這種構圖方式應與當時的樹下人物關係密切，可將其稱爲「I」型。

　　另一類則是晚唐出現的橫幅通屏式，畫面中央爲一較大的花樹，兩側各有一小型花苗，前景爲湖石或禽鳥，可將此種樣式稱爲「II」型，以北京八里莊唐王公淑墓的牡丹蘆雁圖爲代表（圖 1-23）〔註97〕。

〔註97〕北京市海淀區文物管理所：《北京市海淀區八里莊唐墓》，《文物》1995 年第 11 期，頁 45～53。

圖 1-23　北京八里莊唐墓花鳥畫摹本

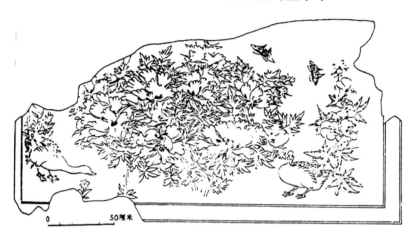

王處直墓前室東西壁的十扇花鳥屏風基本屬於第一類，而後室的牡丹湖石圖則屬第二類（圖 1-24）。西耳室西壁的花鳥畫樣式不見於唐墓壁畫，其構圖方式好像是截取了「II」型的中間部分（圖 1-8）。

圖 1-24　王處直墓後室北壁花鳥畫摹本

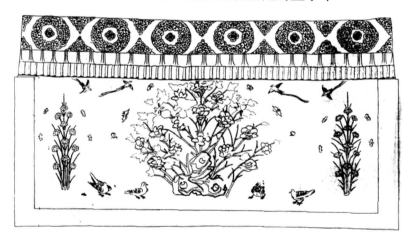

此外，與唐代花鳥畫相比，王處直墓中的花鳥畫並非對前者的照搬，而是呈現出新的特點：

其一，注重整株花樹外形的刻畫。每株花卉外形整齊劃一，不同類型花卉具有相同的形狀，如該墓前室東西兩壁繪有牡丹、薔薇、月季、牽牛花等不同種類，但如果單看外形，根本無法識別它們之間的差別，這顯然與花卉

的生長規律不同。此種做法在吳越康陵中表現得尤爲突出，畫面中的牡丹儼然成爲一棵碩壯的大樹，外形與樹冠無異，我們只能根據花頭來判斷其類別。此外，花頭與枝幹的關係也被忽略，畫家只是一味地在枝幹、葉間點綴怒放的花朵，似乎是在刻意強調花草的繁茂（圖 1-25）。

圖 1-25　康陵前室左耳室側壁壁畫、中室左壁壁畫摹本

其二，更加注重花頭的細節刻畫。相比之下，王處直墓花鳥畫中的枝幹和樹葉較爲隨意、率性，而花頭的處理則精細入微，首先由淡墨勾線，再用顏色點染，較好的表現了花瓣的質感。值得注意的是，畫面中所有的花心均用鮮豔的紅色點染，極爲突出。

其三，從目前的考古材料來看，唐代的花鳥畫多繪製一些體量較小的花株，枝幹盈弱，葉片稀疏，往往在花株的頂端繪有若干朵花頭，且花頭較小，如湖北鄖縣李徽墓墓室北壁西側和西壁北側的六扇花卉屏風、慶山寺舍利塔基精室西壁花鳥畫、阿斯塔那 217 號墓壁畫和新疆哈拉和卓 50 號墓出土唐代花鳥圖屏、西安西郊陝棉十廠唐墓的花卉圖等（圖 1-26）。

圖 1-26　陝棉十廠唐墓西壁五扇花卉屏風摹本

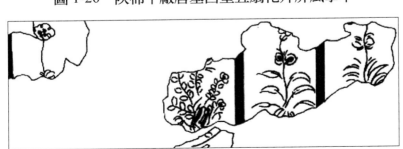

　　章懷太子墓石槨西壁的花鳥畫，較前述作品稍顯繁茂，畫面中的花株依然纖弱，但數量明顯增加。至北京八里莊唐墓的《牡丹蘆雁圖》，花鳥畫面貌出現很大變化，它一改之前花鳥畫的纖弱，開始繪製枝繁葉茂的「叢豔」。五代花鳥畫便是對此種畫風的延續和發展，以王處直墓為突出代表。畫家將單棵花株塑造成高聳挺拔的花樹，葉片重重疊疊，花頭數量大大增加，碩大的花頭遍佈花樹，並注意花頭的朝向，大有繁花似錦之勢。根據文獻記載，花果繁多的植物備受時人推崇。

　　　　慈恩浴堂院有花兩叢，每開及五六百朵，繁豔芬馥，近少倫比。……僧乃自開一房，其間施設幡像，有板壁遮以舊幕。幕下啟關而入，至一院，有小堂兩間，頗甚華潔，軒廡欄檻皆是柏材。有殷紅牡丹一窠，婆娑幾及千朵，初旭才照，露華半晞，濃姿半開，炫耀心目。朝士驚賞留戀，及暮而去。〔註98〕

　　　　原野無凡樹，悉生百果及相思石榴之輩。每果樹花卉俱發，實色鮮紅翠葉，于香叢之下，紛錯滿樹，四時不改。唯一歲一度，暗換花實，更生新嫩。〔註99〕

此外，唐、五代筆記小說中描述花卉時也常常使用類似的語言，如「花木繁榮」〔註100〕，「花木鮮秀，……煙翠蔥蘢」〔註101〕，「四面奇花異木，森聳連雲。……其中有一樹，高數丈餘，幹如梧桐，葉似芭蕉，有紅花滿樹，未吐，大如斗盎」〔註102〕，「菡萏方盛，濃碧鮮妍」〔註103〕等，以此來形容花草的繁茂狀，從中可想見當時人們對花草的審美情趣。而這種符合當時人們審美理想的花鳥畫直至晚唐、五代才最終得以實現。

　　此外，王處直墓後室的牡丹湖石圖一直備受學界關注，早有學者注意到它與八里莊唐王公淑墓牡丹蘆雁圖的相似之處，並認為此種樣式應是徐熙「裝堂花」的祖形。〔註104〕這一論述無疑是正確的。「裝堂花」是晚唐以來

〔註98〕《劇談錄‧慈恩寺牡丹》卷下，《四庫‧子部‧小說家類》(347)，頁163。
〔註99〕《太平廣記‧古元之》卷三百八十三，《唐五代筆記小說大觀》，江蘇廣陵古籍刻印社，1988年，頁100。
〔註100〕《玄怪錄‧張老》卷一，頁348。
〔註101〕《玄怪錄‧裴諶》卷一，頁351。
〔註102〕《博異志‧許漢陽》，頁480。
〔註103〕《三水小牘》卷上，頁1179。
〔註104〕鄭岩、李清泉：《看時人步澀，展處蝶爭來》，《故宮文物月刊》總158期(1996年5月)，頁126～133；鄭岩：《裝堂花新拾》，《中國文物報》2001年1月

出現的一種新樣式〔註105〕，在此之前的唐代墓葬壁畫中未見此種面貌的花鳥畫。畫面由左、中、右三株花卉組成，單就每株花卉的造型而言，均類似前室的花鳥屏風，好像是三幅大小不同的花鳥屏風的組合，其圖式的來源似可追溯到三聯式屏風畫。如西安陝棉十廠唐墓墓室東壁分爲三部分，中間爲樂舞圖，兩側各畫一幅花卉〔註106〕，但此時的兩側花卉屏風還未完全對稱（圖1-27）；唐安公主墓（784）的金盆鵓鴿圖〔註107〕大體屬此類構圖，可視

圖1-27　陝棉十廠唐墓東壁樂舞及繪畫屏風摹本

21日第4版；李清泉：《「裝堂花」的身前身後》，《南山論學集——錢存訓先生九五生日紀念》，北京圖書館出版社，2006年，頁56～61。

〔註105〕有的學者將其泛化爲所有具有對稱性特點的花鳥畫，還有學者甚至認爲南唐二陵中繪製的建築花卉圖案是「裝堂花」。這些觀點似乎值得商榷。從文獻記載不難看出，這裡所指的「裝堂花」主要是指「II」型的花鳥畫。原因在於：(1)文中明確記載畫面中的「叢豔疊石」是「傍出藥苗」的，「I」型顯然不包括這部分内容；(2)而「II」型的構圖顯然是三束不同大小花樹的組合，帶有明顯的人工處理，不符合一組花卉的生長規律；(3)文中指出，由於「裝堂花」「位置端莊，駢羅整肅，多不取生意自然之態」，「故觀者往往不甚採鑒」。縱觀後代的花鳥畫，「II」型的確較爲少見，相反，「I」型樣式卻一直延續下來，這也能説明所謂的「裝堂花」應僅指「II」型而非「I」型。(4)「雙縑幅素」強調了畫的尺幅，這裡雖未表明其具體的尺寸，但至少可以説明「裝堂花」應是一種特殊畫幅的花鳥畫形式。否則，南唐後主就不會專門選用這一形式，而後世的畫論也不會專門提到此種樣式。因此，「I」型雖也具有「位置端莊，駢羅整肅」的特徵，但並不屬於「裝堂花」範疇。

〔註106〕陝西省考古研究所：《西安陝棉十廠唐壁畫墓清理簡報》，《考古與文物》2002年第1期，頁16～37；陝西省考古研究所：《陝西新出土唐墓壁畫》，重慶出版社，1998年，頁174～184。

〔註107〕劉婕：《唐代花鳥畫研究》，文化藝術出版社，2013年1月，頁175～176。

作「II」型的雛形（圖 1-28）；趙逸公墓（829）則出現了三扇花鳥屏風壁畫，兩邊的屏風明顯小於中間一扇（圖 1-29）。〔註 108〕此外，唐代敦煌壁畫中亦出現了三聯式屏風畫，如敦煌盛唐 172 窟的兩幅《觀無量壽經變》，均是由中央的大幅畫面與兩側的窄條屏組成（圖 1-30），「這種『三分構圖』樣式代表了唐代出現的一種新的繪畫方式」〔註 109〕，可能會影響到花鳥畫的發展面貌。可見，王處直墓中的花鳥畫在選取了唐代傳統樣式基礎上加以發展，從而呈現出花鳥畫的新面貌。

圖 1-28　唐安公主墓金盆鵓鴿圖

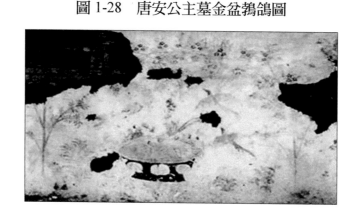

圖 1-29　唐趙逸公墓花鳥屏風

〔註 108〕張道森、吳偉強：《安陽唐代墓室壁畫初探》，《美術研究》2001 年第 2 期，頁 26～28；張道森、吳偉強：《安陽出土唐墓壁畫花鳥部分的藝術價值》，《安陽師範學院學報》2001 年第 6 期，頁 42～44。

〔註 109〕巫鴻：《敦煌 172 窟〈觀無量壽經變〉及其宗教、禮儀和美術的關係》，巫鴻著，鄭岩等譯：《禮儀中的美術——巫鴻中國古代美術史文編》（下卷），生活·讀書·新知三聯書店，2005 年，頁 407。

圖 1-30　敦煌盛唐 172 窟南壁觀無量壽經變

　　雲鶴圖亦爲花鳥畫中的重要題材，王處直墓的雲鶴圖爲八扇屏風，畫面中的兩隻白鶴引頸回首，展翅伸足翱翔於四朵白雲間（圖 1-31）。雲鶴圖在唐墓壁畫中較爲常見，如永泰公主墓和懿德太子墓（706）後甬道頂部均繪有云鶴圖〔註 110〕，仙鶴飛翔於雲朵之中，構圖嚴整，呈現明顯的紋樣特點。神龍二年（708）韋泂墓後室的闌額和撩簷枋之間的人字栱間殘存有云鶴圖。〔註 111〕節愍太子墓（710）第一天井北壁的影作闌額以上殘存有云氣、持節仙

圖 1-31　前室雲鶴圖

（左：東南角上欄；右：西壁上欄）

〔註 110〕　陝西省文物管理委員會：《唐永泰公主墓發掘簡報》，《文物》1964 年第 1 期，頁 71～94、39；陝西省博物館、乾縣文物局唐墓發掘組：《唐懿德太子墓發掘簡報》，《文物》1972 年第 7 期，頁 26～31。

〔註 111〕　陝西省文物管理委員會：《長安縣南里王村韋泂墓發掘記》，《文物》1959 年第 8 期，頁 8～18。

人御鶴圖。第二天井東、西壁闌額上殘存有仙人御鶴，鶴轉頸回顧，周圍雲
氣浮動。前甬道拱券頂繪有仙鶴、鷺鳥和鳳凰，東西兩兩相對，均向南展翅
飛翔，引頸回首，周圍亦有云氣環繞。〔註112〕山西運城薛儆墓（721）甬道殘
存部分雲鶴圖，鶴的形象趨於清瘦。〔註113〕蒲城李憲墓（742）墓道東西兩壁
上方也繪有仙人、青龍、鶴銜瑞草圖，下爲儀衛圖〔註114〕，畫面中的雲鶴不
再像永泰公主墓那樣佈局端嚴，而是自由穿梭於雲朵間，表現出更爲靈活的
趨勢，仙鶴的形態也不似前者那麼肥碩，而是更爲靈秀簡約（圖1-32）。

圖 1-32

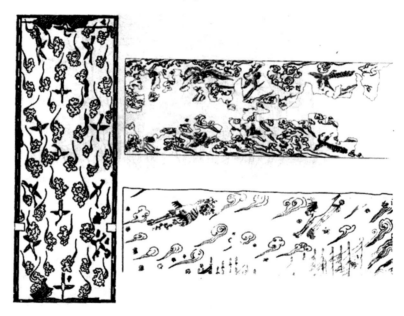

（左：永泰公主後甬道頂部雲鶴圖；右上：節愍太子墓
前甬道頂壁畫雲鶴圖；右下：李憲墓道東壁雲鶴圖）

　　就雲鶴的形象特徵而言，王處直墓的雲鶴圖無疑承繼了唐代的傳統，較
爲準確地表現了仙鶴展翅飛翔於祥雲間的情景。但在繪畫樣式上，卻一改唐
代的圖案式，即云鶴不再像織物圖案那樣大面積連續出現，而是分組安排在

〔註112〕陝西省考古研究所：《唐節愍太子墓發掘簡報》，《考古與文物》2004 年第 4
　　　　期，頁 13～25；陝西省考古研究所、富平縣文物管理委員會：《唐節愍太子
　　　　墓發掘報告》，科學出版社，2004 年。
〔註113〕山西省考古研究所：《唐代薛儆墓發掘報告》，科學出版社，2000 年。
〔註114〕陝西省考古研究所：《唐李憲墓發掘報告》，科學出版社，2005 年。

一扇扇屏風之中，那些表示屏風邊框的紅色畫框使得每幅雲鶴圖具有了獨幅繪畫的特徵。這種多扇屏風樣式與晚唐墓葬中出現的六鶴屏風較爲接近，如西安東郊郭家灘梁元翰墓（844）與西安西郊棗園楊玄略墓室（864）西壁均繪有六鶴屏風（圖 1-33）。〔註 115〕但值得注意的是，六鶴屏風中並無雲氣出現，且鶴的造型更接近家禽形貌，因此，畫面表現的應是現實生活中情態各異的白鶴。這種類型的鶴圖還見於陝西富平朱家道村唐代壁畫墓（713～754），畫面中的白鶴不再被祥雲所環繞，而是站在幾組岩石之間，一隻鶴在遊走回顧，另一隻作欲飛狀，生動地表現了它們活動於園林中的情景（圖 1-34）。〔註 116〕王處直墓繪製的多扇式雲鶴圖很容易使人聯想到薛稷的「六扇鶴樣」，但根據劉婕的研究，「六扇鶴樣」旨在強調鶴的不同形態〔註 117〕，而王處直墓的八幅雲鶴圖的內容完全相同，應是對同一畫稿的不斷複製。可見，這些雲鶴圖只是在形式上借鑒了「六扇鶴樣」。

圖 1-33　楊玄略墓六扇鶴屏局部　　圖 1-34　陝西富平朱家道村墓鶴石圖

綜上所述，王處直墓的雲鶴圖其實是結合了兩種不同的樣式：一方面，它繼承並發展了唐代早期圖案式雲鶴圖的造型方式；另一方面，它又借鑒了晚唐繪畫中出現的新樣式──「六扇鶴樣」，並將其改爲八扇式。值得注意的是，這種結合產生了一個重要的結果，那就是雲鶴圖由原來的圖案式成功地

〔註 115〕 宿白：《西安地區唐墓壁畫的佈局和內容》，《考古學報》1982 年第 2 期，頁153；孫秉根：《西安隋唐墓的形制》，《中國考古學研究──夏鼐先生考古五十年紀念論文集》（二），科學出版社，1986 年，頁 154、157。
〔註 116〕 井增利、王小蒙：《富平縣新發現唐墓壁畫》，《考古與文物》1997 年第 4 期，頁 8～11。
〔註 117〕 劉婕：《唐代花鳥畫研究》，頁 199～200。

轉變爲獨幅繪畫式，從而使其成爲眞正意義上的「畫」。

（三）人物

伎樂圖是唐墓壁畫中的流行題材，王處直墓中的伎樂浮雕應是對這一傳統的繼承（圖 1-35），所不同的是，前者多采用壁畫的形式，而後者則使用了漢白玉浮雕。與同時代的王建墓、李茂貞夫人墓、馮暉墓中的伎樂圖相比，王處直墓的伎樂圖亦表現出明顯的個性，後者的伎樂形象皆採用單體的組合，只有王處直墓採用了群像的形式（圖 1-36、圖 1-37）。因此，該墓伎樂圖應該是在唐代伎樂圖基礎上的改造，並用新的形式——浮雕表現出來。

圖 1-35　王處直墓後室伎樂浮雕摹本

圖 1-36　李茂貞夫人墓甬道伎樂磚雕摹本

圖 1-37　馮暉墓甬道伎樂磚雕摹本

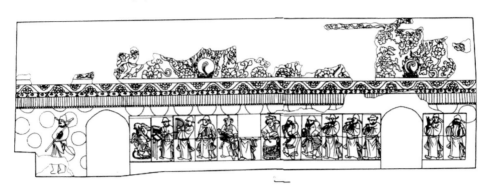

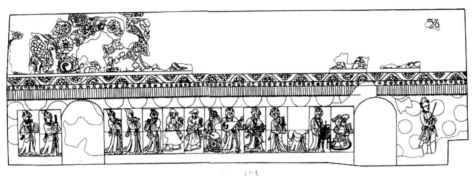

（上：東壁；下：西壁）

至於《侍奉圖》（圖 1-38），其構圖與龍門石窟賓陽洞北魏的《皇后禮佛圖》驚人地相似（圖 1-39）：

1. 畫面中的人物分爲三排，最前排四人的位置分佈基本相同，右起第三人形象更是完全一致。

2. 兩圖的第二排右起第一、二人、後排右起第一、二人的動態也基本吻合。

3. 《侍奉圖》左端障扇可對應《皇后禮佛圖》中的蓮花。

4. 《侍奉圖》左下角的侏儒代替了《皇后禮佛圖》左端的背面侍女。

當然，兩者也存在差異，主要表現在人物的狀貌及服飾上，《皇后禮佛圖》中的侍女爲北魏時期的「秀骨清像」，而王處直墓的伎樂則體現了唐、五代的「雍容華貴」。

兩幅作品之所以呈現如此相近的面貌，可能源於兩種途徑：其一，《皇后禮佛圖》是前代的遺存，當時的畫工可以看到，他們在創作《侍奉圖》時可

圖1-38　王處直墓後室浮雕侍奉圖摹本

圖1-39　龍門石窟的皇后禮佛圖摹本

能直接借鑒了原作；其二，源於前代粉本的流傳。筆者認爲後一種推測更爲
合理，因爲這種前代的繪畫樣式出現在後期繪畫作品中的現象並非孤例，其
中最典型的是《洛神賦圖》中的曹植形象，該樣式常見於後代的繪畫，如山
東臨朐崔芬墓墓室西壁的墓主畫像〔註118〕、初唐220窟《帝王禮佛圖》、傳爲

〔註118〕山東省文物考古研究所、臨朐縣博物館：《山東臨朐北齊崔芬壁畫墓》，《文
　　　　物》2002年第4期，頁4～25。

閻立本的《歷代帝王圖》、五代李茂貞夫人墓的供養人〔註119〕等等（圖1-40）。另外，內蒙古寶山1號遼墓石房西壁的高逸圖、2號墓石房北壁的楊貴妃教鸚鵡圖及南壁的寄錦圖均應源於唐代的粉本。〔註120〕可見，粉本的流傳當爲前代圖式能夠得以保存的最重要的方式。

圖 1-40

上一：洛神賦圖局部；上二：北魏皇后禮佛圖局部；
上三：龍門石窟帝王禮佛圖；上四：歷代帝王圖局部；
下一：敦煌初唐220窟東壁帝王圖；下二：敦煌晚唐138窟東壁帝王圖；
下三：敦煌五代6窟帝王圖；下四：李茂貞夫人墓石刻

此外，《侍奉圖》中的侍女造型還常見於前代或同時代不同形式的繪畫中，如前排左起第一個人物形象與顧愷之《女史箴圖》之女史、《簪花仕女圖》之貴婦並無二致（圖1-41），而第三人又見於敦煌盛唐130窟都督夫人禮佛圖（圖1-42）。右起第一人的形象更爲普遍，可見於永泰公主墓前室東壁侍女圖、寶山2號遼墓寄錦圖等（圖1-43）。中排執障扇侍女造型亦見於《簪花

〔註119〕寶雞市考古研究所：《李茂貞夫婦墓》，科學出版社，2008年，頁84～85。
〔註120〕羅世平：《遼墓壁畫試讀》，《文物》1999年第2期，頁76～85；吳玉貴：《內蒙古赤峰寶山遼壁畫墓「頌經圖」略考》，《文物》1999年第2期，頁81～83；吳玉貴：《內蒙古赤峰寶山遼墓壁畫「寄錦圖」考》，《文物》2001年第3期，頁92～96；羅世平：《織錦迴文——寶山遼墓壁畫與唐畫對讀》，《文物天地》2003年第3期。

圖 1-41

（左：《女史箴圖》局部；中：《簪花仕女圖》局部；右：王處直墓侍奉圖局部）

圖 1-42

（左：敦煌盛唐 130 窟南壁都督夫人禮佛圖；右：王處直墓侍奉圖）

圖 1-43

（左一：永泰公主墓壁畫中的侍女；左二：寶山遼墓壁畫《寄錦圖》中的侍女；
左三：王處直墓左耳室壁畫中的侍女；左四：王處直墓後室浮雕《侍奉圖》中的侍女）

仕女圖》、懿德太子墓第三過洞東壁執扇侍女，中排執拂塵侍女形象則見於永泰公主墓前室東壁的侍女圖（圖 1-44）。第二排及後排左起第二個侍女形象均見於內蒙古寶山 1 號遼墓石室東壁的降眞圖（圖 1-45）。可見，前代創造的一些符合人們審美情趣的人物形象幾乎成爲五代的標準樣式，並反覆出現於後世的壁畫創作之中。

圖 1-44　執扇侍女

（左：永泰公主墓壁畫中的侍女；中：《簪花仕女圖》
中的侍女；右：王處直墓後室侍奉圖中的侍女）

圖 1-45　內蒙古寶山遼墓石室東壁壁畫降真圖

通過上述的分析便可發現，王處直墓的山水畫是當時出現的一種新興樣式，與唐代山水畫有著明顯的不同，卻與南唐的董源風格極爲接近，可看作其萌發期。至於花鳥畫則包含了當時存在的兩種流行樣式，而雲鶴圖亦表現出對傳統風格的繼承及對新樣式的借鑒。如果說上述幾種壁畫是在傳統基礎上的改造或使用了當時的流行樣式，並與當時的繪畫發展基本保持同步，那麼，該墓中人物畫便是對前代流傳之粉本的忠實再現。

出現這種差異的原因可能與當時的繪畫狀況有關。人物畫早在魏晉南北朝時期就已發展成熟，唐、五代更多的是對前代繼承和發展；而山水畫和花鳥畫則不同，兩種畫科均是在唐、五代完成了初步發展，並逐漸獨立成科，成爲繪畫中的新興事物。王處直墓中的山水畫、花鳥畫幾乎可看作這兩個畫科發展的縮影，反映著該畫科對傳統樣式的突破和對新樣式的追求。

同時，王處直墓壁畫包括人物、花鳥、山水、器物、竹石等不同題材，幾乎囊括了唐代以來的所有畫科。畫工這樣做的目的似乎要表明自己不只擅長某一類繪畫題材，而是兼擅各類繪畫的「大家」。作爲這一領域的專業人員，畫工對當時的繪畫應該有著敏銳的觀察力，能夠及時把握各畫科發展的大體趨勢，並反映在墓葬壁畫的創作中。這樣做不僅可以滿足雇主的要求，也會顯示自己豐富的專業知識和熟練的專業技巧。

四、壁畫的配置

在完成了圖像題材風格的篩選與改造後，畫工需進一步考慮的是：如何處理眾多圖像之間的空間關係？如果說對壁畫題材、風格的選擇體現了畫工廣博的專業知識和高超的繪畫技巧，那麼對眾多壁畫關係的巧妙構思似可看作畫工主觀創造性的集中體現。

（一）圖像連接

王處直墓共有兩個主室和兩個耳室，不同墓室的壁畫內容均不相同，自成體系，但如仔細觀察，便可發現它們之間的內在聯繫。巫鴻在分析中唐至晚唐《降魔變》畫卷時曾指出：

> 像北周壁畫那樣，畫卷的設計者十分注意這一超長畫面的內部
> 分割，整個畫面由若干「格」組成，這樣隨著畫卷的逐步展開，其
> 不同的場景就會一段接一段地展示給觀眾。如同北周壁畫一樣，畫
> 家也採用了風景要素來劃分這些「格」：畫中若干棵樹的作用，並非

與故事內容直接相關，而是用來將畫面分為六個部分，每部分表現
一次鬥法。不僅如此，這一畫卷的一些特徵還反映出相當先進的視
覺手段，如在接近每部分的末尾總有一兩個人物轉過頭去面向下一
個場景（圖 1-46）。〔註 121〕

圖 1-46　勞度叉鬥聖變

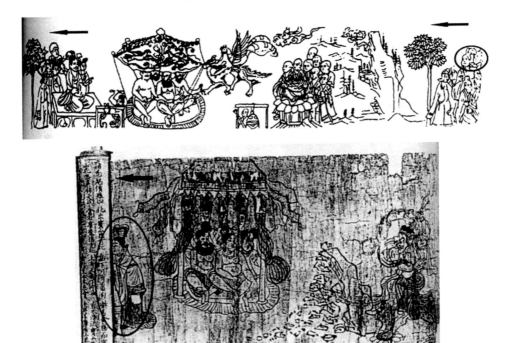

傳爲顧閎中的《韓熙載夜宴圖》也屬此類（圖 1-47）。巫鴻的研究主要針
對長幅的手卷，但事實上，這種表現方式並非手卷所獨有，墓葬壁畫中也可
看到，且表現方式更爲豐富多樣，王處直墓壁畫可做例證。考慮到墓葬壁畫
是爲墓主人而設，因此對圖像的敘述應以棺床所在的後室爲起點。

〔註 121〕巫鴻：《何爲變相？——兼論敦煌藝術與敦煌文學的關係》，《禮儀中的美術
——巫鴻中國古代美術史文集》（下卷），頁 379。同時，他還指出，《韓熙載
夜宴圖》對這一手法的運用更爲成熟，畫家講各種歡宴活動安排在不同的空
間中，又進一步講這些空間聯繫爲一個整體，最顯著的例子是，在最後兩部
分中，一位年輕的女子隔著一層單扇屏風於一位男子交談，似乎是約他到後
室去。故宮博物院：《中國歷代繪畫：故宮博物院藏畫集》，人民美術出版社，
1978 年，頁 84～85。

圖 1-47　韓熙載夜宴圖局部

1. 後室壁畫與前室壁畫的空間連接

　　後室西壁的伎樂圖無疑是墓主及侍從觀賞的焦點，畫面的人物雖朝向棺床，但從她們的頭部動態來看，其目光多是向下，甚至有作閉目陶醉狀，好像是專注於表演，並不關注外面的事物。墓室後壁花鳥畫與東、西兩壁的竹石圖、樹石圖所組成的圍繞棺床的三扇式屏風確定了墓主人的方位，我們可以想像他的目光應是朝向西壁欣賞伎樂的。東壁的一組侍女的身體雖大多面向棺床，但目光卻在注視西壁，似在觀賞對面的表演。事實上，這一朝向並非完全整齊劃一，而是存在微妙變化。其中前排右起第二、第四人、後排左起第一、第二人的目光轉向不同的方向——前室，在她們的指引下，觀者的視線便隨之由後室向前室轉移（圖 1-48）。

　　後室門的封堵好像造成了前、後空間關係的阻隔，但事實並非如此，封門處繪製的大型山水屏風使得這種隔絕發生了變化，它在視覺上瞬時將原來的建築牆壁轉化為一扇獨立的屏風。〔註122〕這種對建築壁面進行改造的做法還可見於吳越康陵，該墓後室門亦是全部封堵，之後又在封堵之墓門處繪製

〔註122〕該幅山水屏風是在封堵後室門後繪製的，屏風畫的大小與墓門完全吻合，可見這幅山水畫為後室門量身定做的，可見此舉應是預先設計好的方案。

一扇門。爲了模仿眞正的木門，畫工還在假門上採用貼金的方法裝飾了門釘，使其儼然成爲一扇通向後室的門（圖1-49）。〔註123〕

圖1-48　王處直墓後室壁畫之間的關係示意圖

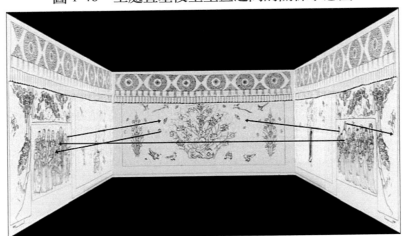

圖1-49　康陵後室門

〔註123〕杭州市考古所、臨安文物館：《浙江臨安五代吳越國康陵發掘簡報》，《文物》
　　　　2002年第2期，頁4～34。有意思的是，唐代筆記小說中也有類似的現象，
　　　　如《北夢瑣言》載：「……陳生曰：『此小事爾，於初夜帷堂設燈炬，畫作一
　　　　門，請夫人簾下屏氣。』至夜分，亡者自畫門入堂中行數遭。夫人惆悵，失
　　　　聲而哭，亡魂倏而滅矣。」（《北夢瑣言·李當尚書亡女魂》卷八，頁1877～
　　　　1878。）

此外，前室北壁的山水屏風縱跨壁畫的上下兩欄，明顯高於東西兩側的花鳥屏風，這表明兩者並未處於同一空間，這種空間的差異好像使得花鳥屏風一直延續到山水屏風之後，而裏面的部分則被山水屏風遮擋了（圖1-50）。〔註124〕如此一來，我們可以想像，人們可以繞過山水屏風進入後室，前後兩個空間也因此而貫通，壁畫之間自然也發生了視覺上的聯繫。這種空間表現方式還見於其他墓葬，如河南唐大和三年（829）趙逸公墓南壁西側繪一黃色紅花布屏，屏後露出一侍女的頭肩部（圖1-51）。〔註125〕北京西郊的韓佚墓（995），為圓形單室墓，北壁正中繪花鳥屏風，屏風兩側各繪一侍女，一人手捧托盤，另一人於屏風后翹首張望。〔註126〕大同十里鋪27號、28號遼墓亦為圓形單室墓，北壁正中繪有花石圍屏三條，屏風兩側各繪一侍女，側面

圖1-50　前室北壁山水屏風畫與前後室空間關係示意圖

〔註124〕唐代多扇屏風畫多為六扇，而王處直墓東西兩壁各五扇，也許是畫家故意減少一扇，來表示山水屏風對花鳥屏風的遮擋，以突出兩者之間的空間關係。

〔註125〕張道森、吳偉強：《安陽唐代墓室壁畫初探》，《美術研究》2001年第2期，頁26～28；張道森、吳偉強：《安陽出土唐墓壁畫花鳥部分的藝術價值》，《安陽師範學院學報》2001年第6期，頁42～44。

〔註126〕北京市文物工作隊（黃秀純、傅公鉞）：《遼韓佚墓發掘報告》，《考古學報》1984年第3期，頁361～380。

圖 1-51　趙逸公墓南壁布屏與侍女

圖 1-52　屏風與侍女

（左：山西大同 27 號墓北壁壁畫；右：山西大同 28 號墓北壁壁畫）

相對，屏風上方繪有藍黃色帷幕（圖 1-52）。〔註 127〕這些壁畫中屏風和侍女的位置關係均暗示了屏風后空間的存在。

2. 前室壁畫和東、西耳室壁畫的聯繫

　　前室東、西壁下欄的侍女均手持器皿，身體朝向耳室，其目的應是進入耳室服侍墓主夫婦的日常起居。兩耳室的東、西兩壁也繪有侍女，有趣的是，這些侍女行進的方向均是朝向耳室的門。幾組侍女的一進一出，相互交替，似乎展現了眾多侍女共同服侍墓主人的場景，前室與兩個耳室之間也因此發生了密切聯繫（圖 1-53、圖 1-54）。

〔註 127〕山西省文物管理委員會：《山西大同郊區五座遼壁畫墓》，《考古》1960 年第
　　　　10 期，頁 37～42。

圖 1-53　東耳室壁畫與前室空間關係示意圖

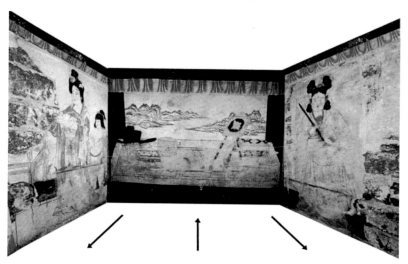

圖 1-54　西耳室壁畫與前室空間關係示意圖

3.前室壁畫與墓門外的空間關係

　　前室南壁兩側的男侍均面向墓門，好像在關注墓門外發生的人或事。事實上，處在這個位置的侍從，其本職工作也是接待外來賓客的。前室上欄雲鶴圖中仙鶴的行進同樣具有明確的方向性，它們分爲東西兩組，分別由北壁東、西兩側向南飛翔，最後直達墓門，顯然，其目的地應是墓門之外的空間。至此，墓室內外也出現了呼應關係（圖 1-55）。

圖 1-55　前室壁畫與墓門外空間關係示意圖

（二）空間

　　如果考察該墓壁畫佈局的平面圖，會有另一重要發現，前室北壁的山水畫屏風使得墓葬空間發生了奇妙的變化。如前所述，後室東、西、北壁組成了摺扇式屏風，墓室中部的棺床象徵著墓主的存在，棺床與屏風共同構成一圍屏臥榻，侍奉圖與伎樂圖分佈於臥榻兩側。該場景與前室場景之間通過前室後壁的山水屏風隔斷。如果觀者從側面觀察這一場景，便可看到，這基本等同於《韓熙載夜宴圖》的某些場景（圖 1-56）。《韓熙載夜宴圖》描繪的是韓熙載於府邸宴飲行樂的場景，眾多的人物活動於不同的建築空間。為了表現不同場景的空間關係，畫家用屏風代替了現實的牆面，將畫面分為若干部分，這種做法其實是將三維的建築空間平面化。觀者在越過一扇扇屏風的過程中，感受到多重空間的存在（圖 1-57）。

圖 1-56　王處直墓前後室壁畫空間關係示意圖

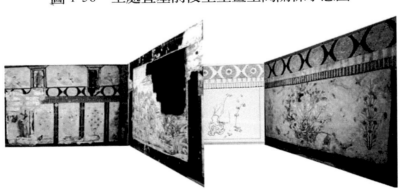

圖 1-57　韓熙載夜宴圖

　　同時，若將該墓壁畫佈局與《重屏會棋圖》相比較，也會出現一個有趣的現象。後室描繪的情景與《重屏會棋圖》中獨立屏風上的景象極為相似：中間設置的床榻可對應王處直墓後室的棺床，床榻之後的摺扇式屏風與該墓後室東、西、北壁的三扇屏風並無二致，且兩者皆有侍女在側。屏風之外的空間相當於王處直墓的前室（圖 1-58、圖 1-59），而獨扇式屏風則可對應王處直墓前室北壁的山水屏風。《重屏會棋圖》的做法好像是故意使獨扇屏風變得透明，透過它可窺見較為隱秘的後室面貌，或是將後室空間二維化，成為屏風畫的表現內容。況且，在宋徽宗未將該作品形式改為卷軸畫之前，它原本是作為一扇屏風出現的，這就更增加了它與王處直墓壁畫的相似之處。如此看來，王

圖 1-58　重屏會棋圖

圖 1-59　王處直墓前後室壁畫透視圖

處直墓的壁畫佈局似可看作《重屏會棋圖》的生活原型。另外，前室山水屏風畫是在墓主下葬後繪製的，其繪製時間更說明了畫工在佈局上的構思。可見，當時的畫工已開始在墓葬壁畫中利用屏風畫進行有意思的空間遊戲了。

　　不容忽視的是，由於繪畫媒介的差異，墓葬壁畫與卷軸畫對建築空間的表現方式存在明顯的差異。墓葬壁畫依附於實體的三維建築空間而存在，與建築的關係極為密切：一方面，建築為壁畫提供了媒介和空間，同時也為壁畫創作設定了固定的範圍；另一方面，壁畫是對建築空間的改造和補充，壁畫內容不僅表明了建築空間的性質，同時還可增加空間的延展性，如在壁面上繪製屏風、假門等，以暗示另外一些空間的存在。這是一種於三維空間內安排二維壁畫的方式。而卷軸畫則不同，畫家需要在二維的平面中塑造出豐富的三維空間。為了表現不同空間的性質及相互之間的關係，卷軸畫家會採用不同的手段，《韓熙載夜宴圖》和《重屏會棋圖》為我們提供了兩種範例，前者可稱作「縱深型」，後者則為「並列型」〔註128〕。筆者認為，畫家對形式的選擇當與繪畫內容有關。《韓熙載夜宴圖》表現的是一幅幅宴飲娛樂的場

〔註128〕根據不同場景在畫面中的安排方式而言，前者將不同的場景安排在前後的空間中，而後者則將它們並列在長長的手卷中。

景，雖然這些活動分別在不同的建築空間進行，但其本質是一致的，故而將不同場景並列安排在水平長卷中不會影響對內容的理解，前文提到的敦煌藏經洞中唐至晚唐降魔經變畫卷亦屬此類。《重屏會棋圖》則體現了另一種情況，據巫鴻的研究，該畫面中屏風內外的空間性質是不同的：屏風內的場景是隱密的，它作爲虛幻的繪畫世界，是可以觀看但又無法感知的；而屏風外的世界則是眞實的，它代表著男性的社會形象和地位。〔註 129〕簡言之，屏風中的內室場景是私密的、封閉的，而屏風外的場景則是外向的、開放的。畫家使用了重屏的方式巧妙地表現了內外的差異，畫面的空間在屏風中向後推移，這種縱深空間必然會產生一種隱秘的效果〔註 130〕，從而強調了內部空間的私密性。

然而，墓葬壁畫與卷軸畫空間處理的差異並未阻隔兩者的內在關係，事實上，兩者的基本設計思路是一致的，都是用繪畫表現建築與空間的關係，王處直墓壁畫與《韓熙載夜宴圖》和《重屏會棋圖》在空間佈局方面表現出的異曲同工之妙恰可說明這一點。

（三）壁與畫

還有一個值得注意的現象，那就是建築壁面與壁畫的關係。前室北壁山水畫兩側的花鳥屏風畫分別佔據東、西兩個壁面，由於花鳥屏風的畫幅與壁面尺寸的差異，使得最北端的兩幅花鳥畫從中間折疊，橫跨兩面牆壁（圖1-60）。雲鶴圖也存在同樣的情況，前室四角的畫幅均隨壁面而發生轉折。這種現象使得繪畫形式與繪畫內容之間產生了一個悖論：一方面，壁畫極力模仿屏風的形式，甚至屏風間的縫隙都在刻畫之列；另一方面，畫面的轉折又破壞了這種模仿，因爲現實中的屏風是不可能從畫幅中間折疊的。事實上，根據目前的考古材料，此類做法最早出現在河南柿園梁王墓中。有學者曾據此討論了墓葬壁畫的起源，並指出，這是由於墓葬壁畫在其發展初期對早期葬具裝飾的模仿而出現的圖像與壁畫的不匹配。〔註 131〕顯然，王處直墓壁畫中出現的轉折並不屬於此種情況，而應是在墓葬壁畫發展成熟之前提下的有

〔註 129〕 Wu Hung, *The Double Screen: Medium and Representation in Chinese Paining*, Reaktion Books L td, 1996, pp.126~129.

〔註 130〕 巫鴻：《從「廟」到「墓」——中國古代宗教美術發展中的一個關鍵問題》，《禮儀中的美術——巫鴻中國古代美術史文編》（下卷），頁 553～558。

〔註 131〕 鄭岩：《關於墓葬壁畫起源問題的思考——以河南永城柿園漢墓爲中心》，《故宮博物院院刊》2005 年第 3 期，頁 56～74。

圖 1-60　前室西北角的花鳥畫與雲鶴圖

意為之。該做法似乎是要保持畫稿原貌，或是保持壁畫內容的連續性，而這
一目的是以犧牲其載體──壁面的界限來實現的。這種做法使得觀看方式也
發生了微妙變化，觀者為了欣賞完整的壁畫便不得不轉動身軀，在此過程中，
觀者的目光再次消解了不同壁面的界限。此時，我們會驚奇地發現，對畫面
延續性的強調使得壁畫似乎具備了手卷的特徵。所不同的是，對手卷的觀賞
只需移動畫軸即可，而對壁畫的閱讀則需觀者進行身軀和目光的移動。

　　可見，畫家在創作壁畫時，為了保持畫面的連續性，似在有意識地模仿
手卷的形式，在此意義上，不同的繪畫形式如壁畫、屏風、卷軸畫之創作手
法可相互轉換，並無絕對的界限。

　　同時，前室花鳥畫的佈局也在某種程度上體現了卷軸畫的發展趨勢。關
於卷軸畫的產生與發展，薛永年做過系統研究，他指出：

> 　　掛軸與屏風的繪畫，促成於唐代，完備於北宋，南宋以後成為
> 手卷之外的主要形制。其淵源有三：一曰屏風畫，即間隔室內空間
> 所用屏風上裝裱之絹本作品，東漢已見流行。……二曰，佛教幀畫，
> 是信徒禮佛供奉的獨幅畫，曾出土於敦煌石室。幀畫雖鑲四緣，可
> 以張掛，卻無裝裱，亦無畫軸，存放之時，需折疊收藏。三曰，絹本
> 壁畫，據張彥遠記載，與唐寺中西院「有吳生（道子）、周昉絹畫」。
> 這種絹畫或裱於牆壁，或懸掛於牆壁，因絹幅的門面有一定尺度，製

作壁畫如不拼接縫合，便需有數幅組成一鋪，唐詩中「流水盤回山百轉，生綃數幅垂中堂」者，即是不貼於壁面而由數幅組成的活動壁畫。……隨著一鋪數軸的形式代替了壁畫，導致了壁畫在寺觀宮室之外的衰落。〔註132〕

文中提到的「絹本壁畫」值得關注，王處直墓前室東、西兩壁的花鳥十條屏與此相類，大有「生綃數幅垂中堂」之勢〔註133〕，這些表面看來類似屏風式的壁畫，也許正是對現實生活中一鋪數軸之「絹本壁畫」的模仿，或可看做這一樣式的視覺再現。以此推之，墓葬壁畫在某種程度上反映了繪畫形式的發展**趨勢**——卷軸畫逐漸取代壁畫的地位而成為主流，而法庫葉茂臺遼墓棺室東、西兩壁的卷軸畫又似乎標誌著這一地位的確立〔註134〕。

（四）內與外

這裡所說的內與外包括兩個方面：其一是壁畫本身的內容，即畫面中的屏風畫與屏風之外的事物所表現出的內與外；其二是壁畫所表現的空間與墓室之間的內與外。

1. 屏風內外

在表現墓主的地下世界時，所有的場景均用繪畫的形式表現出來，就這些景物的性質而言，可大致分為兩種：一方面，有些景物在現實世界中是以實物而非圖像存在的，如山水、天空、花草、侍女等；另一方面，人的生活空間又會裝飾有大量的繪畫，即真正意義上的「畫」，其中最重要的形式便是屏風畫。這些內容也需要體現在墓室壁畫中，以表示居室的環境。因此，如何在壁畫創作中協調兩種不同性質的物象將是畫工必須要考慮的問題。在王處直墓中，我們可以看到畫工對這一問題的關注，他們採用的主要手段便是屏風式壁畫的使用，從而使得畫面內部又出現了內外空間的差別——屏風內的世界與屏風外的世界，而這種差異正是解決上述問題的有效方式。

毫無疑問，王處直墓前室壁畫表現的是戶外場景，這些因素在人的生活空間中均是以實物存在的。在這些壁畫中，最突出的一個特點是，壁畫中的

〔註132〕薛永年：《晉唐宋元卷軸畫史》，新華出版社，1993 年，頁 2～3。

〔註133〕韓愈：《桃源圖》，《佩文齋書畫譜》卷六十五，《四庫·子部·藝術類》（272），頁 572。

〔註134〕遼寧省博物館、遼寧鐵嶺地區文物組發掘小組：《法庫葉茂臺遼墓記略》，《文物》1975 年第 12 期，頁 26～36。

每個獨立單元均有畫框存在，這種整齊劃一的表現方式似乎為了說明畫內的所有物象均處於同一活動空間——屏風畫內，從而保持了戶外環境的完整性，而後室封堵後繪製的山水畫更使得這一空間趨於完善。表現室內景象的後室及東、西耳室則不同：後室西壁的伎樂和東壁的侍女雖為獨立畫面，但並無邊框，可見這些人物是處於北壁與東西兩壁組成的摺扇式屏風之外的，並非屏風畫的內容。東、西耳室南、北兩幅壁畫中，屏風的下部邊框高於侍女及傢具的足部，顯然，兩者存在一種空間關係，即侍女是站立於屏風之前的。東耳室東壁和西耳室西壁的几案更是明顯處於屏風畫之前，此時壁畫中的屏風畫即為「畫中畫」（圖 1-61）。事實上，這種屏風畫內外空間的處理手法在唐代就已出現，以富平朱家道村唐墓壁畫表現的最為突出。鄭岩對這一現象有著深入研究，他指出，「這位畫工為自己的作品先設定了一個『畫框』——一具平展的屏風——這是唐代繪畫最常見的形式。那些被安排在屏風外的侍者雖然也是壁畫的一部分，但是由於『畫框』的存在，他們與屏風中的圖像被分隔在兩個世界中，這些與真人高度相差無幾的人物形象，幾乎與畫工所在的現實世界融為一體。」（圖 1-4）〔註 135〕此外，另一個極端的例子便是《重屏會棋圖》，畫面中屏風內外的不同空間更是涇渭分明。反觀王處直墓壁畫，如果壁畫中的屏風可對應現實生活中作為傢具的屏風，屏風上的繪畫

圖 1-61 王處直墓西耳室壁畫示意圖

画中画

〔註 135〕鄭岩：《壓在「畫框」上的筆尖》，《新美術》2009 年第 1 期，頁 39～51。

可稱作現實意義上的屏風畫，那麼，壁畫中屏風之外的圖像則旨在表現另一世界——人物活動的實體空間。

2. 室內室外

根據前文分析可知，王處直墓前室壁畫營造了一個田園式的外部世界，後室門封堵後再繪製山水畫的做法保證了這一世界的完整性。但四壁上下欄之間繪製的花紋與垂幔尤其是屏風畫又時時提醒我們這是一個室內空間〔註136〕。換言之，所謂的外部世界其實是通過一扇扇屏風畫的組合完成的，圖像世界中的室外景象也因此被緊緊地關鎖在墓室這一狹小的空間之中。有意思的是，屏風畫本身又將前室的建築壁面轉化成一扇扇屏風，這些屏風的安置方式彷彿又再現了地上「王侯之居」的景象。〔註137〕於是，人們在沉醉於壁畫營造的外部世界的同時，又被拉回到眞實的室內空間。

這種轉換很像筆記小說中的「壺天世界」：

> 公跳入壺中，人莫能見，惟長房樓上見之，知非常人也。長房乃日日自掃公座前地，及供饌物，公受而不辭。如此積久，長房尤不懈，亦不敢有所求。公知長房篤信，謂房曰：「至暮無人時更來。」長房如其言即往。公語房曰：「見我跳入壺中時，卿便可效我跳，自當得入。」長房依言，果不覺已入。入後，不復是壺，惟見仙宮世界，樓觀重門閣道，公左右侍者數十人。〔註138〕

人們可以通過壺口進入奇異的世界，它同現實世界一樣存在不同的活動空間。相對於現實而言，這世界依然是在壺內的。內外世界的交錯使得空間產生多重幻象。同樣，王處直墓前室所描繪的外部世界只存在於繪畫空間中，而無法擺脫「室內」的框架。

有意思的是，古人總能夠通過某種方式來協調這種矛盾。在這亦眞亦幻

〔註136〕 屏風畫是唐代墓葬壁畫中最具時代特色的繪畫形式，王處直墓繼承了這一傳統並將其發揮到極致。在這裡，紅色的邊框將壁畫分割成一幅幅不同的畫面，強調了「畫」概念和形體，有效的模擬了現實的屏風，甚至還在邊框之間留出白線，以象徵屏風間的縫隙。這些屏風式繪畫便將建築壁面轉化爲一扇扇的屏風。

〔註137〕 如「即引入門，其左有賓位，甚清敞，所設屏障皆古山水及名畫。」《宣室志》卷十，頁 1071。「窗戶梁棟，飾以異寶，屏障皆畫雲鶴。」《玄怪錄・裴諶》卷一，頁 351。「四壁施設，皆古書名畫。」《劇談錄・李相國宅》卷下，頁1481。

〔註138〕 《太平廣記・壺公》卷十二，頁 33～34。

的空間中，觀者的存在使內外矛盾得到了調和，即對室內繪畫的「臥遊」。宗炳是最早進行這種審美體驗的人。

> 宗炳……好山水，西陟荊巫，南登衡嶽，因結宇衡山，懷尚平之志，以疾還江陵。歎曰：「噫！老病俱至，名山恐難遍遊，唯當澄懷觀道，臥以遊之。」凡所遊歷，皆圖於壁，坐臥向之，其高情如此。〔註139〕

宗炳的行為無疑成為後世的典範，從唐代的山水畫題詩中可窺見端倪。

> 心累猶不盡，果為物外牽。偶因耳目好，復假丹青妍。嘗抱野閒意，而迫區中緣。塵事固已矣，秉意終不遷。良工適我願，妙墨揮岩泉。變化合群有，高深侔自然。置陳北堂上，仿像南山前。靜無戶庭出，行已茲地偏。萱草憂可樹，合歡忿益蠲。所因本微物，況乃憑幽筌。言象會自泯，意色聊自宣。對玩有佳趣，使我心渺綿。〔註140〕

詩人終日為俗事所累，為了擺脫這種境況，便讓畫工按照自己的意願繪製了一幅山水畫，並掛於北堂之上。面對畫中的山水，詩人覺得好像置身於「南山前」，油然而生江湖之思。經過短暫的身臨其境後，他重新意識到自己面對的是一幅畫，而非真正的「南山」，正所謂「對玩有佳趣，使我心渺綿」。在孫逖的詩作中，我們會看到更加強烈的審美感受：

> 廟堂多暇日，山水契中情。欲寫高深趣，還因藻繪成。九江臨戶牖，三峽繞簷楹。花柳窮年發，煙雲逐意生。能令萬里近，不覺四時行。氣染荀香馥，光含樂鏡清。詠歌齊出處，圖畫表沖盈。自保千年遇，何論八載榮。〔註141〕

作者於閒暇之日寄情於山水，面對畫面，彷彿忘卻了時間的存在，並將個人榮辱暫時撇在一旁。但詩人在詩中又不忘提到山水畫與戶牖、簷楹的關係，以表明自己身處之真實空間。類似的觀看經驗還見於李白的《觀元丹丘坐巫山屏風》：

> 昔遊三峽見巫山，見畫巫山宛相似。疑是天邊十二峰，飛入君家彩屏裏。寒松蕭瑟如有聲，陽臺微茫如有情。錦衾瑤席何寂寂，

〔註139〕《歷代名畫記・宗炳》卷六，頁129～130。
〔註140〕張九齡：《題畫山水障》，《全唐詩》卷四十七，頁577～578。
〔註141〕孫逖：《奉和李右相中書壁畫山水》，《全唐詩》卷一百十八，頁1195～1196。

楚王神女徒盈盈。高咫尺,如千里,翠屏丹崖燦如綺。蒼蒼遠樹圍
荊門,歷歷行舟泛巴水。水石潺湲萬壑分,煙光草色俱氛氳。溪花
笑日何年發,江客聽猿幾歲聞。使人對此心緬邈,疑入嵩丘夢彩
雲。〔註142〕

在詩人的視覺中,室內懸掛的山水畫好像幻化為眞實的山水,現實的建築空
間轉化為繪畫中的外部世界。但「臥遊」之餘,詩人依然不會忘記「畫」的
存在,而自己依然是山水畫的觀者。在內外空間的轉換中,詩人便在室內完
成了對戶外山水的遊玩。咸陽底張灣唐墓出土的遊山俑也是這種情趣的體現
(圖1-62)〔註143〕,高聳的假山前的仕女或站或坐,似在盡情瀏覽周圍的山
水景色,該雕塑以盆景的形式實現了在室內遊玩山水的追求。

图 1-62　咸陽底張灣唐墓出土的遊山群俑

在王處直墓中,我們可以想像,墓主人通過這種審美體驗實現了內外空
間的轉換,似可看作「臥遊」景象的眞實再現。

小　結

綜上所述,王處直墓壁畫的形成至少包含兩方面的努力:

首先是雇主王都。根據墓誌,他企圖為死者營造一個地下的「西第」,以
滿足其生前的「愛好」或「追求」;此外,他還要求壁畫在某種程度上體現自

〔註142〕 李白:《觀元丹丘坐巫山屏風》,《全唐詩》卷一百八十三,頁 1870。
〔註143〕 《文物參考資料》1954 年第 9 期,封面,「陝西咸陽底張灣唐墓出土的遊山
俑」。

己的社會地位及巨大財力。

　　而畫工則是這一思想觀念的實施者。爲了表達上述觀念，畫工幾乎選擇了當時所有的繪畫題材，包括山水、樹石、花鳥、人物、器物等，這些圖像來源於不同的系統，包括卷軸畫、佛教美術、墓葬美術等。在壁畫風格的選擇上，畫工似乎遵循著一個原則：即對於新興畫科如山水、花鳥，他們會極力追尋著最新的風格，所以該墓山水畫中出現了類似董源的風格，而花鳥畫中則有著與徐熙「裝堂花」相類的樣式；對於人物畫這一較爲成熟的畫科，畫工似乎更傾向於使用現成的粉本，因此我們會看到北魏時就已經出現的繪畫樣式皇后禮佛圖在該墓後室伎樂圖中的使用，同時也會看到一些卷軸畫、佛教壁畫和墓葬壁畫中常見的單體人物樣式在此處的反覆出現。在處理諸多畫面的空間佈局時，畫工也會關注卷軸畫家所關心的問題，如不同空間、不同畫面之間的呼應關係、畫面的連續性等等，同時他們還要時時注意壁畫與建築的空間關係。

　　在此過程中，我們可以看到畫工在面臨卷軸畫、屏風畫、佛教美術等不同圖像系統時所進行的選擇與再創造。

第二章　王建墓：墓葬與佛教美術

德齊者，溫奇子也。乾寧初，王蜀先主府城，精舍不嚴，禪
室未廣，遂於大聖慈寺大殿東廡起三學延祥之院，請德齊於正門西
畔畫南北二方天王兩堵，院門舊有盧楞伽畫行道高僧三堵六身，賴
德齊遷移，至今獲在。光化年，王蜀先主受昭宗勅置生祠，命德齊
與高道興同手畫西平王儀仗、旗纛、旌麾、車輅、法物、及朝眞
殿上皇姑、帝戚、后妃、嬪御百堵已來，授翰林待詔，賜紫金魚袋。
蜀光天元年戊寅歲，蜀先主殂逝，再命德齊與道興畫陵廟，鬼神人
馬、及車輅儀仗、宮寢嬪御一百餘堵。大聖慈寺竹溪院釋迦十弟子
並十六大羅漢、崇福禪院帝釋及羅漢、崇眞禪院帝釋梵王、及羅漢
堂內文殊、普賢，皆德齊筆，見存。議者以德齊三代居蜀，一時
名振，克紹祖業，榮耀何多。〔註1〕

這是《益州名畫錄》中對前蜀宮廷畫家趙德齊的記載。畫家曾奉命於大慈
寺、王建的生祠和陵廟等處繪製壁畫，其內容不僅包括佛教中的帝釋梵王、
文殊、普賢、天王、高僧、羅漢等，還包括儀仗、旗纛、旌麾、車輅、法物
及朝眞殿上皇姑、帝戚、后妃、嬪御、鬼神等，這些圖像涉及佛教、墓葬等
不同系統。同時期擅長佛像高僧的宮廷畫家高道興也參與繪製了王建生祠及
陵廟的壁畫。

由此可知，我們現在看來分屬佛教和墓葬等不同系統的美術作品有時為
同一批畫家所創。由此引發的思考是，這些作品之間是否存在某種關係？它
們是以何種方式進行轉換的？在轉換過程中，圖像的轉移是否會帶來意義的

〔註 1〕　《益州名畫錄》卷上，人民美術出版社，2004 年，頁 7～8。

變化？本章將以王建墓爲例，從墓葬的形制佈局出發，結合其中的隨葬品，來探討這些問題。

一、王建墓

（一）建造時間

王建墓又稱永陵。與其它墓葬不同，王建墓的墓室是一座地上建築，其建築的基腳係在平地上挖基，內填以卵石，中間雜有少量的紅砂石小塊和陶片，券牆則直接建於卵石之上〔註2〕，只是建成後又在上面加蓋了高 15 米、直徑約 80 餘米的巨大封土，形成陵臺，陵臺周圍界以石條（圖2-1）。王建墓的墓室結構爲青磚疊砌隧道圓拱，除十四道拱肋使用石條疊砌、拱肋之間使用石板相連接外，其餘部分均採用青磚砌成複拱，墓的尾部有一青磚疊砌的金剛牆。墓室外形前後呈橫臥的重疊狀、層層遞減，各層收距爲 31～38 釐米，中部外形平滑，墓室平面呈一盾形，前方後圓。〔註3〕墓室全長 30.8米，室內長 23.4 米，分前、中、後三室。其中中室最大，後室次之，前室最小。每室之間以木門間隔。前室由四道石券構成，主要作用相當於羨道，其面積僅能容門扇的啓闔及踏道，應不會置有隨葬品，發掘中也未發現任何器

圖 2-1　王建墓陵臺平面圖

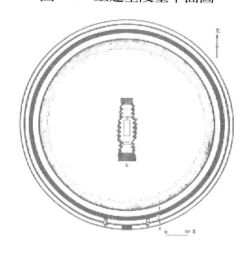

〔註 2〕 劉蓉英：《王建墓維修工程中的墓內保護措施》，《成都文物》1990 年第 4 期，頁 27。

〔註 3〕 曾中懋：《王建墓防滲、排水和通風工程及其穩定性的研究》，《文物保護與考古科學》第 8 卷第 2 期，頁 8～17。

物的痕迹。中室由七道石券構成，長 12 米、寬 6.1 米、高 6.4 米。墓室中部
設有須彌座棺床，爲紅砂岩建築，高 0.89 米、長 7.54 米、寬 3.35 米。棺槨全
部爲木製，其上髹漆。棺中有水銀、玉帶、銀器等。後室由三道券拱組成，
較中室之券爲低，跨度亦較小，長 5.7 米、寬 4.4 米、高 5.5 米。石床位於後
室最後，約占全後室一半。石床上安置王建坐像，石像前擺放著謚寶、寶
盝、哀冊、謚冊等法物（圖 2-2）。〔註 4〕

圖 2-2　王建墓墓室平面圖

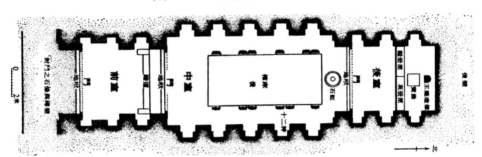

此外，王建墓的地上陵園原有相當規模的建築，包括陵寢以及陵園旁邊
設置的寺院。〔註 5〕建築的裝飾也極爲豪華，僅陵廟就繪製鬼神人馬、及車輅
儀仗、宮寢嬪御等壁畫一百多堵。〔註 6〕

王建卒於光天元年（918）夏六月，十一月三日下葬，中間僅相隔五個多
月。〔註 7〕顯然，規模宏大的王建墓是無法在這麼短的時間內完成的。另外，
從建築質量上看，護拱直牆以下，砌得十分齊整，而直牆以上的拱足，尤其
是南北兩端的頂部砌得比較粗糙，這種技術差異可能是工期緊張所致。綜合
上述兩點，王建墓的設計與營建當始於其生前。

（二）王建

天復七年（907），王建於成都稱帝，國號大蜀。之後便著手建立一套完
善的禮樂制度。他提拔韋莊爲左散騎常侍判中書門下事，「凡開國制度、號

〔註 4〕　馮漢驥：《前蜀王建墓發掘報告》，文物出版社，2002 年。

〔註 5〕　樊一：《前蜀永陵雜考》，《成都文物》1991 年第 1 期，頁 35～43。

〔註 6〕　「蜀光天元年戊寅歲，蜀先主殂逝，再命德齊與道興畫陵廟，鬼神人馬、及
車輅儀仗、宮寢嬪御一百餘堵。」《益州名畫錄・趙德齊》卷上，頁 8。該文
中記載的王建去世時間與墓中出土的哀冊內容不符，應以哀冊爲準。

〔註 7〕　馮漢驥：《前蜀王建墓發掘報告》，圖版六十四。

令、刑政、禮樂皆由莊所定」〔註8〕。當時唐代的「衣冠之族多避亂在蜀」，王建對他們「禮而用焉，使修舉政事，故典章文物有唐之遺風」〔註9〕。王建深知禮樂制度對一個國家的重要性，他在建國之初曾指出：

> 國之教化，庠序為先；民之威儀，禮樂為本。廢之則道替，崇之則化行。其國子監直令有司，約故事速具修之兼。諸州應有舊文宣王廟，各仰崇飾，以時釋奠，應是前朝舊制。或有開國新規制，敕之所未該，教化之所未備。或刑法不中，或倫序有乖，則諫臣不可不言，宰執不可不奏。……開國之初，既勤行於德惠。改元之後，尤企望於樂推。惟是革弊從新，去華務實。有利於民者，不得不用；有害於政者，不得不除。公平必致於民安，富庶自成於國霸。〔註10〕

從中不難看出，王建銳意改革，他在繼承前朝禮樂制度的基礎上「革弊從新，去華務實」，以期達到強國富民之目的。在各項制度的創建中，帝王的陵墓作為皇權的象徵必然備受關注。因此，王建在制定該制度時一定會經過深思熟慮，以期能夠將之延傳萬代。

那麼，王建墓的規制又是如何確立的？一般來講，帝陵制度會經過諸大臣的商討而制定並實施。以唐代的獻陵為例：

貞觀九年（635）唐高祖李淵死後，大臣們便對其安葬制度展開了激烈地討論。虞世南認為，高祖陵墓的建造應以前代明君為榜樣，務求節儉，應因循「漢之霸陵，既因山勢，雖不起墳，自然高敞」，並依照《白虎通》記載之周制，為「三仞之墳」。明器皆應以瓦木製作，不得用金銀銅鐵。面對虞世南的奏章，太宗李世民並未立即表態，而是交付有關部門進行審議。當時任司空之職的房玄齡便與眾大臣進行商討，並拿出了一個較為折中的方案：「謹按高祖長陵高九丈，光武陵高六丈，漢文魏文並不封不樹，因山為陵，竊以長陵制度過為宏侈，二丈立規又傷矯俗，光武中興明主多依典故，遵為成式，寔謂攸宜，伏願仰遵顧命。」這一議案無疑得到了太宗的認可，他下詔曰：「朕既為子，卿等為臣，愛敬罔極，義猶一體，無容固陳節儉，陷朕於不義也，今便敬依來議。」〔註11〕顯然，在他看來，虞世南那種一味追求節儉的做法，會

〔註8〕　《十國春秋・前蜀六・列傳・韋莊》卷四十，《四庫・史部・載記類》（159），頁190。

〔註9〕　《十國春秋・前蜀一・高祖本紀上》卷三十五，《四庫・史部・載記類》（159），頁173。

〔註10〕　《錦里耆舊傳》卷一，《四庫・史部・載記類》（158），頁719。

〔註11〕　《唐會要・陵議》卷二十，《四庫・史部・政書類》（201），頁109。

陷自己於不孝不義，而房玄齡等人議定的方案既不過於奢侈，又不失帝王的尊嚴。在整個過程中，太宗並非是議案的提供者，而是決策者。至於議案的實施，也有專門的官員——山陵使來負責。史書中雖未記載王建墓的商討過程，但其確立也應大抵如此，而王建在其中的作用當然不言自明。

二、王建墓與佛舍利瘞埋制度

（一）與唐代帝陵的比較

在制定王建墓的陵寢制度時，唐代的帝陵應是最直接的依據，因為當時前蜀有很多唐代舊臣，他們完全可以提供較為豐富的一手材料。但事實證明，王建墓並未沿用唐代的陵寢制度，而是另闢蹊徑。現將兩者進行對比：

1. 封土

王建墓雖原有地上建築，但均已不存，因此只能就封土和地宮與唐代帝陵進行比較。唐陵的構築分為兩類，一類是「封土」為陵，如獻陵、莊陵、靖陵，陵臺外形均為覆斗狀；第二類是「依山為陵」，昭陵、乾陵等十四陵均屬此類。其中，昭陵開創了這一先例，乾陵在此基礎上發展成為完整的陵園格局，之後的唐陵均依此制。〔註12〕而王建墓並未「依山為陵」，而是平地起丘，陵臺平面呈圓形（圖2-3），這種方式與上述兩種唐代帝陵的形式均不同。〔註13〕根據李清泉先生的研究，這種圓形封土可能受到了西域佛教之窣堵波（stupa）的影響。〔註14〕

圖 2-3 王建墓陵臺外形復原示意圖

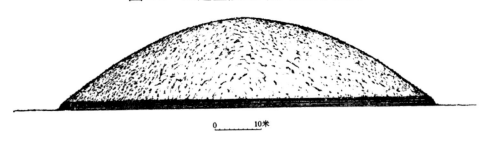

〔註12〕陳安利：《唐十八陵》，中國青年出版社，2001年，頁7、50。

〔註13〕《前蜀王建墓發掘報告》，頁8。

〔註14〕李清泉：《從南漢康陵「陵臺」看佛教影響下的10世紀墓葬》，Tenth-century China and Beyond: Art and Visal Culture in a Multi-centered Age, Edited by Wu Hung, Center for the Art of East Asia Symposia, University of Chicago, 2012, pp.126~149。

2.地宮

唐代帝陵的地宮多未發掘，唯一發掘的唐僖宗靖陵（888）結構較為簡陋，由階梯羨道、拱頂甬道和橫拱頂土洞墓室組成，全長44.7米。〔註15〕靖陵建於唐代行將滅亡之際，規模上還不及盛唐的大臣墓，尚不能代表唐代的陵寢制度。但根據「號墓為陵」的懿德太子〔註16〕、永泰公主墓〔註17〕及其他皇室成員的墓室結構來推測，唐代帝陵應有長長的墓道，墓室分為前後兩室亦或三室，棺槨位於後室（圖2-4）〔註18〕。而王建墓無墓道，墓室分為前、中、後三室，棺床設在中室，後室石床上安置有王建坐像。可見，除了墓室為三室的形制可能與唐陵相近外，其它均不同。此外，更值得注意的

圖2-4 唐懿德太子墓平剖面圖

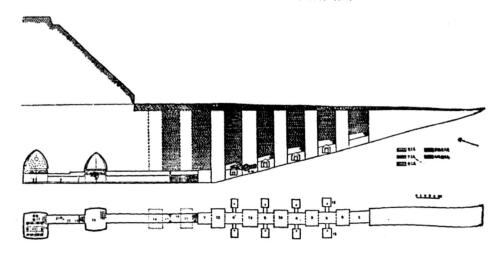

〔註15〕 陳安利：《唐十八陵》，頁125～130。

〔註16〕 陝西省博物館、乾縣文物局唐墓發掘組：《唐懿德太子墓發掘簡報》，《文物》1972年第7期，頁26～31。

〔註17〕 陝西省文物管理委員會：《唐永泰公主墓發掘簡報》，《文物》1964年第1期，頁71～94、39。

〔註18〕 文獻中有對昭陵地宮的記載，但較為簡略，如《文獻通考》：「太宗崩，葬昭陵，在京兆府醴泉縣，因九嵕層峰。鑿山南西，深七十五丈為元宮。山旁岩架為梁棧道，懸絕百仞，繞山二百三十步始達元宮。門頂上亦起遊殿。文德皇后即元宮，後有五重石門，其門外於雙棧道上山起舍，宮人供養如平常。」（《文獻通考》卷一百二十五，《四庫・史部・政書類》（203），頁370。）《新五代史》：「韜從埏道下，見宮室制度閎麗，不異人間，中為正寢，東西廂列石床，床上石函中為鐵匣，悉藏前世圖書，鍾、王筆迹，紙墨如新，韜悉取之。」（《新五代史・溫韜》卷四十，頁441。）

是，王建墓的地宮建在地上，之後再以封土掩埋，這種方式更是不同於唐代帝陵。

3. 棺槨

目前雖然無法得知唐代帝王棺槨的形制，但唐代懿德太子墓、永泰公主墓以及讓皇帝李憲墓可提供佐證〔註19〕，前兩者均「號墓爲陵」，李憲也曾爲一代君主，他們的棺槨形制應基本代表最高級別。此外，其他高規格皇室成員的棺槨也採用相同的樣式，如李壽墓〔註20〕、章懷太子李賢墓〔註21〕、金鄉縣主墓〔註22〕、長安韋泂墓等〔註23〕。這些石槨均爲屋形，廡殿頂，平面呈長方形，槨的內外裝飾石刻線畫，棺爲石質或木製（圖 2-5）。筆者推測，這些形制大致相同的石槨可能均爲唐代帝王所賜，根據《唐會要》：

> （唐太宗）詔曰：禮記云：「君即位而爲槨。」莊周云：「息我
> 以死，豈非聖人。」遠鑒深識，著之典誥。恐身後之日，子子孫孫

圖 2-5　唐代李憲墓石槨

〔註19〕 陝西省考古研究所：《唐李憲墓發掘報告》，科學出版社，2005 年。
〔註20〕 陝西省博物館、文管會：《唐李壽墓發掘簡報》，《文物》1974 年第 9 期，頁71～88、61。
〔註21〕 陝西省博物館、乾縣文物局唐墓發掘組：《唐章懷太子李賢墓發掘簡報》，《文物》1972 年第 7 期，頁 13～25。
〔註22〕 西安市文物管理委員會：《西安唐金鄉縣主墓清理簡報》，《文物》1997 年第 1期，頁 4～18；西安市文物保護考古所王自力、孫福喜：《唐金鄉縣主墓》，文物出版社，2002 年。
〔註23〕 陝西省文物管理委員會：《長安縣南里王村韋泂墓發掘簡報》，《文物》1959年第 8 期，頁 8～18。

尚習流俗，猶循常禮，加四重之櫬，伐百祀之木，勞擾百姓，崇厚
墳陵，今先爲此制，務從儉約，於九峻之上，足容一棺而已。木馬
塗車，土桴葦綸，事合古典，不爲世用。又佐命功臣，義深舟楫，
追念在昔，何日忘之。漢氏將相，陪陵又給東園祕器，篤終之義，
恩意深厚。自今以後，功臣密戚及德業佐時者，如有薨亡，宜賜塋
地一所，以及祕器使窆穸之時，喪事無闕。〔註24〕

此詔令是在議定獻陵的陵園制度後下達的，太宗意欲傚仿漢代賜將相「東園
祕器」之傳統，其目的在於：一方面可以統一喪葬規範，使臣屬在營建墓葬
時「務從儉約」；另一方面還可體現君臣的深厚感情。由此推知，唐代帝王的
棺槨形制也應與這些皇家統一製作的「祕器」大致相同。而王建墓的棺床則
爲須彌座式，其上放置木質棺槨，棺槨的兩擋均爲門作形式，門的四角包鎏
金銅片，門扇上裝飾有鎏金銅泡釘。這些門純爲裝飾，不能開啓。〔註25〕另
外，根據莫宗江繪製的復原圖，棺槨的平面呈長方形，前檔高於後檔，棺蓋
爲覆瓦狀，整體呈前高后低、前寬後狹型（圖2-6、圖2-7）。〔註26〕

圖2-6　王建墓石床復原圖

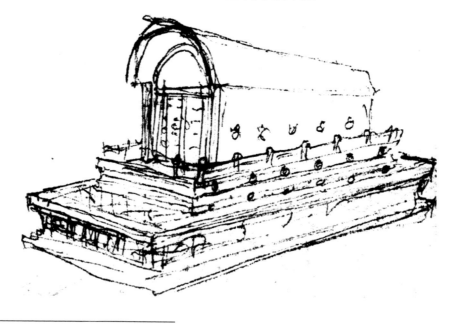

〔註24〕《唐會要‧陵議》卷二十，《四庫‧史部政‧書類》（201），頁109。
〔註25〕馮漢驥：《前蜀王建墓發掘報告》，文物出版社，2002年，頁44～45。
〔註26〕梁思成等著：《未完成的側繪圖》，清華大學出版社，2007年，頁168。

圖 2-7　王建墓棺床浮雕摹本

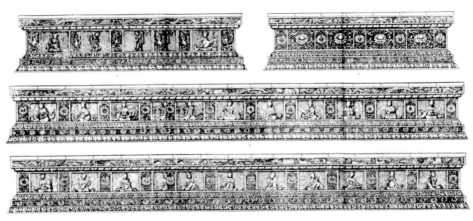

（上：南面、北面；中：東面；下：西面）

（二）與法門寺地宮的比較

　　與同時代其它政權的陵墓及高等級墓葬相比〔註 27〕，王建墓更是表現出明顯的個性（詳情可參照附錄一）。但有意思的是，它與唐代法門寺地宮存在較爲明顯的相似性。〔註 28〕

〔註27〕 南京博物館：《南唐二陵》，文物出版社，1957 年；浙江省文物管理委員會：《杭州、臨安五代墓中的天文圖和秘色瓷》，《考古》1975 年第 3 期，頁 186～194；成都市文物管理處：《後蜀孟知祥墓與福慶長公主墓誌銘》，《文物》1982 年第 3 期，頁 15～20；杭州市文物考古所、臨安市文物局：《浙江臨安五代吳越國康陵發掘簡報》，《文物》2000 年第 2 期，頁 4～34；福建省博物館、福州市文物管理委員會：《唐末五代閩王王審知夫婦墓清理簡報》，《文物》1991 年第 5 期，頁 1～10；商承祚：《廣州石馬村南漢墓葬清理簡報》，《考古》1964 年第 6 期，頁 297～300；廣州市文物考古研究所：《廣州南漢德陵、康陵發掘簡報》，《文物》2006 年第 7 期，頁 4～25；河北省文物研究所、保定市文物管理處：《五代王處直墓》，文物出版社，1998 年；咸陽市文物考古研究所：《五代馮暉墓》，重慶出版社，2001 年；成都市文物管理處：《成都市東郊後蜀張虔釗墓》，《文物》1982 年第 3 期，頁 21～27；成都市博物館考古隊：《五代後蜀孫漢韶墓》，《文物》1991 年第 5 期，頁 11～26；浙江省文物管理委員會：《浙江臨安板橋的五代墓》，《文物》1975 年第 8 期，頁 66～72；浙江省博物館、杭州市文管會：《浙江臨安晚唐錢寬墓出土天文圖及「官」字款白瓷》，《文物》1979 年第 12 期，頁 18～23；蘇州市文管會、吳縣文管會：《蘇州七子山五代墓發掘簡報》，《文物》1981 年第 2 期，頁 37～45。福建省博物館：《五代閩國劉華墓發掘報告》，《文物》1975 年第 1 期，頁 62～73。

〔註28〕 陝西省考古研究所、法門寺博物館、寶雞市文物局、扶風縣博物館：《法門寺考古發掘報告》，文物出版社，2007 年。

1. 形制

兩者皆是前、中、後三室，且中室最大，前、後室較小（圖 2-8、圖 2-9）。

圖 2-8　法門寺塔基地宮平面圖

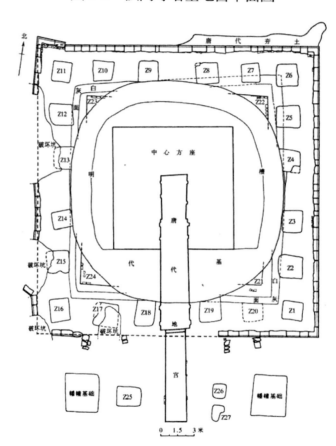

圖 2-9　法門寺塔基、地宮縱剖面圖

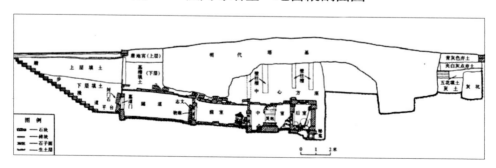

2. 佈局

王建墓中室的棺床和後室的王建像與法門寺地宮中、後室的舍利函的位置也可基本對應。其一，王建墓中室放置須彌座棺床，其上原懸掛有絲織品製成的華蓋。〔註29〕而法門寺地宮的中室也置有一須彌座漢白玉靈帳，帳簷爲雙層，形似兩隻仰斗，四周裝飾有寶相花。帳身上部四周爲天蓋帷幕，四角隅各雕蓮結寶柱。帳身胴體之外之四周雕飾各色寶幡（圖2-10）。這種樣式的佛帳見於敦煌盛唐148窟的涅槃經變中，衆力士所擡之寶帳輝光耀彩，下爲覆蓮座，座上建兩層高臺，層臺間架設鋪陳鮮麗的磴道，其上則是放置彩棺的須彌座。裝點了兩重金博山的寶帳起於重臺之上，四角和周邊重重疊疊披垂流蘇（圖2-11）。〔註30〕

圖 2-10
法門寺漢白玉靈帳南面

圖 2-11
敦煌148窟壁畫大出殯中的寶帳

〔註29〕 第一、二券頂之間正中縱嵌鐵條一，鐵條中央懸一鐵鏈，長約0.8米，鏈下端鈎上尚附有極粗的紡織物紋。鈎下即爲棺床的前端。棺床前端及其前面和稍偏西的淤土中發現敷漆紡織紋甚多，其上亦有部分敷金。可能爲鐵鈎上的懸掛物，腐朽後墜下者。第三、四券頂之間亦嵌鐵條二，其一粗大，上懸鐵鏈及環，鏈的兩端附著在鐵條上；另一條較細，中部懸鐵鏈長約1米。此鏈及環位於棺床正中，其上懸者當爲華蓋。棺床中部偏西的淤泥中，發現鐵頂架一件。頂架中部作銅鈸形，鈸頂有環，四面對出四臂作「十」字形。十字的直徑約1米左右。此頂架可能是懸在鐵鏈上的。棺槨以上的淤泥中還發現有漆皮布紋，有的上面隱約有花紋及金箔的痕迹。（《前蜀王建墓發掘報告》，頁25。）根據鐵鏈與棺床的位置關係可推斷，棺床上方原懸掛有華蓋。

〔註30〕 揚之水：《古詩文名物新證》，紫禁城出版社，2004年，頁296。

　　寶帳四面的寶幡及天蓋帷幕隨風飄揚，應爲絲織品製成。可見，法門寺
地宮的漢白玉寶帳上的裝飾是在模仿絲織品。這與王建墓棺床上的華蓋就更
加接近了。兩者的不同之處在於：王建墓棺床爲長方形，法門寺靈帳爲正方
形；前者由紅砂岩與絲織物組合而成，後者爲漢白玉製成。陝西臨潼唐玄宗
開元二十九年（741）慶山寺舍利塔地宮中也有一「釋迦如來舍利寶帳」，置
於室內須彌座磚床正中，內置金棺銀槨（圖2-12）。〔註31〕

圖2-12　慶山寺「釋迦如來舍利」寶帳

　　此外，遼代重熙年間（1032～1054）朝陽北塔天宮宮室內有一六塊綠砂
岩石板築成的方形大石函，石函內正中置木胎銀棺，棺內裝舍利金塔，「七寶」
裝飾而成的寶蓋罩在銀棺四周。寶蓋平面呈長方形，狀如佛頂上的寶蓋，以
木板和銀條作架，用銀絲穿繫各種珠飾、法物等，但木質物已毀，銀絲銹蝕
殘斷，致使寶蓋散架〔註32〕，其銀棺外裝飾寶蓋的方法與王建墓棺床上的帳、
法門寺地宮中室的靈帳較爲相似。

　　其二，王建墓後室北部石床上放置有王建像，其位置與法門寺地宮後室
放置第一枚和第三枚佛骨舍利的位置大致相同（圖2-13）。而且，王建像所在

〔註31〕臨潼縣博物館：《臨潼唐慶山寺舍利塔基精室清理記》，《文博》1985年第5
　　　　期，頁12～37。
〔註32〕朝陽北塔考古勘察隊：《遼寧朝陽北塔天宮地宮清理簡報》，《文物》1992年第
　　　　7期，頁1～28。

圖 2-13 王建像（正面、側面、背面）

的石床上放置謚寶以及玉冊等法物，與之相對應，法門寺地宮中放置第一枚佛骨舍利的八重寶函下面也有一石板，用於放置供奉器物。

　　這裡需要說明的是，法門寺出土的四組盛放佛舍利的容器並非同時安置在地宮中，它們的製作年代與捐贈人均不同。位於後室裝有第一枚舍利的八重寶函為唐懿宗所供奉，其它三組舍利容器並非原來的組合，而是咸通十五年正月初四最後一次瘞埋舍利時，重新裝繪配組而成，其中一些器物的年代早於唐懿宗時，如中室盛放第二枚舍利的漢白玉雙簷彩繪靈帳、前室盛放第四枚舍利的彩繪阿育王石塔為盛唐之物。〔註33〕但佛舍利容器的年代差異並不影響它們之間的位置關係，因為其佈局是在最後一次供養舍利時刻意安排的，並非隨意擺放。故可將其與王建墓相比照。

3.棺槨形制

　　法門寺靈帳內放置盝頂鐵寶函，內有鎏金雙鳳寶蓋紋銀棺，第二枚佛指舍利供養於棺內，八重寶函內也有水晶槨子和玉棺（圖 2-14）。這些均與王建墓的棺槨形制相合。此外，唐宋其它佛塔地宮中亦有形制相似的棺槨，如唐玄宗開元二十九年（741）陝西臨潼慶山寺舍利塔地宮中盛放佛舍利的銀槨

〔註33〕《法門寺考古發掘報告》，頁 226、274；楊泓：《中國佛教舍利容器藝術造型的變遷》，《藝術史研究》第二輯，2000 年，頁 231～261。

圖 2-14 法門寺水晶槨子、玉棺

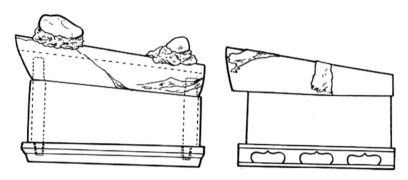

等（圖 2-15）。敦煌初唐 332 窟、盛唐 148 窟《涅槃經變》中的七寶棺床及棺槨之形制也與王建墓的極為接近（圖 2-16）。四川廣元千佛崖南段中下層的一幅《涅槃變》中，「自焚金棺」及「自舉金棺」兩個情節中的金棺只露出棺槨的頭擋，「自舉金棺」中的棺槨上有旒蘇式的裝飾垂下〔註34〕，推測其形制應與王建墓的棺床及棺槨相似〔註35〕。這些相似之處均說明王建墓的形制、佈局與以法門寺為代表之佛舍利瘞埋制度的密切關係。

圖 2-15 唐代慶山寺舍利銀槨

〔註34〕 胡文和：《四川道教、佛教的石窟藝術》，四川人民出版社，1994 年。

〔註35〕 當然，王建墓棺槨形制與佛舍利棺槨也有著不同之處，最突出的是其棺槨及其臺級上裝飾的鎏金銅環，這種裝飾方法可能是來自漢、北魏時代的傳統。《酉陽雜俎》：「後魏俗競厚葬，棺厚高大，多用柏木，兩邊作大銅環鈕。」（《酉陽雜俎》卷十三，中華書局，1981 年，頁 123。）此外，元謐石棺兩側也有模仿銅環鈕的鋪獸銜環圖案。（黃明蘭：《洛陽北魏世俗石刻線畫集》，人民美術出版社，1981 年，頁 30～39。）

圖 2-16　敦煌 148 窟壁畫涅槃圖中的棺

（三）王建與法門寺

148 窟涅槃圖中描繪的場面包括：臨終遺教圖、純陀供養圖、入般涅槃圖、入棺圖、棺蓋自啓爲母說法圖、金棺自舉圖、送殯圖。這一過程可看作佛涅槃後的地上葬禮，而在地宮內瘞埋舍利則是地上葬禮的延續，即對佛之遺體的安葬。兩者結合起來就構成了成完整的佛舍利瘞埋過程。在此意義上，佛舍利瘞埋與常人的葬禮同屬於喪葬系統，那麼，兩個系統之間的相互借鑒便也合情合理。〔註 36〕

目前所發現的唐代佛塔地宮多爲單室，如甘肅涇州延載元年（694）的大雲寺塔基地宮〔註 37〕、陝西臨潼開元二十九年（741）的慶山寺舍利塔地宮

〔註 36〕 根據楊泓的研究，佛舍利瘞埋制度經過了一個中土化的過程，北魏時塔下未構築地宮，只是將舍利裝入石函埋入塔基夯土中。到隋代，情況有了變化，不再將石函直接埋入塔基夯土中，開始砌護石和磚牆，已開唐代構築地宮風氣之先。唐代的佛舍利容器的造型徹底改爲具有民族風格的新形貌，開始模擬中國埋葬死者的棺槨，以金、銀等貴重金屬製作微型棺槨來盛放捨利，並修建瘞埋棺槨的地宮。唐武宗會昌滅法後，舍利容器又有新變化，改爲以盝頂方函爲主要樣式，並開始以單簷四門金塔爲第一重盛放捨利的容器，開啓了北宋時期舍利容器多樣化之先河。楊泓：《中國佛教舍利容器藝術造型的變遷》，《藝術史研究》第二輯，2000 年，頁 231～261。戴俊英也曾對佛舍利瘞埋制度進行詳細地梳理。戴俊英：《中國古代舍利的瘞埋制度》，《人文雜誌》1993 年增刊，頁 82～110、117。

〔註 37〕 甘肅文物工作隊：《甘肅省涇州縣出土的唐代舍利石函》，《文物》1966 年第 3

〔註 38〕，只有法門寺地宮爲三室。法門寺作爲皇家寺院可看作當時佛舍利瘞埋的最高規格，它與其它地宮規模的差異體現了民間與皇室瘞埋舍利的等級差別。〔註 39〕可見，王建墓的建造應是借鑒了當時以法門寺爲代表的最高等級之佛塔地宮。〔註 40〕筆者甚至還有一個更爲大膽的推測，那就是王建墓的建造也許與法門寺有著較爲直接的關係，究其原因，大致有以下幾個方面。

1. 法門寺在唐代的特殊地位。唐代皇室曾先後六次迎奉法門寺佛骨舍利，參與這些活動的帝王包括 7 位，他們是高祖、高宗、武則天、肅宗、文宗、德宗、懿宗、僖宗，其中第六次是由懿宗迎佛骨，再由僖宗送回鳳翔的。〔註 41〕每次迎送均盛況空前，這在文獻中多有記載，如韓愈的《諫佛骨表》：

> 百姓微賤於佛，豈合惜身命，所以灼頂燔指，百十爲群，解衣散錢，自朝至暮，轉相仿傚唯恐後。時老幼奔波，棄其生業，若不即加禁過更屬，諸寺必有斷臂臠身以爲供養者，傷風敗俗，傳笑四方，非細事也。〔註 42〕

文中雖是在批評這種現象，但卻充分反映了人們對佛舍利的狂熱與癡迷。《資治通鑒》中記述唐懿宗迎奉法門寺舍利的場面更爲壯觀：

> （懿宗咸通）十四年（873）春，三月，癸巳，上遣敕使詣法門寺迎佛骨，群臣諫者甚眾，至有言憲宗迎佛骨尋晏駕者。上曰：「朕生得見之，死亦無恨！」廣造浮圖、寶帳、香轝、幡花、幢蓋以迎之，皆飾以金玉、錦繡、珠翠。自京城至寺三百里間，道路車馬，晝夜不絕。夏，四月，壬寅，佛骨至京師，導以禁軍兵仗、公私音樂，沸天燭地，綿亙數十里，儀衛之盛，過於郊祀，元和之時不及遠矣。富室夾道爲綵樓及無遮會，競爲侈靡。上御安福門，降樓膜

期，頁 8～15、47。

〔註 38〕 臨潼縣博物館：《臨潼唐慶山寺舍利塔基精室清理記》，《文博》1985 年第 5 期，頁 12～37。

〔註 39〕 《法門寺考古發掘報告》，頁 283。

〔註 40〕 目前雖未發現與法門寺地宮規模相似的唐代佛塔地宮，但這一級別的地宮應非孤例。因此，法門寺地宮應爲最高級別佛舍利地宮的代表。

〔註 41〕 馬世長：《法門寺塔地宮出土文物筆談·珍寶再現舍利重輝——法門寺出土文物觀後》，《文物》1988 年第 10 期，頁 40～43。

〔註 42〕 《舊唐書·韓愈》卷一百六十，頁 4199～4200。

拜，流涕霑臆，賜僧及京城耆老嘗見元和事者金帛。迎佛骨入禁中，

三日，出置安國崇化寺。宰相已下競施金帛，不可勝紀。〔註43〕

有意思的是，敦煌 148 窟涅槃圖中大出殯之場景恰可視爲上述盛況的圖像注腳（圖 2-17）。

圖 2-17　敦煌 148 窟壁畫大出殯

以懿宗朝的財力，舉辦如此奢華的迎送儀式實屬勉強。然而，當大臣勸諫懿宗取消這一活動，並以「憲宗迎佛骨尋晏駕」之事進行威脅時〔註 44〕，懿宗的回答竟然是「朕生得見之，死亦無恨」，對他來說，迎奉舍利比生命更重要。此外，文中還談到迎送舍利的「儀衛之盛過於郊祀」。可見，佛舍利在當時一些人的心目中至高無上的地位，甚至超過了帝王的威嚴。也許這正是王建墓捨棄唐陵制度而選取法門寺地宮形制、佈局的最重要之原因，旨在追求死後擁有佛一般的尊崇地位。

2. 根據王建年表（見附錄三），王建在唐僖宗廣明元年（880）之前一直在中原活動，咸通十四年（873）至僖宗乾符元年（874）迎送法門寺佛骨舍利一事恰在此期間，他有可能親眼目睹了這一盛況。此外，供養佛舍利的容器是在儀式中展示的，以當時的規模，「導以禁軍兵仗，公私音樂，沸天燭地，綿互數十里，儀衛之盛過於郊祀」，目睹盛況的人何止千萬。在場的人必然會在事後向其他人講述這一盛況，在不斷的口傳過程中，就會有大量的人群獲

〔註43〕　《資治通鑒・唐紀六十八》卷二百五十二，頁 8165。
〔註44〕　此事見於《舊唐書》卷十九上，頁 683～684。

悉此信息。如當時身處江東的貫休有詩《聞迎眞身》：「四海無波八表臣，恭聞今歲禮眞身。七重鎖未開金鑰，五色光先入紫宸。丹鳳樓臺飄瑞雪，岐陽草木亞香塵。可憐優缽羅花樹，三十年來一度春。」〔註45〕他並未親臨現場，卻知「七重鎖未開金鑰，五色光先入紫宸」，此信息應來自傳聞。敦煌寫本 P.3445《贊法門寺眞身五十韻》也忠實的記錄了此次迎奉法門寺佛骨時舉國若狂的場面。〔註46〕王建身處中原，即便未親臨現場，也必定對此事件有所耳聞。這就爲王建墓的建造提供了必要的視覺經驗。

3. 關於佛舍利地宮結構及寶帳、舍利函等的擺放情況，王建還可能有一個更爲直接的途徑來瞭解，那就是唐僖宗，他是最後一個爲法門寺地宮封鎖的人，而王建與他有過兩次接觸。第一次是在中和四年（884），王建、韓建率軍三千人投靠逃亡中的僖宗。僖宗嘉之，分其兵爲五都，即「隨駕五都」。光啓元年（885）僖宗返長安，封王建等爲八典神策軍宿衛；第二次接觸亦是在光啓元年（885），由於王重榮與田令孜的鬥爭，僖宗第二次逃亡，初奔鳳翔。光啓二年（886）三月，王建隨僖宗移幸興元，鳳翔、邠寧二節度使倒戈，王建孤身保駕 64 天。此期間，僖宗「以建爲清道斬斫使，負玉璽以從行。至當塗驛，李昌符等焚棧道，棧幾斷。建控僖宗馬，冒煙焰中，過宿阪下。僖宗枕建膝寢，既覺，涕泣解御袍賜之，曰：『以其有淚痕也。』賜以金券。及至興元，命建遙領壁州刺史，故事將帥無遙領州鎮者，實自建爲始。」〔註47〕王建兩次皆救僖宗於危難之中，尤其是第二次，僖宗賜王建御袍、金券，使其享有特權。僖宗逃亡途經法門寺的所在地鳳翔，故地重遊，境況迥異，更有可能談到迎送法門寺佛骨舍利一事，並涉及地宮的情況。

此外，據李斌城考證，僧澈與清瀾均參與了唐懿宗、僖宗父子迎送法門寺佛骨舍利的全過程。其中，僧澈與杜光庭有交往，廣明元年（880）僖宗逃往蜀中，僧澈「倉惶與杜光庭肇從。」清瀾與貫休「以詩文往還」。〔註48〕杜光庭與貫休後皆入蜀供職，同爲王建的寵臣，也許此二人是王建獲取法門寺

〔註45〕貫休：《禪月集·聞迎眞身》卷二十一，《四庫·集部·別集類》（362），頁389。

〔註46〕榮新江：《法門寺與敦煌》，韓金科主編：《'98 法門寺唐文化國際學術討論會論文集》，陝西人民出版社，2000 年，頁71。

〔註47〕《十國春秋·前蜀一·高祖本紀上》卷三十五，《四庫·史部·載記類》（159），頁 169～172。

〔註48〕李斌城：《唐懿僖二宗迎送法門寺佛骨僧俗考》，《'98 法門寺唐文化國際學術討論會論文集》，陝西人民出版社，2000 年，頁 55～65。

地宮情況的又一途徑。

　　另有一事可做旁證。《禪月集》後序：「曇域遂以先師遺言上奏，請以薄葬之禮。帝曰：『朕治命可行焉。』勅令四眾，共助葬儀，特豎靈塔，敕諡『白蓮之塔』。以癸酉年三月十七日，於成都北門外十餘里，置塔之所，地號陞遷（僊）。」〔註49〕貫休的喪事是在王建的首肯下進行的，並採用了佛教的安葬方式，可見他對佛教的瘞埋制度是較爲熟悉的。

　　至此，我們可以看到，法門寺佛舍利在唐代的特殊地位爲王建墓的形成提供了觀念上的支持，而王建與大臣對供養佛舍利的物品以及地宮形制、結構的瞭解便爲王建墓的佈局提供了視覺上的積累。

三、棺床雕刻與西方淨土

　　無論如何，墓葬是爲死者而建，死者的去處將是墓葬設計者極爲關注的問題。既然王建墓借鑒了佛舍利瘞埋制度，那麼，我們就應從與佛舍利相關的圖像中尋找線索。現存的唐代舍利棺上或佛塔地宮中多裝飾有與佛涅槃相關的圖像，如甘肅省靈臺縣出土的舍利石棺的兩側分別雕刻涅槃圖和昇天圖（圖2-18）。陝西臨潼慶山寺舍利塔地宮中盛放佛舍利之銀槨兩側壁上雕刻有十大弟子鎏金造像，作佛涅槃後的悲傷狀。地宮四壁均有壁畫，後壁繪須彌山，兩側繪眾伎樂和羅漢。室內後部及兩側砌有一須彌座磚床，床正中安置石雕「釋迦如來舍利寶帳」，四壁雕刻之圖像組合成完整的涅槃經變，它們分別是釋迦牟尼說法圖（或臨終遺教圖）、入般涅槃圖、供養闍維圖、供奉舍

圖2-18　甘肅省靈臺縣出土的舍利石棺

〔註49〕《禪月集‧後序》，《四庫‧集部‧別集類》（362）。

利圖（圖2-12）。〔註50〕這一現象在宋遼依然流行，例如鄭州開元寺塔出土的北宋舍利石棺兩側雕刻有佛涅槃後悲哀哭泣的十大弟子像（圖2-19）。〔註51〕連雲港海清寺北宋阿育王塔地宮出土的舍利石函兩側雕刻之內容相同，前半部是諸天降十二部天樂來迎佛入涅槃境，後半部是帝釋與梵天及十大弟子舉哀，石函中的銀冠蓋上有佛涅槃像，兩側壁為十大弟子舉哀及三梵天像（圖2-20）。〔註52〕遼寧朝陽北塔天宮出土的舍利木胎銀棺東側亦刻有佛涅槃像（圖2-21）。〔註53〕河北定縣宋代淨眾院地宮還繪有涅槃圖壁畫。這些圖像不僅表明了從涅槃到佛舍利的過程，其中的須彌山、伎樂圖、羅漢圖、升

圖2-19　鄭州開元寺塔出土的北宋舍利石棺

圖2-20　連雲港海清寺阿育王塔地宮舍利石函

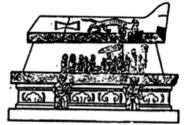

〔註50〕臨潼縣博物館：《臨潼唐慶山寺舍利塔基精室清理記》，《文博》1985年第5期，頁12～37。

〔註51〕鄭州市博物館：《鄭州開元寺宋代塔基清理簡報》，《中原文物》1983年第1期，頁14～18。

〔註52〕連雲港市博物館：《連雲港海清寺阿育王塔文物出土記》，《文物》1981年第7期，頁31～38。

〔註53〕朝陽北塔考古勘察隊：《遼寧朝陽北塔天宮地宮清理簡報》，《文物》1992年第7期，頁1～28。

圖 2-21　遼寧朝陽北塔天宮出土的舍利木胎銀棺蓋

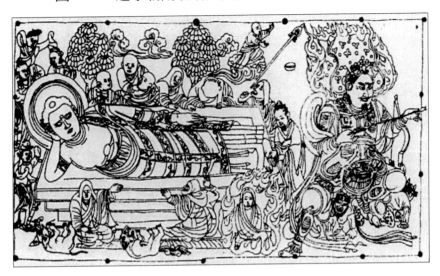

天圖、諸天降十二部天樂圖等還預示著佛涅槃後的去向——西方極樂世界。
[註54] 王玉冬曾對此有明確論述：

> 晚唐以來的「涅槃圖」的圖像意蘊在理念上及禮儀上也開始從
> 單純的釋迦涅向更複雜的方向發展，最重要的是與往生、昇天等發
> 生了關係。涅槃像符號意義的擴大，也意味著涅槃圖適用範圍的擴
> 展。其中最明顯的例子就是「涅槃」和「昇天」作爲圖像語言同
> 時進入了各種形式的喪葬空間。……釋迦涅槃和涅槃後的釋迦昇
> 天，本來在早期南亞佛教中是兩個緊密相連的概念和事件。但在東
> 亞地區佛涅槃圖像化的過程中，將兩個題材並列卻要到 9 世紀晚
> 期。[註55]

這裡所說的「昇天」即是指往生西方淨土。可見，王建墓之所以按照佛舍利
瘞埋制度來建造，其目的在於祈禱自己死後進入西方淨土。那麼，在此語境
下，王建墓中的其它圖像又代表何種含義呢？

（一）伎樂與「佛國天樂」

伎樂是西方極樂世界的重要標誌，這在《佛說阿彌陀經》中有明確記載：

[註54] 劉婕認爲慶山寺地宮的圖像表現的是涅槃的順序：修行——香花伎樂來迎——
涅槃——進入淨土。劉婕《唐代花鳥畫研究》，頁 158。

[註55] 王玉冬：《半身像與社會變遷》，《藝術史研究》第六輯，2002 年，頁 5～70。

　　　　彼佛國土，常作天樂，黃金爲地，晝夜六時雨天曼陀羅花。其
　　　國眾生常以清旦各以衣裓盛眾妙花，供養他方十萬億佛。〔註56〕

《續高僧傳》也記載了唐代高僧昇天之際伎樂來迎的景象：

　　　　昂舉目高視，及見天眾繽紛絃管繁會，中有清音遠亮。告於眾
　　　曰：「兜率陀天樂音下迎。」昂曰：「天道乃生死根本，由來非願，
　　　常祈心淨土，如何此誠不從遂耶。」言訖便睹，天樂上騰須臾遠
　　　滅，便見西方香花伎樂充塞如團雲飛湧而來，旋環頂上舉眾皆見。
　　　昂曰：「大眾好住，今西方靈相來迎，事須願往。」〔註57〕

敦煌壁畫中的西方淨土變亦多以大量的伎樂來渲染極樂世界的美好。那麼，
王建墓中的棺床伎樂是否爲佛國天樂呢？這就需要對其中的樂器加以考證以
判定其性質。根據馮漢驥的研究，王建墓棺床伎樂所演奏的樂器依次是（圖
2-22）：

　　　南面（西－東）：拍板、二舞伎、琵琶。

　　　西面（南－北）：篪、簫、箏、篳篥、豎箜篌、吹葉、笙、貝、銅鈸、羯
鼓。

　　　東面（南－北）：正鼓、齊鼓、和鼓、笛、篳篥、拍板、羯鼓、𪔝牢、答
臘鼓、毛員鼓。

　　　岸邊成雄對王建墓棺床伎樂考證的結果有所不同，他認爲這些樂器依次
是：

　　　南面（西－東）：拍板、二舞伎、琵琶。

　　　西面（南－北）：短笛、簫、小箏（琴？）、篳篥、豎箜篌、吹葉、笙、
貝、銅鈸、羯鼓。

　　　東面（南－北）：腰鼓（？）、都曇鼓（毛員鼓）、腰鼓（？）、長笛、篳
篥（大）、拍板、答臘鼓（？）、羯鼓、雞婁鼓（𪔝）、腰鼓（？）。

　　　現將兩位學者持有異議的樂器加以考證：

　　　西一：岸邊成雄認爲該樂器與東四相似，皆是笛，只是長短不同。馮漢
驥則認爲是篪，依據是此種樂器「吹孔有嘴如酸棗」〔註58〕。如果僅依靠樂

〔註56〕　（姚秦）鳩摩羅什：《佛說阿彌陀經》，《大正藏·寶積部》（12），頁366。
〔註57〕　（唐）道宣：《續高僧傳》卷二十，《大正藏·史傳部二》（50），頁588。
〔註58〕　《舊唐書·音樂志》卷二十九，中華書局，1975年，頁1075。

圖 2-22　王建墓棺床束腰浮雕樂器圖

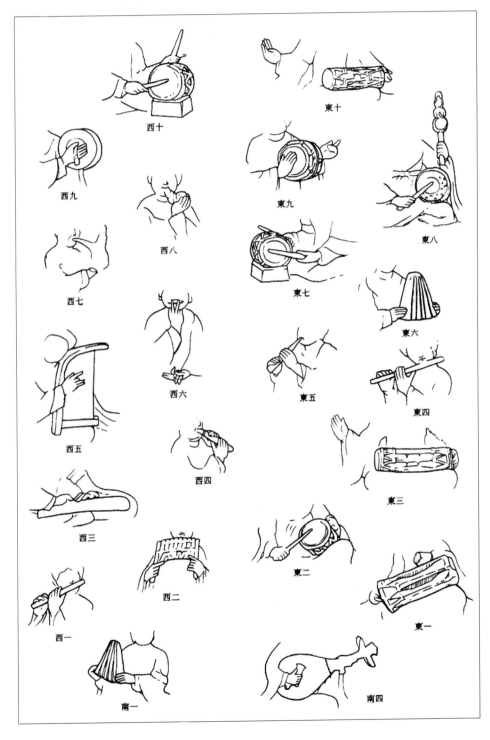

器的形狀來判斷，我們很難確定它的吹孔上是否有嘴，但從兩個伎樂的口型來看，似乎存在明顯的差別：東四嘴唇微閉，而西一的口中似含有一物，可能是酸棗狀的嘴。《舊唐書》曰：「橫笛，小篪也。……之（今）橫笛皆去嘴，其加嘴者謂之義嘴笛。」《樂書》：「篪之爲器，有底之笛也。大者尺有四寸，陰數也。其圍三寸，陽數也。小者尺有二寸，則全於陰數。要皆有翹以通氣，一孔上達寸有二分而橫吹之，或容覆，或潛伏，篪爲不齊者。」〔註59〕由此可知，該樂器爲篪，它是橫笛的一種，有翹，即《舊唐書》所說的酸棗狀的嘴，又稱義嘴笛。

西三：馮漢驥認爲是箏，岸邊成雄認爲是小箏，也可能是琴。《舊唐書》：「箏，……制與瑟同而弦少。」〔註60〕可見，其形比瑟小，較琴大，音箱呈長方形，爲適應弦的張力，面板上下左右均呈一定弧形。敦煌壁畫中，箏的圖形較多，古琴次之，未見有瑟。古琴音量小，不宜參加樂隊。〔註61〕西四的樂器與敦煌晚唐9窟、五代98窟等壁畫中的箏較爲相似，而隋432窟、初唐321窟壁畫中的琴則較爲平直。因此，西三之樂器應該是箏。

東一、東三：馮漢驥認爲東一爲正鼓，東三爲和鼓，兩者皆係腰鼓，亦稱胡鼓。但如岸邊成雄所述，根據文獻很難區分兩種腰鼓，因此只能將東一、三統稱爲腰鼓。

東二：馮漢驥認爲是齊鼓，岸邊成雄認爲是都曇鼓或毛員鼓。《舊唐書》：「齊鼓，如漆桶大，一頭設齊於鼓面如麞臍，故曰齊鼓。」〔註62〕《文獻通考》：「齊鼓上：齊鼓狀如漆桶，一頭差大，設齊於鼓面如麞臍然，西涼高麗之器也；齊鼓下：大周正樂所傳齊鼓，其形狀雖不甚相遠，其設飾不同，兩頭貫以綏帶。」〔註63〕再結合《樂書》中齊鼓的圖形，可知東二絕不是齊鼓。《舊唐書》：「都曇鼓，似腰鼓而小，以槌擊之。」〔註64〕由於演奏者左臂與左腿的遮擋，只能看到鼓的一端，但觀其鼓身，的確似腰鼓，且是以槌擊之。而毛員鼓「似都曇鼓而稍大」，文獻中並未加載是否以槌擊，因此，東二極可能是都曇鼓。

〔註59〕 《五禮通考》卷七十七，《四庫·經部·禮類》（46），頁697。
〔註60〕 《舊唐書·音樂志》卷二十九，頁1076。
〔註61〕 鄭汝中：《敦煌音樂畫卷》，商務印書館，2002年，頁191。
〔註62〕 《舊唐書·音樂志》卷二十九，頁1079。
〔註63〕 《文獻通考·樂考九》卷一百三十六，頁433。
〔註64〕 《舊唐書·音樂志》卷二十九，頁1079。

東七、東八、東九：馮漢驥認爲它們依次是羯鼓、鼗牢、答臘鼓，岸邊成雄則認爲是答臘鼓、羯鼓、雞婁鼓（鼗）。但岸邊成雄對所謂東七的描述與實際的東七圖形不符，卻與東九更相似。其對東八的描述與東七相合，可能是作者顚倒了圖的次序。如將次序調整過來，其結論與馮漢驥相同。

東十：馮漢驥認爲是毛員鼓，岸邊成雄則認爲是腰鼓。文獻中只記載「都曇鼓，似腰鼓而小，以槌擊之」，毛員鼓「似都曇鼓而稍大」，並爲提到毛員鼓的演奏方式，但馮先生卻認爲毛員鼓係用杖擊，不知所據爲何？根據岸邊成雄的考證，東十應爲腰鼓。

如上所述，王建墓棺床伎樂的樂器名稱應爲：

南面（西－東）：拍板、二舞伎、琵琶。

西面（南－北）：篪（橫笛）、簫、箏、篳篥、豎箜篌、吹葉、笙、貝、銅鈸、羯鼓。

東面（南－北）：腰鼓、都曇鼓、腰鼓、笛、篳篥、拍板、羯鼓、鼗牢（雞婁鼓）、答臘鼓、腰鼓。

王建墓的樂器共有 17 種，如與唐代的音樂相比照，可知其與西域的音樂更爲接近（見表一）。向達認爲「佛曲者源於龜茲樂部」〔註65〕，而王建墓的樂器恰恰與龜茲樂相合之處最多，達 13 件，表明王建墓棺床伎樂可能與佛曲存在某種關係。

表一：王建墓棺床伎樂樂器與唐代樂器的比較

王建墓	西涼樂	高麗樂	高昌樂	龜茲樂	疏勒樂	安國樂	清　樂
拍板							
琵琶	✓	✓	✓	✓	✓	✓	✓
篪		✓					✓
簫	✓	✓	✓	✓	✓	✓	✓
箏	✓						✓
篳篥	✓	✓	✓	✓	✓	✓	
豎箜篌	✓	✓	✓	✓	✓	✓	
吹葉							✓

〔註65〕向達：《唐代長安與西域文明》，河北教育出版社，2002 年，頁 274。

笙	✓	✓		✓			✓
貝	✓	✓		✓			
銅鈸	✓			✓		✓	
羯鼓			✓	✓	✓		
腰鼓	✓	✓	✓	✓	✓		
都曇鼓				✓			
笛	✓		✓	✓	✓	✓	✓
㲔牢（雞婁鼓）			✓	✓	✓		
答臘鼓			✓	✓	✓		

　　再將這些樂器與敦煌壁畫樂器相比〔註66〕，亦不乏相似之處。王建墓棺床伎樂所使用的拍板、琵琶、簫、箏、篳篥、豎箜篌、笙、貝、羯鼓、腰鼓、都曇鼓、笛、㲔牢（雞婁鼓）、答臘鼓共 14 種樂器皆見於敦煌壁畫中，而且拍板、琵琶、簫、箏、篳篥、豎箜篌、笙、羯鼓、腰鼓、笛、答臘鼓共 11 種樂器皆是敦煌壁畫中最常用的樂器，只有篌、吹葉、銅鈸不見於敦煌壁畫。此外，王建墓棺床舞伎的舞姿亦常見於敦煌壁畫中（圖 2-23）。

圖 2-23

（左：王建墓棺床舞伎；右：敦煌盛唐 205 窟北壁壁畫中的雙人舞摹本）

　　隋、唐、五代敦煌樂伎分爲藥叉樂伎、迦陵頻伽樂伎、經變畫樂伎、文殊、普賢變樂伎、天王樂伎等。其中經變畫樂伎數量最多，達 2192 身。〔註 67〕其構圖特點是，中間是舞伎一人、兩人或四人，兩側的樂隊成對稱形式排列。這種構圖形式與王建墓棺床樂伎大抵相似：王建墓棺床的南面正中是兩個舞伎，二人的舞姿相互呼應，左右兩側對稱分佈爲伎樂。所不同的是，由於她們被安置在棺床的三面，因此兩邊的樂伎無法面向中央的舞伎（圖 2-24）。相比之下，晚唐出現的須彌座上刻有伎樂的佛壇與王建墓棺床更爲接近（圖 2-25）。

圖 2-24　敦煌中唐 112 窟南壁壁畫伎樂圖

圖 2-25　敦煌石窟中心佛壇復原圖

〔註67〕鄭汝中：《敦煌音樂畫卷》，頁 252。

四川地區保存有大量的唐代摩崖造像，其中的淨土變中多刻有伎樂圖像，如鄭山 42 號龕（盛唐）三尊坐像臺座下雕蓮花所承的半圓形斜坡，外圈飾曲折勾欄，欄內中間刻二舞伎，兩側刻眾多樂伎。〔註 68〕夾江縣千佛崖第 99 號觀經變窟（8 世紀後半葉）的底部雕刻有一組樂隊，中間為兩個舞伎，可辨的樂器有豎箜篌、箏。資中縣重龍山北岩第 55 號觀經變窟（9 世紀中後期）第二層平臺中部勾欄內各有一組伎樂〔註69〕，仁壽牛角寨中唐第 28 號千佛龕也刻有一排伎樂（圖 2-26），巴中西龕第 35 號窟西方淨土變左右兩壁均有伎樂浮雕（圖 2-27）。王建墓棺床伎樂的坐姿、樂器均與上述圖像接近，可見其表現的應是「彼佛國土，常作天樂」的景象。

圖 2-26　仁壽牛角寨中唐第 28 號千佛龕伎樂浮雕

圖 2-27　巴中西龕第 35 號窟伎樂浮雕

〔註68〕 高燕：《四川地區唐代石窟西方淨土變研究》，四川大學碩士論文，2007 年，頁 32。

〔註69〕 胡文和：《四川和敦煌石窟中「西方淨土變」的比較研究》，《考古與文物》1997 年第 6 期，頁 63～76。

　　佛教伎樂還多見於唐代須彌座塔基和佛座上，如西安唐代永徽四年（653）的大雁塔、山東濟南唐高宗顯慶三年（658）的神通寺的須彌座建築基臺束腰處小龕內皆刻有伎樂，（圖2-28）其形式與王建墓棺床伎樂相同，從其雕刻樂器的組合來看，與以龜茲樂爲代表的西域音樂關係密切。此外，還有龍虎塔第二、三重須彌座、山東長清靈寺開元二十三年（735）王處造塔、山東青州段村石佛寺天寶二年（743）楊瓚造塔、山東陽谷關莊天寶十三年（754）大明造塔、青州段村石佛寺唐代馮石奴造塔、河南林州陽臺寺唐代雙石塔、河南安陽靈泉寺唐代雙石塔〔註70〕、龍門石窟唐八作司伎樂、龍華寺伎樂等（圖2-29、圖2-30）。

圖2-28　山東濟南神通寺須彌座伎樂

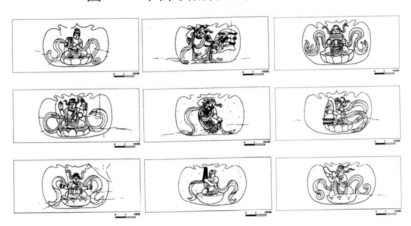

圖2-29　河南安陽靈泉寺唐代雙石塔基座伎樂

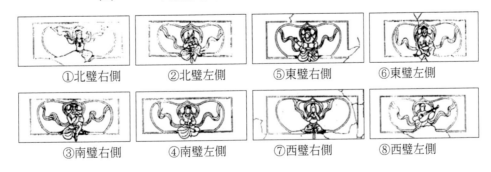

①北壁右側　②北壁左側　⑤東壁右側　⑥東壁左側
③南壁右側　④南壁左側　⑦西壁右側　⑧西壁左側

〔註70〕鄭岩、劉善沂：《山東佛教史迹——神通寺、龍虎塔與小龍虎塔》（中華佛學研究所論叢46），法鼓文化，2007年，頁32～38、89～95、115～118、142～151、229～249、259～271、283～296、297～305、341～354、355～372。

圖 2-30　龍門石窟唐代伎樂

（左：八作司洞伎樂；右：龍華寺伎樂）

　　需要注意的是，王建墓棺床伎樂的服飾與佛教伎樂明顯不同，她們均著圓領上衣，華袂廣袖，衣皆紅色，惟領及華袂的顏色各有差異，共有紅、綠、黃三種顏色。裙繫於上衣外胸以下，繫裙的鸞縧雖大體相似，但繫法不同。裙皆杏黃色。伎樂因盤膝而坐，不知鞋的款式，而舞伎穿「雲頭鞋」。此外，二舞伎及奏琵琶、拍板的伎樂身穿雲肩。二十四個伎樂的髮髻梳法相同，均係將額前之髮略微捲起向後梳，但挽髻之法大不相同，共二十二種髮式。

　　王建墓棺床伎樂的裙式見於晚唐仕女畫，但其圓領廣袖上衣不見於唐畫，其髮式也不似晚唐仕女那麼誇張，而是更加含蓄內斂。筆者推測，這應是前蜀宮廷伎樂的服飾。採用此種服飾的原因不難解釋，王建墓雖旨在表現「佛國天樂」，但這畢竟是中國傳統意義上的墓葬，其中的人物服飾應按照常規的宮廷禮節，而不會生硬照搬佛教壁畫樣式。

（二）蓮花與「蓮花化生」

　　　　佛告阿難：十方世界諸天人民，其有至心願生彼國，凡有三輩，

　　　其上輩者……此等眾生臨壽終時，無量壽佛與諸大眾現其人前，即

　　　隨彼佛往生其國，便於七寶花中自然化生。〔註71〕

根據經文，嚮往西方淨土的人們在臨終之際，阿彌陀佛就會出現在他們面前，並將其接引至西方極樂世界的蓮池中化生。因此，西方淨土的信眾在祈願上有兩種類型：其一是願「蓮池化生」（亦即「蓮花化生」）；其二是願阿彌陀佛來迎接的「九品往生」（亦即「三輩往生」）。唐代石窟中的西方淨土多注重表

〔註71〕　（曹魏）康僧鎧譯：《佛說無量壽經》卷下，《大正藏·寶積部下》（12），頁272。

現「蓮花化生」，而不太關注「九品往生」。原因在於，唐代佛教淨土宗「往生」極樂世界的根本思想和方法，是要信徒通過「自力」，即全力以赴念佛名號，往生於「蓮花化生」，宋代則不同，不再表現「蓮花化生」，而注重「來迎接」。〔註72〕

　　「蓮花化生」的景象多是由蓮池、蓮花、化生童子或化生菩薩、伎樂等形象構成，如邛崍縣石筍山第 4 號阿彌陀經變窟（8 世紀前半期），正壁三座大殿下趺坐西方三聖，三聖前方的平臺內有蓮池，蓮池左右兩端各有一兩層樓船向池中央駛去，蓮池中生長有蓮臺、蓮花，上面有裸體的化生者形象，表現的正是「蓮花化生」景象，第二層平臺裝飾有伎樂形象，平臺下又是蓮池，其兩端有石通向上面的平臺，平臺左右兩端分別為文殊與普賢像，在其後的窟壁上，均有從蓮池中生長出來的蓮樹，其枝干上有蓮臺、蓮花、蓮蕾。其上均有不同姿態的化生者（圖 2-31）。丹棱縣鄭山第 42 號阿彌陀經變窟（8 世紀前半葉），正壁上部三座樓殿以洪橋連接，主像西方三聖的下面為蓮池，池中生長出形狀各異的蓮臺，蓮臺上趺坐不同姿態的形象（頭部毀於文革中）。蓮池中部有一道洪橋通向下面的蓮池，蓮池中沿窟壁生出許多蓮梗，其頂部蓮臺上趺坐姿態各異的化生菩薩。中唐以後亦是如此，夾江縣千佛崖第 99 號觀經變窟（8 世紀後半葉）中，正壁三座樓殿前為西方三聖，三聖前為表現「蓮花化生」的蓮池，化生者多為菩薩像，窟的底部雕刻有一組樂

圖 2-31　邛崍縣石筍山第 4 號阿彌陀經變窟

〔註72〕胡文和：《四川和敦煌石窟中「西方淨土變」的比較研究》，《考古與文物》1997 年第 6 期，頁 63～76。

隊，樂伎兩邊是侍者、觀者、文殊、普賢菩薩（圖 2-32）。大足縣北山第 245 號窟（9 世紀後半期）的觀經變，正壁爲一座三層樓殿，下面第一層平臺上趺坐西方三聖，平臺四周有欄杆。第一層平臺中部有虹橋通向第二層平臺，其下面的臺基上刻有一佛、二菩薩、二僧、二力士，臺基左右有梯步通向下面，平臺左右爲闕形高臺，靠近虹橋的兩端各有一立於蓮池中的高臺，臺上有 8 名伎樂。第一、二層平臺之間是蓮池，蓮池內有沒入水中現半身的化生童子。〔註 73〕而敦煌盛唐 320 窟西方淨土變中，天宮建築下繪有淨水池，池中有蓮花及化生童子，池中央爲方形平臺，上面分佈有伎樂與舞伎（圖 2-33）。

圖 2-32　夾江縣千佛崖第 99 號觀經變窟

圖 2-33　敦煌盛唐 320 窟壁畫西方淨土變局部

〔註 73〕胡文和：《四川唐代摩崖造像中的「西方淨土變」》，《四川文物》1989 年第 1 期，頁 27～33；胡文和：《四川和敦煌石窟中「西方淨土變」的比較研究》，《考古與文物》1997 年第 6 期，頁 63～76。

　　反觀王建墓棺床雕刻，四面的壺門之間方形立柱，其中南面立柱上刻有蓮花，花心之上立有一鸞鳳，東、西、北三面的立柱上則只刻有蓮花，花瓣層疊，花心刻畫均有細微差別。北面壺門內未刻伎樂，而代以蓮花，中間一支呈盛開狀，花心為平頂，與旁邊立柱上的蓮花相同，兩側有未開放的花蕾，呈石榴狀。此外，床腳腰部刻單枝條仰、附相間的蓮花，其花心亦呈石榴狀。〔註74〕概括起來，這些蓮花的造型大致分為三種：一種是盛開的，花心為平頂；另一種亦呈盛開狀，只是花心為石榴形；第三種則是未開放的花苞（圖2-34）。這些造型均可見於上述的「蓮花化生」圖，只是其上未有化生童子或化生菩薩（圖2-35、圖2-36）。如果將蓮花與伎樂組合在一起來觀察，我

圖2-34　王建墓棺床浮雕蓮花、伎樂

圖2-35
敦煌332窟北壁淨土中的蓮花

圖2-36
蓮花化生童子圖（絹本）

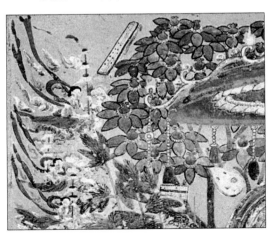

〔註74〕《前蜀王建墓發掘報告》，頁28。

們會發現，棺床上雕刻的伎樂就好像被眾多的蓮花所包圍，這種組合恰似上述西方淨土變之蓮池、伎樂，它們象徵著墓主進入西方極樂世界，並於蓮花池中化生。

此外，棺床南面壺門之間的立柱上均雕刻有鸞鳳（圖 2-37），類似的形象可見於敦煌壁畫和絹畫。如敦煌晚唐 147 窟西龕也繪有一鳳鳥立於花蕊上（圖 2-38）；敦煌藏經洞中發現的麻布香爐、獅子、鳳凰紋中也有一對相同的鳳鳥（圖 2-39）；敦煌 332 窟（聖曆元年，698 年）涅槃經變之「金棺自舉」中繪有一幅豪華的棺，棺蓋之上繪有一隻鸞鳳，鸞鳳之上繪有祥雲（圖 2-40）；盛唐 148 窟的涅槃經變中的佛帳頂部亦有一隻類似造型的鸞鳳，佛帳

圖 2-37　王建墓棺床南面鳳鳥

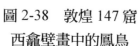

圖 2-38　敦煌 147 窟
西龕壁畫中的鳳鳥

圖 2-39
香爐、獅子、鳳凰紋局部（麻布）

圖 2-40　敦煌 332 窟壁畫涅槃經變中的鳳鳥

之上伴隨祥雲出現的飛天（圖 2-41）。〔註75〕其中涅槃經變中的鸞鳳均位於佛棺或佛帳之上，這一場景可對應《涅槃經》中所描述的佛涅槃之後眾鳥紛至的情節：「復有二十恒河沙等計算飛鳥王。鳧雁、鴛鴦、孔雀諸鳥……持諸花果，來至佛所，稽首佛足，卻住一面。」〔註76〕那麼，王建墓棺床上的鳳鳥應是在表現鸞鳳對墓主的供養。

圖 2-41　敦煌 148 窟壁畫涅槃經變中的鳳鳥

〔註75〕有學者認為畫面中的鸞鳳為雄雞，代表的是古代神話傳說祝雞翁的故事。這一故事出現在涅槃經變中，表明唐代涅槃思想與中國傳統的神仙思想的融合。筆者以為，僅憑單獨一隻這一形象便將其判定為神仙思想的象徵，似乎值得商榷。

〔註76〕曇無讖譯：《涅槃經》卷一，《大正藏·涅槃部全》（12），頁 369。

四、十二半身像與藥師淨土

　　王建墓棺床東、西兩面的十二半身像是該墓最引人注目的形象之一。他們每側六人，股以下均埋於地中，自股至頂高 50〜63 釐米，身著甲，頭束髮或戴盔，雙手置於棺床之下，似將棺床擡起擁護之狀（圖 2-42）。〔註77〕

圖 2-42　王建墓棺床兩側十二半身像

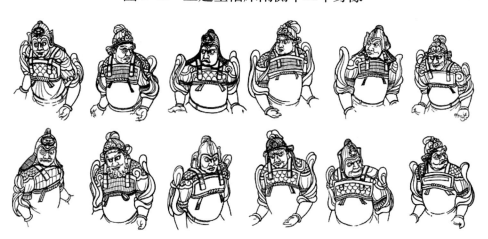

（上：棺床東側；下：棺床西側）

　　佛教圖像中關於擡棺、護棺的表現形式大致有三種：比丘尼擡棺、力士舉棺、金剛負棺或護棺。前兩種樣式均見於《涅槃經變》中，表現的是佛涅槃後諸力士或比丘尼擡棺赴火葬場火化的場景。〔註78〕如敦煌隋代 420 窟《涅槃經變》中，六個力士負棺而行，初唐 332 窟（698）的佛棺則是由八個比丘尼托舉（圖 2-43）。而盛唐 148 窟的《涅槃經變》中變為六個力士擡棺，他們均裸露上半身，佛棺置於肩上，並用一隻手扶持，腳下健步如飛（圖2-44）。

　　金剛負棺則見於法門寺地宮中室漢白玉靈帳的禪床上。禪床位於靈帳最底層，每邊長 120 釐米，寬 21 釐米，每面為三個壺門，呈工字形，壺門之內刻金剛及其眷屬，皆為高浮雕，通高 78.5 釐米。其中每面中間壺門中的金剛均正面盤坐，兩側壺門的金剛則擡起一腿，並有一臂上舉或手持劍、棍、戟

〔註77〕《前蜀王建墓發掘報告》，頁36。

〔註78〕賀世哲：《敦煌莫高窟的〈涅槃經變〉》，《敦煌研究》1986 年第 1 期，頁1〜26。

圖 2-43 敦煌 332 窟壁畫涅槃圖中的比丘尼擡棺

圖 2-44 敦煌 148 窟壁畫涅槃圖中的力士擡棺

等兵器（圖 2-45）。其眷屬藥叉也是形態各異。〔註79〕李茂貞夫人墓（後唐同
光三年，925）中也發現了類似的護法金剛石座，應為經幢的一部分。石座平
面呈八面形，每一邊棱均高浮雕一立姿的金剛，他們身披甲冑，掛繞飄帶，
手持劍、斧、弓矢、金剛杵等兵器，動態各不相同（圖 2-46）。〔註80〕李茂貞
墓（後晉開運二年，945）中亦有一八棱柱石刻，每個柱面上刻有一蓮花瓣形
龕，龕內高浮雕供養人侍女、護法金剛等形象。其中四龕為金剛像，他們也
是身披甲冑，並飾有飄帶，手持寶劍，或隻手高揚，姿態各異（圖 2-47）。
〔註81〕這一形式類似於法門寺靈帳壺門之內刻金剛及其眷屬，筆者推測，這

〔註79〕《法門寺發掘報告》，頁 238～247。
〔註80〕《五代李茂貞夫婦墓》，頁 119。
〔註81〕《五代李茂貞夫婦墓》，頁 83～84。

圖 2-45　法門寺漢白玉靈帳禪床南面金剛浮雕

圖 2-46　李茂貞夫人墓經幢石座上的護法金剛浮雕

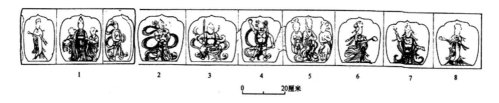

圖 2-47　李茂貞墓石座上的護法金剛浮雕

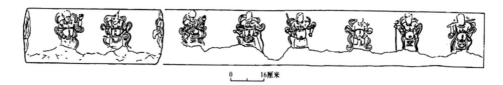

些形象應源於以法門寺爲代表的佛塔地宮造像。〔註82〕

　　與上述的擡棺圖像相比，比丘尼、力士或金剛所護持的棺和寶帳之樣式均與王建墓的棺槨、棺床以及原有的華蓋大致相同。所不同的是，王建墓中扶持棺槨、寶帳的人員身份發生了改變，由比丘尼、力士、金剛變爲十二個身著盔甲的半身像。筆者推測，這十二個半身像應該是藥師佛的眷屬十二神將。〔註83〕究其原因，應與當時的西方淨土、東方淨土的信仰有關。

　　隋代藥師經變的構圖較爲簡單，內容單一，均爲說法的形式。至唐代，

〔註82〕從 901 年至 922 年的 20 年間，李茂貞對法門寺進行了曠日持久的修復，其修復面之廣、工程量之大、投入資金之巨、花費時間之長。都是前所未有的。《大唐秦王重修法門寺塔廟記》、《偈法門寺眞身十五韻》對李茂貞修復法門寺及禮佛事件有詳細描述。《五代李茂貞夫婦墓》，頁 154～157。因此，在李茂貞墓的建造中借鑒法門寺地宮的圖像亦屬必然。

〔註83〕馮漢驥將其解釋爲六壬式十二神，張勛燎則解釋爲道教中的隨斗十二神。張勛燎：《試說前蜀王建永陵發掘材料中的道教遺迹》，《四川考古論文集》，文物出版社，1996 年，頁 213～223。

發展成爲類似西方淨土變那種複雜、華麗的淨土莊嚴圖像，其中亦包括了寶樓、寶樹、寶池、蓮花、七寶地、不鼓自鳴、樂伎等西方淨土的圖像。而且，與藥師變相對的壁面大多繪有阿彌陀經變或觀無量壽經變，這種組合在初唐220窟形成後，一直是敦煌淨土變組合的固定模式，顯示出藥師淨土和西方淨土的密切關係，表明兩者享有同等重要的地位。〔註84〕

西方淨土和東方淨土的緊密結合必有其內在原因。首先，根據《佛說藥師如來本願經》，藥師淨土「一向清淨，無女人形，離諸欲惡，亦無一切惡道苦聲，琉璃爲地，城闕、垣牆、門窗、堂閣、柱梁、斗栱周匝羅網，皆七寶成，如極樂國。」〔註85〕可見，東方淨土是一個與阿彌陀佛西方淨土交相輝映的又一佛國極樂世界。從兩者的功能來看，阿彌陀佛西方淨土代表無量壽的圓滿，藥師信仰則注重解厄延壽，這兩種功能正好相互契合。〔註86〕

此外，還有更重要的一點，東方藥師信仰對人們往生西方淨土有著至關重要的作用。這在《藥師琉璃光如來本願功德經》有明確說明：

佛告文殊：若欲生十萬妙樂國土者，亦當禮敬琉璃光佛。欲得生兜率天見彌勒者，亦應禮敬琉璃光佛。〔註87〕

願生西方極樂世界無量壽佛所，聽聞正法而未定者，若聞世尊藥師琉璃光如來名號，臨命終時有八菩薩乘神通來示其道路，即於彼界種種雜色眾寶華中自然化生，或有因此生於天上。雖生天中而本善根亦未窮盡。不復更生諸餘惡趣。天上壽盡還生人間，或爲輪王統攝四洲。〔註88〕

如果信仰藥師佛，便有助於往生西方極樂世界，到時藥師佛還會派八大菩薩來迎，並指示往生之路。可見，東方藥師信仰與人們死後順利抵達西方淨土有著密切關係。

東方藥師經變經歷了一個逐步完善的過程。早期的藥師佛像沒有固定的持物和印勢，與其它佛像無異，只是依據其畫面中的十二神將等眷屬來確定

〔註84〕羅慶華：《敦煌壁畫中的〈東方藥師淨土變〉》，《敦煌研究》1989年第2期，頁5～18；楊明芬：《唐代西方淨土禮懺法研究：以敦煌莫高窟西方淨土信仰爲中心》民族出版社，2007年，頁279～280。

〔註85〕達摩笈多譯：《佛說藥師如來本願經》，《大正藏·經集部一》（14），頁402。

〔註86〕李玉珉：《敦煌藥師經變研究》，《故宮學術季刊》第七卷第三期，頁1～40。

〔註87〕（東晉）帛尸梨蜜多羅譯：《灌頂經》卷十二，《大正藏·密教部四》（21），頁534。

〔註88〕玄奘譯：《藥師琉璃光如來本願功德經》，《大正藏·經集部一》（14），頁406。

它是否是藥師經變。〔註 89〕因此，十二神將作爲藥師佛的眷屬是藥師經變中不可缺少的組成部分。〔註 90〕而王建墓中正是選擇了這些象徵東方極樂世界的形象，並以擡棺的形式來表現，這種做法無疑在圖像上實現了東、西方極樂世界的結合。

要想最終確定王建墓十二半身像的身份，還要看他們的造型是否與藥師經變中的十二神將相吻合。中國對十二神將的繪製最早出現於隋代的四川地區，根據《歷代名畫記》：「天竺僧曇摩拙義，亦善畫，隋文帝時自本國來，遍禮夏中阿育王塔。至成都雒縣大石寺，空中見十二神形，便一一貌之，乃刻木爲十二神形於寺塔下，至今在焉。」〔註 91〕早期的敦煌莫高窟藥師佛變相圖中，十二神將多以菩薩形裝束配置於藥師如來的兩側，是爲護法（圖2-48）。敦煌 220 窟藥師經變中的十二神將不再穿天衣裙裳，而著頭盔軍甲宛似將士一般。〔註 92〕之後，十二神將均以守護神形武將出現，如敦煌晚唐

圖 2-48 敦煌 394 窟壁畫藥師淨土變中的十二神將

〔註 89〕 胡文和：《四川道教佛教石窟藝術》，四川人民出版社，1994 年，頁 262。

〔註 90〕 羅慶華：《敦煌壁畫中的〈東方藥師淨土變〉》，《敦煌研究》1989 年第 2 期，頁 5～18；王惠民：《敦煌隋至唐前期藥師圖像考察》，《藝術史研究》第二輯，2000 年，頁 293～327。

〔註 91〕 《歷代名畫記》卷八，頁 165。

〔註 92〕 李玉珉：《敦煌藥師經變研究》，《故宮學術季刊》第七卷，第三期，頁 1～40。

12窟（圖2-49）。此外，十二神將還見於石窟造像，如大足北山第二七九號龕（後蜀廣政十八年，955）的藥師變中，十二神將均身穿盔甲，雙手拱揖，腳踏祥雲，一字排開，這種排列方式與敦煌藥師經變的十二神將有所不同（圖2-50）。〔註93〕《大藏經》中十二神將的形象亦屬此類（圖2-51）。

圖2-49　敦煌12窟壁畫藥師淨土變中的十二神將

圖2-50　大足北山第二七九號龕藥師變中的十二神將浮雕

〔註93〕中國美術全集編輯委員會：《中國美術全集・雕塑編・四川石窟雕塑》（12），人民美術出版社，1988年，頁122；黎方銀、王熙祥：《大足北山佛灣石窟的分期》，《文物》1988年第8期，頁31～45。

圖 2-51　大藏經中的藥叉眾

　　王建墓十二個半身像與上述的十二神將大致相同。以敦煌 12 窟、大足北山第二七九號龕爲例：

　　1. 十二神將五官的處理方法基本相似，皆是環眼圓睜，注重瞳孔的刻畫，眉毛緊鎖，呈「S」型，且向上揚起，鼻頭很大，鼻翼鼓起。有意思的是，敦煌 12 窟與王建墓的十二神將中均有一人留有濃密的鬍鬚。

　　2. 十二神將服飾大體風格相近，但細節不同。

　　頭飾：王建墓中的十二神將有六人戴佛冠，計爲東二、東四、東六、西二、西四、西六，冠形僅緣額一周，頭頂則露髻於外。東一、東五、西三、西五著捲耳兜鍪，東三和西一則戴頓項兜鍪、捲耳兜鍪、頓項兜鍪似均爲皮製。上述的樣式均見於大足北山第二七九號龕與敦煌 12 窟中十二神將（圖2-52）。但 12 窟的樣式更加多樣，其中前排的右二、左三、後排的左二、右三的冠式不見於王建墓和大足北山第二七九號龕，卻與有些毗沙天王的冠式相似（圖 2-53）。

圖 2-52　十二神將冠式比較

圖 2-53　敦煌 12 窟十二神將與絹本毗沙天王冠式的比較

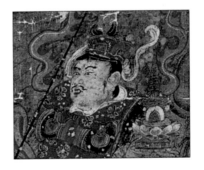

　　鎧甲：王建墓中的十二神將所披之身甲為前後兩方，於肩上用革帶扣緊，腰束帶。背甲作連鎖狀。或者亦即所謂鎖子甲。胸甲則各不相同，其屬鐵甲的有魚鱗式的胸甲、有扎甲，另也有皮甲。披膊亦各不同，有作魚鱗式，亦有皮甲式。〔註94〕這種前後兩方的鎧甲樣式與大足北山第二七九號龕的十二

〔註94〕《前蜀王建墓發掘報告》，頁 36。

神將基本一致。在敦煌12窟中，十二神將的魚鱗式披膊見於王建墓，但胸甲與王建墓明顯不同（圖2-54）。

圖2-54　十二神將的鎧甲比較

事實上，上述服飾方面的局部差異並不能作為判定十二神將身份的絕對依據，因為這種差異不只存在於王建墓與佛教壁畫或造像中，不同時代、不同佛教石窟或絹本的十二神將也不盡相同，如敦煌藏經洞發現的唐代絹本藥師經變（圖2-55）、敦煌中唐112窟中的十二神將等（圖2-56）。

圖2-55　十二神將（絹本）

圖 2-56　敦煌 112 窟北壁壁畫藥師經變中的十二神將

　　與十二神將類似，通常身著甲冑的天王像造型也存在同樣的問題。以毗沙門天王爲例，比較在敦煌現存沙門天王畫稿與石窟中的同類圖像，我們很難看到完全一致的造型（圖 2-57），而判定這些形象爲毗沙門天王依據其實是天王手中所託之塔，且隨侍的一身天女像也較爲固定。〔註 95〕

圖 2-57　毗沙天王像

（左：唐絹本毗沙天王；中：中唐榆林 25 窟北壁毗沙天王；右：大足北山第 5 號龕毗沙天王）

〔註95〕沙武田：《敦煌畫稿研究》，民族出版社，2006 年，頁 215。

　　至此，我們似乎可以得出這樣的結論，佛教圖像中以武將面貌出現的十二神將、天王、金剛等的局部服飾並無一定之規，只要符合基本的標準即可，如威武誇張的五官、武將的裝束等等，人們要想判定他們的身份，更多依賴其手中的兵器，或根據與其它圖像的組合關係。就十二神將而言，其分兩組位於藥師佛兩側的對稱式佈局方式也是判定其身份的重要依據，王建墓十二個半身像的排列方式恰好符合這一點。

　　如果此說不誣，王建墓與敦煌十二神將服飾的差異就不難解釋了。根據目前的材料可知，十二神將的服飾是到中唐以後才開始轉變，其造型應是根據當時武將的裝束創作的。唐代末期，各地藩鎮割據嚴重，王建自昭宗大順二年（891）逐走韋昭度駐蜀之唐兵後，只是表面上供職於唐，實際上基本處於獨立狀態，以至於連唐代已將年號「天復」改爲「天祐」都未曾知曉。〔註96〕在這種狀況下，武將裝束肯定帶有很強的地域性。藝術家在創作十二神將時，應該會使用蜀地鎧甲的款式，從而導致了上述的服飾差異。王建墓十二神將的服飾與大足北山第二七九號龕的一致性可提供佐證。

　　至於十二神將的樣式來源，除了上述的佛教石窟壁畫或造像之外，還應有一個重要的途徑，即當時的成都大慈寺。據南宋范成大《成都古寺名筆記》記載：

　　　　大將院壁，畫羅漢二、北方天王及大將部屬、并帝釋梵王，共六堵，並待詔范瓊筆，神格上品。藥師院連寺廊八門兩壁，畫菩薩大悲、北方天王、大悲釋迦變相四堵，待詔范瓊筆，神格上品。殿內，釋迦佛、帝釋、梵王部眾，並古迹。畫文殊普賢、維摩、無量壽、西方天王、十二神、共九堵，並待詔趙公祐筆，神格上品。瑞像堂周匝畫像，並古迹。

　　　　東觀音堂……護法神，孫知微筆。〔註97〕

文中所指的「大將部屬」、「十二神」、「護法神」即是藥師如來的眷屬十二神將。「佛會變相」應是指「藥師經變相」。結合敦煌貞觀十六年（642）第 220 窟《藥師如來本願經變》所繪內容，推測該畫面中應有藥師如來七軀、其

〔註96〕「（天復四年）夏四月，梁王全忠劫遷唐帝於洛陽。閏月，唐帝御光政門，赦天下，改元天祐，王與唐絕而不知，故仍稱天復年號。」《十國春秋·前蜀一·高祖本紀上》卷三十五，《四庫·史部·載記類》（159），頁 172。

〔註97〕（明）楊慎：《全蜀藝文志》卷四十二，《四庫全書·集部·總集類》（461），頁 635。

間各有脅侍菩薩相配，兩側又有十二藥叉及菩薩，下面爲兩組伎樂及樂隊。
〔註98〕

大聖慈寺爲玄宗皇帝所敕建，因此在武宗「會昌法難」時不在除毀之列，也未遭受中原地區佛寺那樣的慘重破壞，致使保存下來的中、晚唐的寺院建築以及大規模的壁畫、雕塑等佛教藝術品，尚能較爲完整地持續保存到元代以後。五代時期，大聖慈寺也是前、後蜀皇帝、貴族、官吏、文人等經常出沒的遊行宴飲之地。〔註99〕《禪月集》卷十九《蜀王入大慈寺聽講》還描寫了王建到大聖慈寺聽講的情景，可見，大聖慈寺也是他經常光臨的地方。因此，大聖慈寺中爲人所熟知的壁畫便爲藝術家的創作提供了另一重要的圖像資料庫。

接下來的問題是，十二神將在王建墓中的功能是什麼？

首先，十二神將又稱十二藥叉，是東方極樂世界的守護神。〔註100〕《藥師琉璃光如來本願功德經》記錄了十二神將的誓言：

> 爾時眾中有十二藥叉大將俱在會座。所謂：宮毗羅大將，伐折羅大將，迷企羅大將，安底羅大將，頞你羅大將，珊底羅大將，因達羅大將，波夷羅大將，摩虎羅大將，眞達羅大將，招杜羅大將，毗羯羅大將。此十二藥叉大將，一一各有七千藥叉以爲眷屬，同時舉聲白佛言：「世尊，我等今者蒙佛威力，得聞世尊藥師琉璃光如來名號，不復更有惡趣之怖。我等相率皆同一心，乃至盡形歸佛法僧，誓當荷負一切有情爲作義利饒益安樂。隨於何等村城國邑空閒林中，若有流佈此經或復受持藥師琉璃光如來名號恭敬供養者，我等眷屬衛護是人，皆使解脫一切苦難。諸有願求悉令滿足。或有疾厄求度脫者，亦應讀誦此經，以五色縷結我名字得如願已然後解

〔註98〕 王衛明：《大聖慈寺花史叢考——唐、五代、宋時期西蜀佛教美術發展探源》，文化藝術出版社，2005年，頁274、276、296。

〔註99〕 王衛明：《大聖慈寺花史叢考——唐、五代、宋時期西蜀佛教美術發展探源》，頁229。

〔註100〕 王惠民指出，十二神將本爲釋迦說法會之眷屬，爲護衛信仰《藥師經》者，但有在藥師經變中的藥師說法會下方二角出現。此後的藥師經變中，也多位於下方二角或正下方，而較少圍繞藥師四周，這一佈局的界分稍稍將釋迦世界和藥師世界區別開來。這種將不同世界的情節繪在一起，實非畫家的疏忽，而是人們太需要十二神將來護衛了，就像毗沙門天王一樣深入中國古代信徒的內心。王惠民：《敦煌隋至唐前期藥師圖像考察》，《藝術史研究》第二輯，2000年，頁293～327。

結。」〔註101〕

可見，十二神將不僅保護藥師佛國世界，還保護所有信奉藥師佛的人，當人們遇到疾厄時，只需誦讀藥師經或者口誦十二神將的名號，便可脫離一切苦難。他們還於晝夜十二時、十二月輪流率領眷屬守護眾生。更重要的是，十二神將還可為死者追福，並保護死者往生之路的平安，如日本兵庫白鶴美術館藏藥師說法圖，下段正中的發願文云：

> 清信弟子樊宜信敬造藥師琉璃光如來一鋪。奉為亡過慈父、見在慈母茲（資）福。……以斯功德，護衛慈父幽冥之難，早超佛會……
>
> 十二大將，辟除魔殃，過往見在，福壽延長。〔註102〕

可見，王建墓中將十二神將安排在棺床兩側，其功能不僅在於舉棺，更在於保護墓主死後往生之路的安全。

其次，十二神將還與中國傳統的十二生肖有對應關係，如吐魯番伯孜克里克 29 窟南壁藥師經變中，十二神的冠上有十二生肖動物形象〔註103〕；敦煌初唐第 220 窟《藥師經變》中的十二神將，身著甲冑，頭戴寶冠，寶冠上飾以生肖動物〔註104〕。藥師十二神將與十二生肖的對應關係為：

> 子神——宮毗羅大將——鼠
>
> 丑神——招杜羅大將——牛
>
> 寅神——眞達羅大將——虎
>
> 卯神——摩虎羅大將——兔
>
> 辰神——波夷羅大將——龍
>
> 巳神——因達羅大將——蛇
>
> 午神——珊底羅大將——馬
>
> 未神——頞你羅大將——羊
>
> 申神——安底羅大將——猴
>
> 酉神——迷企羅大將——雞

〔註101〕玄奘譯：《藥師琉璃光如來本願功德經》，《大正藏・經集部一》(14)，頁408。

〔註102〕王惠民：《日本白鶴美術館藏兩件敦煌絹畫》，《敦煌研究》1999 年第 2 期，頁 176～178。

〔註103〕胡文和：《四川道教佛教石窟藝術》，頁 266～267。

〔註104〕羅慶華：《敦煌壁畫中的〈東方藥師淨土變〉》，《敦煌研究》1989 年第 2 期，頁 5～18。

戌神──伐折羅大將──狗

亥神──毗羯羅大將──豬

十二生肖在墓葬中的功能主要是標識方位、辟邪攘福。〔註105〕中、晚唐時期，十二生肖俑在墓中盛行，並成爲當時法定的官員獨享之明器，庶民無權使用。

> （元和）六年十二月，條流文武官及庶人喪葬：三品以上，明
> 器九十事，四神、十二時在内，……五品以上，明器六十事，四
> 神、十二時在内，……九品以上，明器四十事，四神、十二時在
> 内，……庶人明器一十五事，……挽歌、鐸、翣、四神、十二時各
> 儀請不置……」。〔註106〕

這種做法在五代得到了延續，如王處直墓（924）〔註107〕、閩國劉華墓（930）〔註108〕、杭州的吳越康陵（939）〔註109〕、文穆王錢元瓘和吳漢月墓（942）〔註110〕、南唐李昇墓（943）〔註111〕等皆安置有十二生肖。由此看來，王建墓選擇具有十二生肖之特性的十二神將似可看作對這一制度或圖像傳統的繼承，所不同的是，該墓所要表達的觀念更爲特殊，其採用的圖像形式自然也會與眾不同。

上述墓葬中十二生肖的佈局方式爲：每壁三個壁龕，以北壁中央爲上，順時針排列。如按上述原則，棺床東北角的神將應居子位，再結合吐魯番伯孜克里克29窟與敦煌220窟十二神將的排列方式，推測王建墓棺床的十二神將的次序應該是：

東邊（北—南）：宮毗羅大將、招杜羅大將、眞達羅大將、摩虎羅大將、波夷羅大將、因達羅大將；

西面（南—北）：珊底羅大將、頞你羅大將、安底羅大將、迷企羅大將、

〔註105〕吳裕成：《中國十二生肖文化》，天津人民出版社，2004年。

〔註106〕《唐會要校證·葬》卷三十八，三秦出版社，2012年，頁598。

〔註107〕《五代王處直墓》，頁31～32。

〔註108〕福建省博物館：《五代閩國劉華墓發掘報告》，《文物》1975年第1期，頁62～73。

〔註109〕杭州市文物考古所、臨安市文物局：《浙江臨安五代吳越國康陵發掘簡報》，《文物》2000年第2期，頁4～34。

〔註110〕浙江省文物管理委員會：《杭州、臨安五代墓中的天文圖和秘色瓷》，《考古》1975年第3期，頁186～194。

〔註111〕南京博物館：《南唐二陵》，文物出版社，1957年。

伐折羅大將、毗羯羅大將。

　　因此，王建墓中的十二神將除了具有保護墓主順利往生西方淨土之外，還具有標識方位、辟邪攘福的功能。

　　對於半身像這一藝術形式，王玉東已有深入研究，他認為，中唐以來，半身像既能表現虛空裏的神異化現，又能促進肉身飛升等不可思議的情景，王建墓中的十二半身像的意義應是飛升、化現、應現、雲中現，而不應是「從地湧出」。〔註112〕但筆者認為，在王建墓中，「從地湧出」與「雲中現」可看作墓主往生西方極樂世界過程中的兩個階段：前者預示著墓主已經離開地府轉向地上，而十二神將以半身的形式出現，跨越地上與地下，代表著兩個空間的銜接，王建墓建在地上也旨在體現這一空間的轉換。事實上，這種表現方式早在長沙馬王堆 1 號漢墓出土的帛畫中就已出現，畫面下部的口銜草葉、背負鴟梟的大龜勾連地上、地下兩個世界，代表著陰陽、死生的交替，象徵著生命的「死而復生」。〔註113〕在王建墓中，墓主「從地湧出」之後的目的地為西方極樂世界，半身像與棺床上雕刻的雲氣紋共同組成的「雲中現」，表現了墓主在十二神將的托舉及保護下向極樂世界飛升的過程。有意思的是，敦煌隋 394 窟的藥師經變中，兩側雙樹下各有六位神將，神將身下繪有簡略的雲彩，大有諸神掠空而來之動感（圖 2-48）。〔註114〕恰可為上述觀點提供佐證。

五、王建像與皇權

　　在對王建墓中室棺床做出解釋之後，就要分析與法門寺後室舍利位置相對應的王建像了。王建像坐於几上，全高 96.5 釐米、几高 30.5 釐米。像下淤泥中含漆皮、小銀片、石灰塊、木紋土等，表明該造像可能原放於矮木座上。此像面部濃眉深目，隆準高顴，薄唇大耳。頭戴折上巾，即樸頭，其服制為唐代帝王的常服。折上巾下垂兩帶特長，至肩下兩三寸，其上繫的兩腳，則繫於頂，度其長短已不能繫於頷下，形同虛設，其上著黑色。上色的方法為：先塗一層白粉，再上黑色。袍為赤色，上色法同樸頭。顏色與赤黃袍衫正相

〔註112〕王玉冬：《半身像與社會變遷》，《藝術史研究》第六輯，2004 年，頁 5～70。
〔註113〕賀西林：《從長沙楚墓帛畫到馬王堆 1 號漢墓漆棺畫與帛畫》，《藝術史研究》第五輯，2003 年，頁 143～168。
〔註114〕王惠民：《敦煌隋至唐前期藥師圖像考察》，《藝術史研究》第二輯，2000 年，頁 293～327。

合。其制大小稱身，袖狹小而長，雙手合於袖內。造像腰間的玉帶應爲犀革玉帶。因唐制天子及三品以上方可用玉。帶之後以玉銙爲飾，似僅七方。鉈尾下垂於後方的左面，帶扣當在左手。足上所穿可能爲靴。王建像所坐的是架頭，爲仿木器製作，宋代大駕儀仗或日常導從中極重要的法物，但已不具實用功能。陪葬的明器中也有架頭。〔註115〕

王建本人生於唐代，建立前蜀後，其官僚系統中又有很多唐代遺臣，那麼，唐代的某些文化觀念一定會繼續發揮作用。因此，王建像的出現應與唐代以來流行的「寫眞」之風有關。就目前的資料而言，寫眞像涉及高僧、帝王、功臣、貴族、平民等不同階層，其功能也各不相同，應區別對待。

1.閒暇生活的消遣。這種畫像多描繪達官貴人，文獻中對此類事件的記載多旨在稱讚畫家的高超技巧。如《全唐文》記載了孤獨及所作的寫眞圖贊：

> （侍御史韓至清）嘗以暇日，裂素灑翰，畫徐公之容，陳於公之座隅。而美目方口，和氣秀骨，毫釐無差，若分形於鏡。入自外者，或欲擎跽曲拳，俯僂拜謁，不知其畫也。〔註116〕

《唐朝名畫錄》中記載了周昉爲郭子儀之婿趙縱畫像的故事〔註117〕，這一事件常爲美術史所引用，以誇讚周昉高超的繪畫水平。此外，《舊五代史》還記載了另一則有趣的寫眞故事：

> （後唐）武皇之有河東也，威聲大振，淮南楊行密常恨不識其狀貌，因使畫工詐爲商賈，往河東寫之。畫工到，未幾，人有知其謀者，擒之。武皇初甚怒，既而謂所親曰：「且吾素眇一目，試召之使寫，觀其所爲如何。」及至，武皇按膝屬聲曰：「淮南使汝來寫吾眞，必畫工之尤也，寫吾不及十分，即階下便是死汝之所矣。」畫工再拜下筆。時方盛暑，武皇執八角扇，因寫扇角半遮其面。武皇曰：「汝諂吾也。」遽使別寫之，又應聲下筆，畫其臂弓撚箭之狀，仍微合一目以觀箭之曲直。武皇大喜，因厚賂金帛遣之。〔註118〕

這一故事發生的背景並不輕鬆，因爲該畫工是以間諜的身份出現的，描繪的

〔註115〕 馮漢驥：《前蜀王建墓發掘報告》，頁67～72。
〔註116〕 孤獨及：《尚書右丞徐公寫眞圖贊並序》，《全唐文》卷三百八十九，中華書局，1983年，頁3956。
〔註117〕 《唐朝名畫錄‧神品中‧周昉》，四川美術出版社，1985年，頁6。
〔註118〕 《舊五代史‧唐書第二‧武皇紀下》卷二十六引《五代史補》，頁362～363。

－127－

對象也較爲特殊，是敵軍的統帥，且最初設定的寫眞方式是隱秘的，類似於南唐顧閎中之繪製《韓熙載夜宴圖》。但隨著故事情節的發展，原本用於軍事策略的寫眞像轉而成爲武皇惡作劇般地試探畫工水平的手段，而這一充滿危險性的寫眞行爲也變爲武皇李克用的個人消遣。此外，該段文字中明顯洋溢著對畫工巧妙構思、高超技藝的讚歎。

2. 高僧畫像或造像。根據沙武田的研究，「敦煌藏經洞邈眞贊 90 餘件，時間從 8 世紀至 11 世紀，說明了中唐至宋敦煌人物寫眞像的流行。P.2002v 畫稿如果時代確切，再一次表明了中唐時此類畫像興盛的情況。到了晚唐五代宋歸義軍時期，豐富的邈眞贊資料充分地說明人物寫眞像的流行盛況，已爲不爭之史實。」〔註 119〕敦煌「寫眞」或「邈眞」的對象主要是高僧大德，這些畫像或造像是供後來的僧人拜祭的，正如鄭炳林所說，「邈眞像就是遺像，是供門人、宗親、子孫奠祭、瞻仰用的，與供養像有著根本的區別。這些邈眞像，懸掛於眞堂之中，以便三時奠祭。」〔註 120〕如敦煌藏經洞的洪辯像（圖 2-58）。

圖 2-58　敦煌藏經洞洪辯像

〔註 119〕沙武田：《敦煌寫眞邈眞畫稿研究——兼論敦煌畫之寫眞肖像藝術》，《敦煌學輯刊》2006 年第 1 期（總第 51 期），頁 50。
〔註 120〕鄭炳林：《敦煌碑銘贊輯釋》，甘肅教育出版社，1992 年，頁 11。

3. 供養人寫眞像。這一類畫像主要用於佛教信徒做功德之用。如敦煌盛唐 130 窟南壁的都督夫人與女眷供養像，畫面中的都督夫人及其兩個女兒均有題記，分別爲「都督府人太原王氏一心供養」、「女十一娘供養」、「女十三娘供養」，三人的裝束雍容華貴，明顯區別於其身後的眾侍女，似可看做她們的寫眞像（圖 2-59）。

圖 2-59　敦煌盛唐 130 窟南壁壁畫中的都督夫人與女眷供養像

4. 帶有政治意味的帝王寫眞像和功臣寫眞像。唐代的功臣像多見於《歷代名畫記》，其中記載的閻立本創作的《秦府十八學士》、《淩煙閣二十四功臣像》，其功能無非是宣揚臣子的忠誠，以便教化當時的臣民，這種做法早在漢代就已出現。更具特色的是，此時出現了大量的唐代皇帝寫眞像，這些造像多安置在佛寺、道觀或宮殿中，目的是爲了接受臣民的供奉或祭拜。雷聞對唐代寺觀中的帝王像進行了深入研究，他認爲偶像崇拜在唐代皇室的宗廟祭祀實踐中佔有相當重要的地位，並構成了佛、道二教與國家祭祀結合的契機。國家往往強調其神聖性來凸現自身的合法性，在很大程度上強化了國家政權的神聖性，而佛寺道觀中設立皇帝的尊像，是爲了強化百姓對皇帝的崇拜。〔註121〕這一觀點是正確的。1954 年皇澤寺古殿前發掘的廣政二十二年

〔註121〕雷聞：《論唐代皇帝的圖像與祭祀》，《唐研究》第九卷，2003 年，頁 261～282。

（959）「大蜀利州都督府皇澤寺唐則天武后新廟記」碑可作爲此觀點的佐證。碑文云：「……即唐天后武氏其人也。……若乃地分綿谷，□□□□，□□□□□□□蒙之靈宮。管境所依，禱祈必靈。」〔註122〕可見當地人已將武則天奉爲神明，向其祈禱，必能靈驗。

王建承繼了唐代帝王的寫眞像傳統，他曾命翰林寫貌待詔宋藝於大聖慈寺玄宗御容院的牆壁上模寫大唐二十一帝聖容及當時供奉道士葉法善〔註123〕、禪僧一行〔註124〕、沙門海會、內侍高力士〔註125〕。僖宗皇帝幸蜀回鑾之日，亦在大聖慈寺留有君臣畫像〔註126〕。此外，王建還經常於大慈寺「觀唐明皇、僖宗御容」〔註127〕。王衍繼位後，依然延續這種做法，他顧念高祖王建生前「受唐深恩，將興元節度使唐道襲私第爲上清宮，塑王子晉爲遠祖於上清祖殿，命齔龜寫大唐二十一帝御容於殿堂之四壁」〔註128〕。可見，繪製唐代帝王像並時常供奉，是王建父子對前朝表達敬意的一種手段。

同時，王建自己也有不少的寫眞像。當時的翰林待詔阮知晦便以畫王建寫眞像聞名於世。〔註129〕永平五年（915），王建在龍興宮內建壽昌殿，並於殿內牆壁上繪製王建畫像。同時，又起扶天閣，繪諸功臣像。但龍興宮在同年十一月毀於大火，此畫像亦難以幸免。〔註130〕王建死後，對他的造像依然沒有停止，這在《益州名畫錄》中有明確記載：

〔註122〕胡文和：《四川道教佛教石窟藝術》，頁6～7。

〔註123〕道士葉法善，《舊唐書》有傳，活動於高宗至中宗朝的五十年間，「常往來名山，數召入禁中」，在當時影響很大。《舊唐書・列傳第一百四十一・方伎》卷一百九十一，頁5107～5108。

〔註124〕僧一行，《舊唐書》有傳，活動於玄宗朝，爲當時著名的高僧。《舊唐書・列傳第一百四十一・方伎》卷一百九十一，頁5111～5113。

〔註125〕《益州名畫錄》卷下，頁58。文獻中雖未明確指出宋藝的創作是何人授命，但作爲宮廷畫師，繪製如此大規模且具明顯政治意涵的壁畫定是一種官方行爲，且大聖慈寺是玄宗皇帝所敕建，也是前蜀時的皇家寺院，王建多次到此聽法。因此，該壁畫的應是承王建之命創作的。

〔註126〕《益州名畫錄》卷上，頁18～21。

〔註127〕「六月，（王建）避暑大慈寺，觀唐明皇、僖宗御容，宴群臣於華嚴閣。」（《十國春秋・前蜀三・後主本紀》卷三十七，頁179。）「王氏永平，廢興聖觀爲軍營，其觀有五金鑄天尊形明皇御容一軀，移在大聖慈寺御容院供養。」《益州名畫錄》卷下，頁51。

〔註128〕《益州名畫錄》卷中，頁29。

〔註129〕《圖畫見聞志》卷二，人民美術出版社，2004年，頁47。

〔註130〕《新五代史・前蜀世家第三》卷六十三，頁790。

　　玉局化寫王蜀先主為使相日真容，後移在龍興觀天寶院壽昌殿

上。〔註131〕

那麼，上述的王建像具有何種政治含義呢？解決這一問題需從當時的歷史背景中尋找線索。

　　在南方眾多的割據政權中，王建所建立的前蜀是唯一一個被中原王朝承認的政權。〔註132〕天復七年（907）四月，朱溫取代唐王朝建立後梁，王建隨即便在成都稱帝。〔註133〕之後兩個政權便以同等的地位進行交往。《錦里耆舊傳》記載了前蜀與後梁太祖交往的書函：

　　　　三年，大梁遣使通聘書曰：「……且念與皇帝八兄頃在前朝，各封異姓；土茅分裂，皆起將相之尊；魚雁往來，久約弟兄之契。歡盟甚固，功業相推。俄阻絕於音塵，正因緣於間諜。以致時衰土德，運應金行。雖手足胼胝，粗平多難，而星辰符瑞謬付。朕躬當百辟之群情，極四方之積惡，爰都河洛，用答乾坤。尋聞皇帝八兄奄有西陲，盡朝三蜀，別尊位號，復統高深。一時皆賀於推崇，兩國願通於情好。微曹劉之往制，各有君臣；追漢楚之前蹤，常分疆宇……今專馳卿列，備達衷懷。重論金石之交，別卜塋麓之分。山河共永，日月長懸。」

　　　　大蜀皇帝謹致書於大梁皇帝閣下：「……永言梁蜀之歡，合認弟兄之國。今蒙皇帝遠尋舊好，專降嘉音，俱無間諜之嫌，再敘始終之約。」〔註134〕

從中不難看出，後梁太祖朱溫對王建尊敬有加，並一再表示「兩國願通於情好」。即便如此，王建也會如前代統治者一樣，對於新政權的合法性和合理性有著相當的深思熟慮。

　　首先，在稱帝之前，他採用韋莊的計謀，帥吏民哭三日，以證明對唐代的忠誠，並表示自己稱帝是不得已而為之。同時，蜀地境內伴隨有各種祥瑞的出現，如「（天復七年，907），巨人見青城山。夏六月，鳳凰見萬歲縣，黃

〔註131〕《益州名畫錄》卷上，頁21。
〔註132〕徐學書：《論王建及其前蜀政權的歷史地位》，《四川文物》2000年第3期，頁7〜16。
〔註133〕《十國春秋·前蜀一·高祖本紀上》卷三十五，《四庫·史部·載記類》（159），頁173。
〔註134〕《錦里耆舊傳》卷二，頁720。

龍見嘉陽江。諸州各上言甘露、白鹿、白雀之瑞。又會昌廟岸側穴中生四龜，各二三寸，背有金書『王字大吉』」等等〔註135〕。這是前代帝王慣用的手法，其目的無非是想藉此證明自己稱帝是天意不可違。此外，王建墓棺中隨葬的玉大帶可作爲另一個例證（圖2-60），大帶銘文曰（圖2-61）：

> 永平五年（915）乙亥，孟冬下旬之七日，熒惑次尾宿。尾主後宮，是夜火作，翌日於烈焰中所寶玉一團。工人皆曰：此經大火不堪矣。上曰：天生神物，又安能損乎！遂命解之，其溫潤潔白異常，雖良工目所未睹。製成大帶，其胯方闊二寸，獺尾六寸有五分。夫火炎昆崗，玉石俱焚，向非聖德所感，則何以臻此焉！謹記。〔註136〕

關於永平五年宮中失火一事史書確有記載。〔註137〕王建墓的玉大帶即是由此次大火中殘存的玉石做成。在王建看來，該玉石遇火不焚，乃是「天生神物」，正所謂「夫火炎昆崗，玉石俱焚，向非聖德所感，則何以臻此焉」。它再次證明了王建乃是受承天命的聖德之君。有趣的是，王建像腰間也佩帶了一條玉帶，其形制與棺中發現的大帶基本一致。〔註138〕雕像身著常服，玉帶格外引人注目，其含義也就不言自明了。

圖 2-60　王建墓出土的玉大帶圖

〔註135〕《十國春秋・前蜀一・高祖本紀上》卷三十五，頁173。《欽定續通志》亦有相似記載：「建性詐妄，好爲纖緯詭怪之說。自天復七年巨人見青城山，鳳凰見萬歲縣，黃龍見嘉陽江，而諸州皆言甘露、白鹿、白雀、龜龍之瑞，於是遂僭號。兩川希旨者，乃爭言符瑞，麟鳳、騶虞、合穗、連理之屬，史不絕書。」《欽定續通志・載記・前蜀》卷五百九十六，《四庫・史部・別史類》（138），頁790。

〔註136〕《前蜀王建墓發掘報告》，頁49。

〔註137〕「冬十一月己未夜，宮中火。自得成都以來，寶貨貯於百尺樓，悉爲煨燼。諸軍都指揮使兼中書令王宗侃等率衛兵入救，帝閉門不內。庚申旦，火猶未熄。帝出義興門見群臣，命有司斂太廟神主，分巡都城。言訖，復入宮閉門。將相皆獻帷幕飲食。」《十國春秋・前蜀二・高祖本紀下》卷三十六，《四庫・史部・載記類》（159），頁177。

〔註138〕《前蜀王建墓發掘報告》，頁70。

圖 2-61 王建墓出土的玉大帶鉈尾上的銘文

其次，將國號定為「大蜀」，並奉劉備為先主，以此與公認的前代明君扯上關係，甚至劉備的寵臣諸葛亮等也在追贈之列。

朕自臨蜀國，實庇齊民。皆資先哲之威靈，獲王故都之城邑。
方憑幽贊，以永天休。上答玄功，宜尊舊號。蜀國先主昭烈皇帝，
宜委中書門下追崇尊號，敬備冊儀。忠武侯諸葛亮別加美諡，追贈
王爵。〔註139〕

不僅如此，王建在制定治國之策時，也試圖從劉備那裡找依據，如《蜀檮杌》載：「三年六月，下詔勸農桑曰：昔劉先主入蜀，武侯勸其閉關息民十年，而後舉兵震搖關內。朕以猥眇託於人上，爰念蒸民久罹干戈之苦，而不暇力於農桑之業。今國家漸寧，民用休息。其郡守縣令務在惠綏，無侵無擾，使我赤子樂於南畝，而有豳風七月之詠焉。」〔註140〕有趣的是，王建臨終前向大臣交待後事的方式與劉備託孤如出一轍：

〔註139〕《錦里耆舊傳》卷一，《四庫‧史部‧載記類》（158），頁719。
〔註140〕《蜀檮杌》卷上，《四庫‧史部‧載記類》（158），頁734。

蜀主自永平（911～915）末得疾，昏瞀，至是（光天元年，918）
增劇；以北面行營招討使兼中書令王宗弼沉靜有謀，五月，召還，
以爲馬步都指揮使。乙亥，召大臣入寢殿，告之曰：「太子仁弱，朕
不能違諸公之請，踰次而立之；若其不堪大業，可置諸別宮，幸勿
殺之。但王氏子弟，諸公擇而輔之。徐妃兄弟，止可優其祿位，慎
勿使之掌兵預政，以全其宗族。」……六月，壬寅，蜀主殂。〔註141〕
劉備作爲漢代皇室後裔，其建立的蜀國一直被視爲正統，王建以劉備爲先主，
無疑爲自己在蜀地的統治找到了合理的藉口。

　　製作唐代帝王及自身的寫眞像或君臣像是王建加強自己合法地位而採取
的另一種方式，與貴族閒暇時間繪製寫眞像及高僧像不同，這種安置在公共
空間的大規模帝王像或君臣像本身就有著很強的政治意味。〔註142〕簡言之，
王建生前製作唐代帝王的圖像，並進行供養，其目的是想表明自己對唐代的
忠誠，並爲其臣民做出榜樣，以供後世傚仿。而製作自己的寫眞像則是繼承
了唐代帝王在寺觀中設置造像的方法，試圖使自己成爲臣民祭拜的對象，並
以神聖化來捍衛其合法性。

　　據此，筆者推測，安置於後室的王建像也具有同樣的含義。該像所在的
棺床位於後室最後，約占後室之半。床正中高 79 釐米，兩端略下沉。其正面，
上爲簷，浮雕雙龍戲珠；簷下正中雕盤龍一，東西兩側各浮雕造型不同的獅
形獸一，其周圍則刻雲氣，兩端各有一龍戲珠。這種樣式應該是模仿帝王生
前的御座或御床而製。〔註143〕王建像前置有寶盝、謚寶、哀冊、謚冊，這些
物品均爲帝王身份的象徵。

　　值得注意的是，後室北壁是最後一道券的後半部，用石壘成，從而形成
一個類似於佛龕的造型，王建像、石床及後壁的龕的組合與石窟中的佛像的

〔註141〕《資治通鑒・後梁紀五・均王中》卷二百七十，頁 8825～8826。

〔註142〕《益州名畫錄》中便記載了此類事件：僖宗皇帝幸蜀回鑾之日，蜀民奏請留
　　　　寫御容於大聖慈寺，僖宗當即應允，並命隨駕的宮廷畫師執筆，一一試過之
　　　　後，均未能準確表現僖宗御容，便改由蜀地畫家常重胤繪製，一寫而成。畫
　　　　面中包括僖宗及諸多大臣，陳敬瑄和田令孜均在其列。後王建在統一四川的
　　　　過程中與陳敬瑄和田令孜交戰，歷經三年後迫使其歸降。由於兩人「拒扞
　　　　（捍）王師」，寺僧便將其畫像抹去。王建發現後，即令重新補繪。可見，畫
　　　　面中帝王的隨從人員都是經過選擇的，其存留取捨也與其政治生涯緊密相
　　　　連。《益州名畫錄・常重胤》卷上，頁 18～21。

〔註143〕《前蜀王建墓發掘報告》，頁 66。

安置方式相吻合（圖 2-62、圖 2-63）。此外，王建像之所在相當於法門寺後室的 1 號、3 號舍利的位置；與王建像的石床相對應，盛放 3 號舍利的八重寶函前也有一石臺，用於放置對佛舍利的供養器物。《舊唐書》中曾提到「天下州郡皆鑄銅爲玄宗眞容，擬佛之制」〔註144〕，這裡的「擬佛之制」究竟是何種樣式，我們已無從知曉，但王建像的安置方式明顯是在「擬佛之制」〔註145〕，以便在死後世界繼續保持帝王身份，並接受最高等級的供養。

圖 2-62　王建墓墓室透視圖

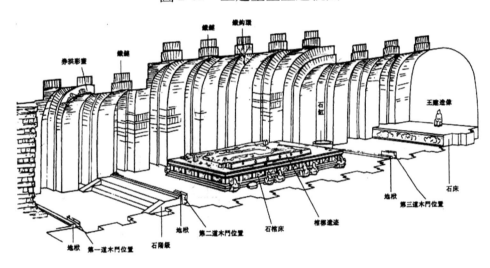

圖 2-63　唐代覆斗式石窟平、剖面圖

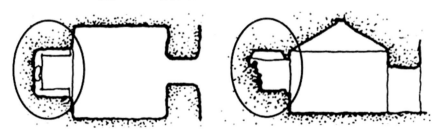

〔註144〕《舊唐書・列傳第九十二・李寶臣》卷一百四十二，頁 3866。

〔註145〕 張勳燎認爲王建墓的坐像是「石眞」，（張勳燎：《試說前蜀王建永陵發掘材料中的道教遺迹》，《四川考古論文集》，文物出版社，1996 年，頁 213～223；張勳燎：《試論我國南方地區唐宋墓葬出土的道教「柏人俑」和「石眞」》，《道家文化研究》第七輯，1995 年，頁 312～322。）但筆者認爲，如爲「石眞」，應有相應的文字，如鎮墓券、買地券或墨書題記等，王建墓未見此類對象，且這類物品也不應是盜墓賊盜取的對象。可見，此觀點尚值得商榷。

六、多元化宗教觀念

在王建墓中，除了前文所述的佛教因素，還有道教因素的存在，如棺內原盛有相當數量的水銀，以防止屍體的腐爛，這種做法當與道教的「尸解」有關。哀冊的內容也明顯具有道教意味〔註146〕，如「痛□仙馭以莫留」，「我祖惟何？寔曰□子晉。上賓於天，爰生於聖胤」，「日環黃道，雲簇絳霄，□□□□，朱草長搖」等〔註147〕。

那麼，王建生前對佛教、道教採取何種態度呢？對這一問題的探討將有助於解決爲什麼兩種宗教同時體現在同一墓葬中。據文獻記載，王建對佛、道兩教皆不排斥。對於佛教，他主要採用了以下幾種方式：

首先，籠絡一些有影響的高僧，如僧智、廣僧、貫休、僧子朗、掃地和尚、段義宗等。貫休是當時著名的高僧，他曾先後與吳越王錢鏐、荊南節度使成汭有所交往，但終因不願附庸權貴而負氣離開。後奔赴蜀地，王建欣然接納，稱其爲「得得和尚」，「留住東禪院，賜賚優渥，署號『禪月大師』」。永平二年（912），貫休卒，年八十一。第二年，「爲浮圖於成都北門外葬焉」，並「累加龍樓待詔、明因辨果功德大師、翔麟殿引駕、內供奉經律論道門選練教授、三教玄逸大師、守兩川僧籙大師，食邑三千戶，賜紫大沙門。」〔註148〕《禪月集》對此事也有詳細記載：

> 高祖禮待，膝之前席，過秦主待道安之禮，踰趙王迎圖澄之儀。特修禪宇，懇請住持，尋賜師號曰「禪月大師」，曲加存恤，優異殊常。十年以來，迥承天眷無何。……曇域遂以先師遺言上奏，請以薄葬之禮。帝曰：「朕治命可行焉。」敕令四眾共助葬儀，特豎靈塔，敕諡「白蓮之塔」。以癸酉年三月十七日於成都北門外十餘里置塔之所，地號陞遷葬事。〔註149〕

從中可看出，貫休自入蜀直至去世，一直享有極高的待遇，甚至其葬禮都由王建親自操辦。難怪桀驁不馴的貫休自入蜀以來，不斷地爲王建歌功頌德，並撰寫《堯銘》、《舜頌》，稱頌王建之聖德可比堯舜。〔註150〕

〔註146〕 張勳燎：《試說前蜀王建永陵發掘材料中的道教遺迹》，《四川考古論文集》，文物出版社，1996年，頁213～223。

〔註147〕 《前蜀王建墓發掘報告》，圖版六十、圖版六十一、圖版六十二。

〔註148〕 《十國春秋・前蜀十三・列傳》卷四十七，《四庫・史部・載記類》（159），頁205。

〔註149〕 《禪月集・後序》，《四庫・集部・別集類》（362）。

〔註150〕 《十國春秋・前蜀十三・列傳》卷四十七，《四庫・史部・載記類》（159），

其次，王建還進行大規模的寺院建設。如「乾寧初（894），王蜀先主府城精舍不嚴，禪室未廣，遂於大聖慈寺大殿東廡起三學延祥之院，請德齊於正門西畔畫南北二方天王兩堵。」〔註151〕當時的大聖慈寺規模宏大，佛事極盛，「正像北宋的君主對京城大相國寺的崇奉以及營造藝術之殿堂玉清昭應宮一樣，在西蜀地區，則是以大聖慈寺為本據，進行一系列的祭祖朝謁、遊觀宴飲等社會政治活動，並為此對大聖慈寺極力建置，使其事實上具備了『皇家寺院』的特性」。〔註152〕宋代李之純對西蜀的大慈寺描述道：

> 舉天下之言唐畫者，莫如成都之多。就成都較之，莫如大聖慈寺之盛。僕昔監市徵歷二年餘，或晚暇與朋儔遊，所觀者才十一二，比將漕七年亦屢造焉，而未及見者猶太半。今來守是邦俾僧司會寺宇之數，因及繪畫，乃得其詳。總九十六院，按閣殿、塔、庭堂、房廊、無慮八千五百二十四間，畫諸佛、如來一千二百一十五，菩薩一萬四百八十八；帝釋、梵王六十八；羅漢、祖僧一千七百八十五；天王、明王、大神將二百六十二；佛會、經驗、變相一百五十八；堵夾紵雕塑者不與焉。像位繁密，金彩華縟，何莊嚴顯飾之如是。昔之畫手，或待詔行在，或祿仕兩蜀，皆一時絕藝，格入神妙。〔註153〕

由此可見當時蜀地佛教之興盛。

此外，王建還積極參與佛事，如施捨僧尼。《資治通鑒》中記載了類似事件，「（開平二年，908）春，正月，蜀王登興義樓。有僧抉一目以獻，蜀主命飯萬僧以報之」。當時的翰林學士張格進諫曰：「小人無故自殘，赦其罪已幸矣，不宜復崇獎以敗風俗。」王建乃止。〔註154〕雖然此次施捨並未成功，但可以看到他對佛事的態度是積極的。他還常去大聖慈寺聽講，並有一些登塔活動，這些行為在貫休的詩文皆有描述。如：

> 玉節金珂響似雷，水晶宮殿步徘徊。只緣支遁談經妙，所以許詢都講來。帝釋鏡中遙仰止，魔軍殿上動崔巍。千重香擁龍鱗立，

頁205。

〔註151〕《益州名畫錄・趙德齊》卷上，頁7～8。

〔註152〕王衛明：《大聖慈寺畫史叢考——唐、五代、宋時期西蜀佛教美術發展探源》，頁53。

〔註153〕李純之：《大聖慈寺畫記》，《成都文類》卷四十五，《四庫・集部・總集類》（452），頁794。

〔註154〕《資治通鑒・後梁紀一》卷二百六十六，頁8687～8688。

五種風生錦繡開。寬似大溟生日月，秀如四嶽出塵埃。一條紫氣隨
高步，九色仙花落古臺。謝太傅須同八凱，姚梁公可並三臺。登樓
喜色禾將熟，望國誠明首不回。駕馭英雄如赤子，雌黃賢哲貢瓊瑰。
六條消息心常苦，一劍晶熒敵盡摧。木鐸聲中天降福，景星光裏地
無災。百千民擁聽經座，始見重天社稷才。

天資忠孝佐金輪，香火空王有宿因。此世喜登金骨塔，前生應
是育王身。封疆歲暮笙歌合，襦袴正初錦繡新。釋子沾恩無以報，
只擎章句貢平津。〔註155〕

前一首詩指出了帝王敬佛對國家的作用，可以達到「木鐸聲中天降福，景星
光裏地無災」，同時還描述了王建率眾聽講的盛況，「百千民擁聽經座」，並將
其塑造成受民愛戴的「重天社稷才」。後一首提到了王建對佛舍利的供養，文
中將舍利塔稱爲「金骨塔」，並將王建比作印度篤信佛教的阿育王。

相比之下，王建對於道教的支持也毫不遜色，當時的前蜀聚集了一些有
名的道士，如尔朱先生、杜光庭、崔無斁、楊勳、王帽仙、青城道士等。以
杜光庭爲例，他於中和元年（881）隨唐僖宗避難於蜀，後得到王建的賞識，
並留在蜀地任職。王建授其爲金紫光祿大夫、諫議大夫，封蔡國公，並賜號
廣成先生。又因其「博學善屬文」而「命爲太子元膺之師」。〔註156〕王建死
後，杜光庭爲其撰寫了《賀嗣位表》、《謝批答表》、《慰釋服表》、《慰中祥大
祥禫製錶》、《慰冊廟號表》、《慰啓攢表》、《慰發引表》、《慰山陵禮畢表》、
《慰祔廟禮畢表》等。〔註157〕王建之子王衍對道教的推崇更是不遺餘力，他
本人即「受道籙於苑中」，而且正如唐代帝王將老子李耳奉爲始祖，他推崇
道教中的王子晉爲其遠祖〔註158〕，並「起上清宮，塑王子晉像，尊爲聖祖、
至道玉宸皇帝，又塑高祖及帝像侍立於左右，又於正殿塑玄元皇帝及唐諸
帝，備法駕朝之。」〔註159〕此外，王衍還常令「妃嬪皆戴金蓮花冠，衣道士

〔註155〕貫休：《蜀王入大慈寺聽講》，《禪月集》卷十九，《四庫・集部・別集類》
（362），頁386。
〔註156〕《十國春秋・前蜀十三・列傳》卷四十七，《四庫・史部・載記類》（159），
頁206。
〔註157〕《廣成集》卷三，《四庫・集部・別集類》（362），頁419～420。
〔註158〕「王蜀少主以高祖受唐深恩，將興元節度使唐私第爲上清宮，塑王子晉爲遠
祖於上清祖殿，命齖龜寫大唐二十一帝御容於殿堂之四壁。」《益州名畫錄》
卷中，頁29。
〔註159〕《十國春秋・前蜀三・後主本紀》卷三十七，頁180。

服」〔註160〕。

王建對佛、道兩教的態度亦充分表現在唐帝寫真像中，如：

宋藝，蜀人也，攻寫真。王蜀時，充翰林寫貌待詔，模寫大唐
二十一帝聖容及當時供奉道士葉法善、禪僧一行、沙門海會、內侍
高力士於大聖慈寺玄宗御容院上壁，今見存。〔註161〕

畫面中，道士葉法善和禪僧一行同時出現在供奉的行列，這種佈局另有深意，
它表明了三者之間的微妙關係，即兩教均要服從於帝王的權威。

反觀王建墓，中室棺床的須彌座、其上雕刻的伎樂、蓮花、十二神將等
均在表現王建死後往生西方極樂世界；棺中的水銀又是為了防止屍體腐爛，
以便於尸解，即升仙。這兩種不同的信仰體系之間又是什麼關係？事實上，
兩個看似不相干的體系在唐代就已產生內在的聯繫。根據李靜傑的研究，唐
代以來，由於人們對涅槃內涵的曲解，使得此時的涅槃圖像與昇天觀念發生
關聯。〔註162〕如開元二十二年（734）十六人造像碑石刻中，與荼毗場面相
鄰，釋迦佛在二擎幡天人的簇擁下，乘雲升騰而起（圖 2-64），意在表現釋迦

圖 2-64　開元二十二年（734）十六人造像碑上的荼毗與昇天圖

〔註160〕《十國春秋‧前蜀三‧後主本紀》卷三十七，頁 181。

〔註161〕《益州名畫錄‧宋藝》卷下，頁 58。

〔註162〕李靜傑：《中原北方宋遼金時期涅槃圖像考察》，《故宮博物院院刊》2008 年
第 3 期，頁 6～46、157。

涅槃之後，靈魂升入理想天國世界。甘肅靈臺晚唐石棺右側面一佛結枷趺坐於行雲之上，胡人伎樂與諸大力士於前後導從，該圖像與石棺左側面涅槃圖相對應。兩者的組合表明，釋迦入涅槃後，靈魂將升入理想天國。北京遼乾統五年（1105）舍利棺右壁運送舍利棺之場面表現得更爲突出，引導菩薩與護送弟子，連同中央運送舍利的力士，行進在雲頭之上，彷彿正在走向天國世界（圖2-65）。這些場面均表現了世俗昇天觀念與佛涅槃觀念的融合。

圖2-65　北京遼乾統五年（1105）舍利棺右壁運送舍利場面

　　至此，我們可以看到，在王建墓中，佛教、道教均提供了一種幫助墓主進入西方極樂世界或永生的手段，兩者在某種程度上是可以重合的。而後室的王建像則可看做是前兩者作用的結果，即王建已在西方淨土化生或在仙界永生。王建像前放置的象徵帝王身份的寶盝、諡寶、哀冊、諡冊又進一步表明，其眞正目的是在化生或永生後依然保持生前帝王的尊嚴，享受帝王的待遇，而建於地面之上的墓葬建築正好爲之提供了一個豪華宮殿。

　　目前發現的前蜀周皇后陵的形制與佈局與王建墓類似，墓室全長 16.8米，後室長 8.5 米，墓壁厚 3.2 米，墓室中部置須彌座棺床。棺床長 6.9 米、寬 2.9 米、高 7.3 米，棺床四角各置一半身透雕力士，作扶棺狀。棺床四周均飾以花卉等圖案。墓室後部正中置一女式服飾坐像，頭部已殘。〔註163〕其中須彌座棺床、棺床上的裝飾花卉、扶棺力士以及後室的女坐像所代表的含義

〔註163〕周爾太：《成都市發現前蜀宮廷古墓》，《成都文物》1990 年第 4 期，頁 63。
　　　　關於墓主人的考證參見張亞平：《「前蜀」后妃墓應爲前蜀周皇后墓》，《四川文物》2003 年第 1 期，頁 36～37。

與王建墓大致相同，但規格明顯低於王建墓。可見，王建墓所體現的陵寢制度專屬於前蜀皇帝，它是帝王的威嚴和權力的象徵，即使地位尊崇的周皇后也無權享受這種待遇，帝、后陵的明顯差異可反襯出王建對自身帝王身份的重視與強調。

小 結

一個政權建立之初，開國帝王總是會對自身政權的合理性與合法性進行輿論宣傳，並制定一系列的保障措施，而陵墓制度無疑是宣揚皇權的重要舉措。

王建墓地宮的整體佈局借鑒了唐代佛舍利瘞埋制度中的最高規格，其中中室的須彌座棺床及其上雕刻的伎樂、蓮花代表著墓主死後往生的西方極樂世界，而十二半身像則是藥師淨土中的十二神將，其半身的形式與墓葬位於地上的設計表示墓主在眾神將的保護下衝出地獄，向西方淨土飛升。

除此之外，墓葬中還安排了另一套墓主往生的去處，即棺內的水銀以及哀冊中表示墓主要往生仙界以獲得永生。

事實上，這兩個看似不相干的方案存在著內在聯繫，因為在唐代，涅槃觀念已與道教的升仙發生了融合，佛涅槃後也可去往理想仙界。在這一語境下，我們可以看到，佛教、道教均提供了一種幫助墓主進入西方極樂世界或永生的手段，兩者在某種程度上是可以重合的。而後室的王建像則可看做前兩者作用的結果，即王建已在西方淨土化生或在仙界永生，王建像前放置的象徵帝王身份的寶盝、諡寶、哀冊、諡冊又進一步表明，其真正目的是在化生或永生後依然保持生前帝王的尊嚴，享受帝王的待遇。

至此，我們可以看到佛教圖像是如何在墓葬中進行轉換與重組的。

第三章　仿木：墓葬與地上建築

　　如果說王處直墓壁畫是唐代壁畫傳統的圓滿結局，那麼唐末、五代墓葬中出現的另一種裝飾手法——仿木建築則開啓了一個新時代。此形式一經出現，便對後世產生了巨大影響，我們可以看到，宋、遼、金的墓葬中裝飾了繁複的仿木構件，並成爲最具特色的時代風貌。

　　事實上，這種裝飾手法並非唐末、五代工匠所獨創，漢代的墓葬建築中就已出現仿木構件，如四川三臺郪江崖漢墓後室都柱上碩大的石質斗栱（圖3-1）〔註1〕、山東沂南東漢畫像石墓中造型誇張的斗栱等（圖3-2）〔註2〕，潼關弔橋漢代楊氏墓群中 2 號墓門樓上還有磚砌的斗栱、雙闕等，6 號墓門

圖 3-1　四川三臺郪江崖漢墓中的斗栱

〔註 1〕　四川省文物考古研究院、綿陽市文物管理局、三臺市文物管理局：《四川三臺郪江崖墓群柏林坡 1 號墓發掘簡報》，《文物》2005 年第 9 期，頁 16～35。
〔註 2〕　曾昭燏等合著：《沂南古畫像石墓發掘報告》，文化部文物管理局，1956 年。

圖 3-2　沂南漢畫像石墓鳥瞰圖

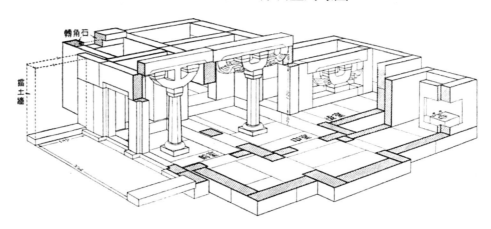

樓夯門頂上亦有碩大的斗栱〔註 3〕。魏晉南北朝的墓葬中亦不乏此類裝飾，
如敦煌佛爺廟灣 133 號西晉墓照壁上有磚雕的立柱和假門（圖 3-3）〔註 4〕，
陝西華陰北魏楊舒墓門上的照壁已經出現了磚雕的屋頂、斗栱、立柱和假

圖 3-3

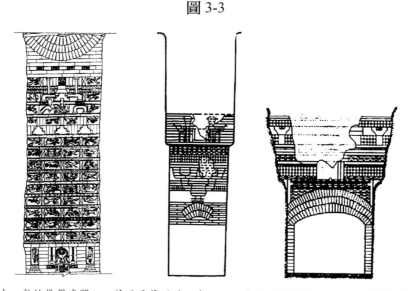

（左：敦煌佛爺廟灣 133 號西晉墓照壁；中、右：潼關弔橋漢代楊氏 2、6 號墓門樓）

〔註 3〕　陝西文物管理委員會：《潼關弔橋漢代楊氏墓群發掘簡記》，《文物》1961 年
　　　　　第 1 期，頁 56～66。
〔註 4〕　甘肅省文物考古研究所戴春陽主編：《敦煌佛爺廟灣西晉畫像磚墓》，文物出
　　　　　版社，1998 年。

門〔註5〕，而寧夏固原北周李賢墓則出現了新形式，在天井過洞上方繪製門樓〔註6〕。隋唐墓葬繼承了李賢墓的做法，出現了更大規模的建築繪畫，如懿德太子墓道東西兩壁所繪的三重門闕及北壁的城樓圖〔註7〕，長安縣唐韋泂墓第一過洞南壁所繪的二重門等（圖3-4）〔註8〕。至晚唐、五代，墓葬中的建築繪畫逐漸消失，代之而起的是較為完備的仿木建築磚雕。此時，東漢、魏晉時期出現的仿木門樓更為流行，但結構較前代複雜得多，如李茂貞夫人墓端門（圖3-5）和馮暉墓門樓（圖3-6）。同時，墓室中的仿木建築發生了明顯的變化，仿木構件不再像前代那樣單獨出現，而是注重不同構件之間的組合關係，包括屋檐、枋、柱、斗栱、門窗等（圖3-7）。而且，大多的仿木構件並非如漢代的石雕那樣由一塊石頭或磚雕刻而成，而是按照木構建築的特點對不同的仿木構件分別加工，並進一步組裝，如李茂貞夫人墓端門第二層建築的轉角鋪作，華栱由兩層磚疊砌而成，其中下層磚的外端呈弧形，以實現對木構件中華栱外形的模仿（圖3-8）。更重要的是，此時的仿木建築構件在比

圖3-4

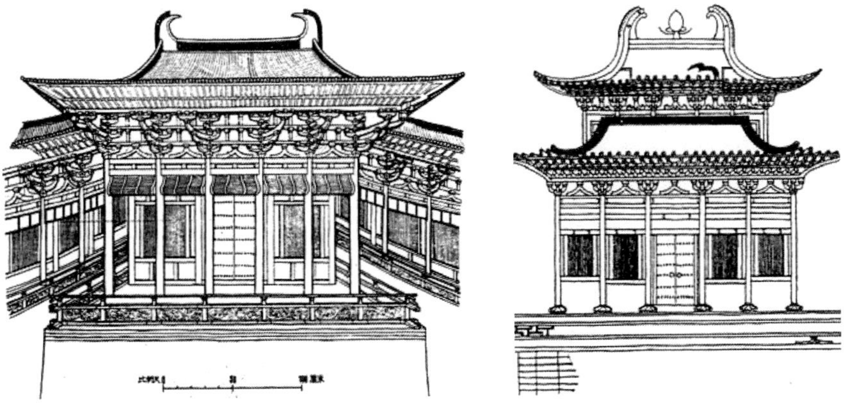

（左：懿德太子墓墓道北壁城樓圖；右：長安縣唐韋泂墓第一過洞南壁所繪的二重門）

〔註5〕 崔漢林、夏振英：《陝西華陰北魏楊舒墓發掘簡報》，《文博》1985年第2期，頁4～11。

〔註6〕 寧夏回族自治區博物館、寧夏固原博物館：《寧夏固原北周李賢夫婦墓發掘簡報》，《文物》1985年第11期，頁1～20。

〔註7〕 陝西省博物館、乾縣文物局唐墓發掘組：《唐懿德太子墓發掘簡報》，《文物》1972年第7期，頁26～31。

〔註8〕 陝西文物管理委員會：《長安縣南里王村韋泂墓發掘記》，《文物》1959年第8期，頁8～18。

圖3-5　李茂貞夫人墓端門

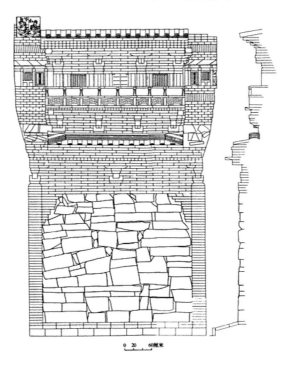

圖3-6　馮暉墓門樓

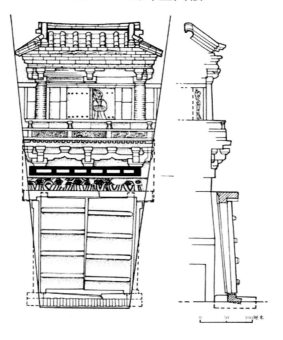

圖 3-7　洛陽伊川後晉孫璠墓室後壁

圖 3-8　李茂貞夫人墓端門第二層建築的轉角鋪作

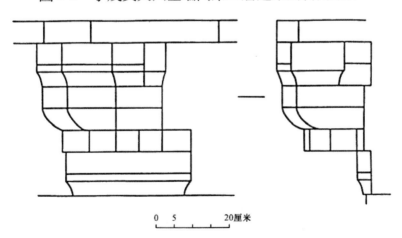

0　5　　　　20厘米

例上基本趨於合理化，不再有前代那樣誇張的構件，其裝飾紋樣和色彩也模
仿了現實木構建築的裝飾彩畫。此外，還需指出的是，仿木建築主要追求建
築外觀的視覺真實，並無實質的建築空間，因此，它與實際的建築又有著本
質的區別。

　　簡言之，與前代墓葬中零星出現的仿木構件相比，晚唐、五代的仿木磚
雕旨在實現對木構建築外觀的整體模仿，包括建築的結構、構件之間的比例
關係與組合關係、製作程序、彩畫裝飾以及建築的視覺效果等諸多方面，可

稱為真正意義上的仿木建築。

那麼，這一形式為何在唐末、五代大規模出現？其來源有哪些？仿木建築磚雕是通過什麼方法來實現對地上建築的模仿的？這一藝術形式在墓葬建築中的功能是什麼？表達了人們的何種觀念？本章將圍繞這些問題展開討論。

一、仿木建築的來源

一種藝術形式的出現從來不是憑空產生，而是有其自身的來源，就仿木建築而言，主要有以下三個方面。

（一）地上木構建築

探討仿木磚雕首先應解決「仿」的問題，即為什麼要「仿」？這應與當時地上木構建築的發展狀況息息相關。就中國建築發展歷程而言，以秦漢為第一次高峰，此時古代建築以木構為主、採用院落式佈局的特點已基本成熟和穩定，並與當時社會禮制和風俗習慣結合密切。而唐代則是繼漢代之後的又一建築高峰期，長安城的改造，大明宮、興慶宮等宮殿的修建無不體現了設計、預製、施工諸方面的極高水平。唐代所建的含元殿、麟德殿、明堂等大型建築的尺度，之後各朝均未能超越，可以認為已接近古代木構建築尺度的極限。因此，無論從建築藝術還是建築技術衡量，唐代都是臻於成熟的盛期。〔註9〕不僅如此，成書於十世紀八十年代的喻皓《木經》是對唐代建築的總結，該書雖已亡佚，但正如謝赫《畫品》的出現標誌著魏晉繪畫的成熟一樣，《木經》也應標誌著當時建築發展的規制化和理論化。

在此背景下，人們對木構建築的迷戀便可想而知。首先，皇家極盡財力修建豪華宮殿，如李華在《含元殿賦》中寫道：

> 命徵磐石之匠，下荊揚之材。操斧執斤者萬人，涉磧礫而登崔嵬。擇一干於千木，規大壯於喬枚。……擁材為山，攢杵如林。乃占日月之吉，以成帝室。虹梁勁於中極，榱桷纖以罾密。析姑繇以為楹，墮喬山以為磶。飛重簷以切霞，炯素壁以留日。神標峻楠，鬼疊層楣。高卑疊作，尋尺相持。木從繩而後正，棟操宇而不危。陛瑩冰級，瓦敷鱗差。蕩晶景而升降歘，晱晢以交輝。鏗大廈之奇

〔註 9〕傅熹年：《中國古代建築概說》，《傅熹年建築史論文集》，文物出版社，1998年，頁2～6。

　　傑，勢將頓而復飛。〔註10〕

傅熹年根據考古發現與文獻資料，對含元殿進行了復原（圖 3-9、圖 3-10）〔註11〕，從中不難看出其原初的宏偉規模與氣勢。

圖 3-9　含元殿平面復原圖

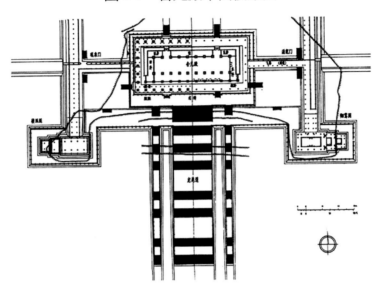

圖 3-10　含元殿橫剖面復原圖

〔註10〕　（唐）李華《含元殿賦》，《陝西通志》卷八十八，《四庫・史部・地理類》
　　　　　（186），頁 628。

〔註11〕　傅熹年：《唐大明宮含元殿原狀的探討》，《傅熹年建築史論文集》，頁 184～
　　　　　206。

其次，高官顯貴也爭相使用高貴木料建造奢華住宅，如《舊唐書・馬璘》記載：

> 璘久將邊軍，屬西蕃寇擾，國家倚爲屏翰。前後賜與無算，積聚家財，不知紀極。在京師治第舍，尤爲宏侈。天寶中，貴戚勳家，已務奢靡，而垣屋猶存制度。然衛公李靖家廟，已爲嬖臣楊氏馬厩矣。及安、史大亂之後，法度驟弛，内臣戎帥，競務奢豪，亭館第舍，力窮乃止，時謂「木妖」。璘之第，經始中堂，費錢二十萬貫，他室降等無幾。〔註12〕

當然，豪宅建成後，奢華的裝飾更是必不可少：

> 楊貴妃姊號虢國夫人，恩寵一時，大治宅第。棟宇之華盛，舉無與比。……虢國中堂既成，召匠圬墁，授二百萬償其值，而復以金盞瑟瑟三斗爲賞。後復歸韋氏，曾有暴風拔樹，委其堂上，已而視之，略無所傷。既撤瓦以觀之，皆承以木瓦，其制作精緻，皆此類也。〔註13〕

> 宗楚客造一宅新成，皆是文栢爲梁，沉香和紅粉以泥壁，開門則香氣蓬勃。磨文石爲階砌及地，著吉莫鞾者，行則仰仆。楚客被建昌王推得贓萬餘貫，兄弟配流。太平公主就其宅看，歎曰：「看他行坐處，我等虛生浪死。」〔註14〕

而對於那些出身卑微剛剛擠入上層社會的人們來說，豪華體面的府第便成爲其首要的追求。當現實條件無法滿足這一願望時，他們甚至想像假借神人之力以達到目的，如《唐摭言》中就講述了此類事件。

> 盧相國鈞初及第，頗窘於率費。俄有一僕願爲月傭，服飾鮮潔，謹幹不與常等。睹鈞褊乏，往往有所資。時俯及關宴，鈞未辦醵率，憂形於色。僕輒請罪，鈞具以實告。對曰：「極細事耳。郎君可以處分，最先後勾當何事？」鈞初疑其妄，既而將覘之，紿謂之曰：「爾若有伎，吾當主宴，第一要一大第爲備宴之所，次則徐圖。」其僕唯而去，頃刻乃回白鈞曰：「已稅得宅矣，請幾郎檢校。」翌日，鈞強往看之。既而朱門甲第擬於宮禁。〔註15〕

〔註12〕《舊唐書・列傳第一百二・馬璘》卷一百五十二，頁 4066～4067。
〔註13〕《明皇雜錄》卷下，頁 964。
〔註14〕《朝野僉載》卷三，頁 41。
〔註15〕《唐摭言・慈恩寺題名遊賞賦詠雜記》卷三，頁 1605。

從上述分析不難看出，木構建築在當時有著得天獨厚的優越地位，並成為各個階層的無上追求。這種追求甚至延續到死後，而仿木磚雕作為木建築的最佳替代品，便開始在墓葬中廣泛流行。

（二）建築繪畫

仿木磚雕是對木構建築的模仿，其建造的標準便是「仿真」，這一要求與當時對建築繪畫的評價標準是一致的。如《圖畫見聞志》中曾提到後蜀著名畫家趙忠義所繪的《關將軍起玉泉寺圖》，與現實中的建築分毫不差。

> 趙忠義，元德之子，事孟蜀為翰林待詔。雖從父訓，宛若生知。蜀後主嘗令畫關將軍起玉泉寺圖，作地架一座，垂栱疊栱，向背無失。蜀主命匠氏較之，無一差者，其精妙如此。嘗與高道興、黃筌輩同畫成都寺壁甚多。〔註16〕

同時，該書中還極力稱讚了宋初郭忠恕、王士元的屋木畫：

> 畫屋木者，折算無虧，筆畫匀壯，深遠透空，一去百斜。如隋唐五代已前，洎國初郭忠恕、王士元之流，畫樓閣多見四角，其斗栱逐鋪作為之，向背分明、不失繩墨。今之畫者，多用直尺，一就界畫，分成斗栱，筆迹繁雜，無壯麗閒雅之意。〔註17〕

但事實上，不管建築繪畫與實際建築如何的相契合，它始終是對三維建築的二維再現，並不具有真正的建築空間。在此意義上，仿木磚雕與建築繪畫在本質上是一致的，由於材質、技術等方面的原因，仿木建築只能在外形及基本構件上與木構建築達到相似，換言之，仿木磚雕根本無法達到真正的木構建築之繁複、精密的程度，只能通過一些藝術手段來實現視覺上的「仿真」。因此，建築繪畫與仿木建築均是對現實建築的一種虛幻的反映。

更重要的是，唐宋時期，人們習慣用建築來營造各種虛幻的世界，最典型的莫過於佛教壁畫中對淨土世界的描繪。在佛經中，對西方極樂世界和東方淨土有著明確解釋：

> 極樂國土，七重欄楯，七重羅網，七重行樹，皆是四寶周匝圍繞，是故彼國名為極樂。又舍利弗極樂國土有七寶池，八功德水充滿其中，池底純以金沙布地。四邊階道，金、銀、琉璃、頗梨合成。上有樓閣，亦以金、銀、琉璃、頗梨、車碟、赤珠、馬瑙而嚴飾之。

〔註16〕　《圖畫見聞志》卷二，人民美術出版社，2004 年，頁 49～50。
〔註17〕　《圖畫見聞志》卷一，頁 10～11。

池中蓮花大如車輪，青色青光、黃色黃光、赤色赤光、白色白光微
妙香潔。〔註18〕

　　佛經記西方有國，國名安養……其佛號阿彌陀，晉言無量壽，
國無王制班爵之序，以佛為君，三乘為教。男女各化育於蓮花之
中，無有胎孕之穢也。館宇宮殿，悉以七寶，皆自然懸搆，制非人
匠。苑囿池沼，蔚有奇榮。〔註19〕

　　藥師琉璃光如來所有諸願及彼佛國土功德莊嚴，乃至窮劫說不
可盡，彼佛國土一向清淨，無女人形，離諸欲惡，亦無一切惡道苦
聲。琉璃為地，城闕、垣牆、門窗、堂閣、柱梁、斗栱周匝羅網，
皆七寶成，如極樂國。〔註20〕

畫家在表現這些虛幻的極樂世界時充分發揮了建築的作用，如敦煌晚唐 12 窟
北壁之藥師佛經變，畫面中最醒目的是具有兩重院落的豪華建築，包括兩座
門廳和兩座佛殿。所有的建築呈中心對稱，藥師佛則端坐於畫面中央的建築
之前（圖 3-11）。畫面中的重重建築與宮殿或院落的結構並無二致。敦煌晚

圖 3-11　敦煌 12 窟北壁壁畫藥師經變中的建築

〔註18〕　（姚秦）鳩摩羅什譯：《佛說阿彌陀經》，《大正藏·寶積部下》（12），頁346
　　　　～347。
〔註19〕　（梁）僧祐撰：《廣弘明集·阿彌陀佛像讚並序》卷十五，《大正藏·史傳部》
　　　　（52），頁196。
〔註20〕　（隋）達摩笈多譯：《佛說藥師如來本願經》，《大正藏·經集部一》（14），頁402。

唐 85 窟西方淨土變中之建築也是畫面中最為精彩之處（圖 3-12）。事實上，沒有人知道極樂世界究竟是何種面貌，與其說它存在於某一空間，毋寧說它存在於人的思維或幻覺中，而畫工卻借助真實的建築樣式將這些虛幻的景象表現出來。

圖 3-12　敦煌 85 窟壁畫西方淨土變中的建築

這種用真實的建築來表現一個虛擬場景的現象不惟出現在經變畫中，當時的筆記小說也處處體現了這一特殊觀念。當小說中涉及某一虛換世界或理想世界時，作者總會將富麗堂皇的木構建築作為重要的因素來描繪。如：

> ……行一二十里外，覺道路漸異，非常日經過處。既而望中有燈燭熒煌之狀，林木蒽蒨，似非人間。……趨走入門，則峻宇雕牆，重廊複閣，侍衛嚴肅，擬於王侯。〔註21〕

> 黃冠前引，雙鬟青童從而入；吏亦隨之。過數門，堂宇華麗，修竹夾道，擬王公之甲第。〔註22〕

小說中的建築是虛構的，但作者描述這一幻想的世界時常常將其與現實的建築相比照，並認為這些建築是「擬王公之甲第」。讀到此句，我們就會產生一種奇異的體驗，彷彿小說中的離奇故事是發生在某一座現實存在的建築之中，換言之，作者將一種虛擬的內容加了一個實體的外殼，從而使讀者相信「這個故事好像真的曾經發生過」。清代的徐松早就注意到現實的建築在唐代

〔註21〕　《尚書故實》，頁 1163。
〔註22〕　《三水小牘逸文》，頁 1198。

小說中的特殊作用，並著有《唐兩京城坊考》，其目的在於尋找發生在唐代長安和洛陽的故事裏有趣的人物地理空間關係，爲閱讀唐代文學作品提供圖文並茂的便利。唐代小說這一重要的寫作特徵——追求小說情節外殼的真實性，使虛構的作品在地理上具有了信史的價值，從而成功地實現了對虛構性的掩飾。〔註23〕

此外，在一則更爲極端的例子裏，建築成爲幻境依附的工具，其中的人物活動隨著建築的存在而鮮活，又隨著建築的消失而灰飛煙滅。

> 咸通初，有布衣纍，忘記其名，到京輦，云黔巫。間來王公之第，以羊挺炭三十斤，自出小鋸並小刀斧，剪截其炭，疊成二樓，數刻乃成。散藥末於上，下用火燒之。藥引火勢，斯須即通徹二樓，光明赫然，望其簷宇窗户、雕楣刻柟並闌檻，罔不周備。又有飛橋連接二樓，有人物男女若來往其上。移時後，炭漸飛揚成灰，方無所睹。懿皇聞之，召入宮禁。久而不知所之。〔註24〕

文中的「忘記其名」一句，更是道出了該故事爲虛構的事實。

建築繪畫在唐代墓葬中同樣表現了上述觀念，這些繪畫被刻意安排在墓葬建築的特定位置，並通過與建築結構的合理組合來加強對建築空間及其性質的表達。如懿德太子墓墓道北端第一過洞南壁上方繪一座五間單簷廡殿頂建築，左右有斜廊，墓道東西兩壁的南端均繪有城牆和三重子母闕，這三組建築可合成一個整體。闕總是夾門外而建，所以第一過洞南壁的建築應是門樓，象徵宮城的正門，墓道東西兩壁上的城牆和子母闕則表示門樓兩側的城牆、觀和夾門而建的闕。門樓是正立面圖，而闕是用透視法，表現的是站在闕之北側所看到的圖景（圖3-13）。〔註25〕這種觀看方式並非是今人無根據的揣測，而是符合當時人們的視覺習慣，我們可從《宣室志》記載的一則故事中找到依據。

> 清河張鷟，貞元中，以前王屋令調於有司。忽夢一中使來，鷟即具簪笏迎之。謂鷟曰：「有詔召君，可偕去！」鷟驚喜，且以爲上將用我。既命駕，與中使俱出，見門外有吏卒十餘爲驅殿者，鷟益

〔註23〕 朱玉麟：《隋唐文學人物與與長安坊里空間》，《唐研究》第九卷，2003年，頁85～128。
〔註24〕 《中朝故事》，頁1791。
〔註25〕 傅熹年：《唐代隧道型墓的形制構造和所反映初的地上宮室》，《傅熹年建築史論文集》，頁245～263。

圖 3-13　懿德太子墓及第一過洞南壁壁畫所表現的宮前廣場圖

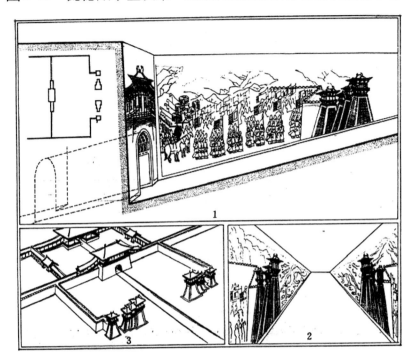

喜，遂出開遠門西望而去。其道左有吏甚多，咸再拜於前。過二百
里至一城，輿馬人物，喧喧然闐咽於路，槐影四盭，煙幕迤邐。城
之西北數里，又有一城，城外有被甲者數百，羅立門之左右，執戈
戟，列幡幟，環衛甚嚴，若王者居。既而中使引入門。其城內簷宇
櫛比，兵士甚多，又見宮闕臺閣，既峻且麗。又至一門，中使引
入，門內百餘人，具笏組列於庭，儀甚謹肅。又有一殿巍然，瓊玉
華耀，真天子正殿。殿左右有武士數十，具甲倚劍立。殿上有朱紫
中使甚多。見一人峨冠，被袞龍衣，憑玉案而坐其殿之東宇。又有
一冠裳者，貌若婦人，亦據玉案，在殿之西宇。有宮嬪數十列於
前。中使謂誐曰：「上在東宇，可前謁！」即趨至東宇前再拜。有朱
衣中使立於殿之前軒，宣曰：「卿今宜促治吾宮庭事，無使有不如法
者。」誐又再拜舞蹈。既而中使又引至西宇下，其儀度如東宇。既
拜，中使遂引出門。誐悸且甚，因謂之曰：「某久處外藩，未得見天
子，向者朝對，無乃不合於禮乎？」中使笑曰：「吾君寬，固無懼
爾！」言畢東望，有兵士數百馳來，中使謂誐曰：「此警夜之兵也。

子疾去，無犯嚴禁！」即呼吏命駕。惶惑之際而寤，竊異其夢，不
敢語於人。後數日，詵拜乾陵令。及至，凡所經歷，盡符所夢。又
天后祔葬，詵所夢殿東宇下峨冠被袞龍衣者，乃高宗也；其殿西宇
下冠衣貌如婦人者，乃天后也。後數月，因至長安，與其友數輩會
宿，具話其事。有以《歷代聖賢圖》示詵者，高宗及天后，果夢中
所見也。〔註26〕

文中記述了張詵夢中所見乾陵的面貌，並強調這些景象與真實的乾陵無異。
目前我們尚無法窺見乾陵的真實結構，但有一點可以基本確定，張詵所見到
的景象定是地下墓葬與壁畫相結合後的視覺效果〔註27〕，其中「城外有被甲
者數百，羅立門之左右，執戈戟，列幡幟，環衛甚嚴，若王者居」之場景竟
與懿德太子墓墓道與第一過洞之壁畫驚人的一致。在此，建築繪畫成功了實
現了對虛擬建築空間的表達。

　　相比之下，漢代墓葬中雖也有建築繪畫的出現，但卻意在表現獨立的建
築，與墓葬建築本身無關，如和林格爾漢墓中的寧城圖（圖3-14）、安平逯家
莊漢墓中的建築圖等（圖3-15）。在此意義上，唐墓中的建築繪畫與建築較為
合理地結合為仿木建築磚雕提供了成功的範例。

圖3-14　和林格爾漢墓壁畫寧城圖

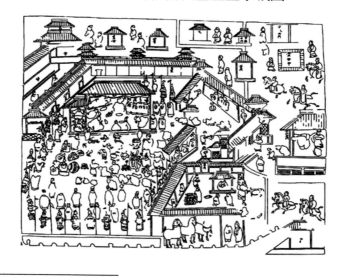

〔註26〕《宣室志》卷三，頁1006～1007。
〔註27〕根據現有的唐墓壁畫材料可知，在墓葬中大量繪製壁畫應是上層社會享有的
　　　　專利，推測乾陵中亦繪有大量壁畫。

圖 3-15　河北安平逯家莊東漢墓壁畫之塢壁

　　唐末、五代墓葬的仿木磚雕無疑繼承了上述建築繪畫的種種特點，它旨在表現建築的外觀，其結果是，原本的室內空間就轉化爲外部空間，而仿木結構所營造的建築空間又是虛擬的，不存在的，從而再次演繹了一個實體建築表現虛擬內核的例證。

　　那麼，爲什麼墓葬中的建築繪畫會在唐末五代爲仿木磚雕所取代呢？

　　究其原因，應是由其自身特點所致。繪畫與建築屬於不同的體系，前者是虛幻的，其本身的平面性使得它無法與建築實體達到完美統一，如懿德太子墓《門樓圖》中左右的斜廊就無法與墓道東、西兩壁進行合理的銜接，使得兩者的組合在視覺上總會顯得有些生硬、牽強。而仿木建築的出現則恰恰彌補了這一缺憾，仿木磚雕與墓葬建築材質的一致性，使得兩者的結合不顯突兀。也許正是這種優勢才使得仿木磚雕最終取代了墓葬中的建築繪畫，成爲五代、宋、遼、金、元墓葬的主要裝飾形式。

（三）仿木磚塔

　　如果說唐代木構建築的發展爲唐末、五代墓葬中仿木建築的出現提供了現實原型及模仿動機，建築繪畫又爲其提供了形式和觀念上的準備，那麼，仿木磚塔則提供了技術來源。

　　「由於灰磚塔質地堅硬，遠比木頭抗自然侵蝕的能力強得多，因此，自

唐代中期開始，磚塔逐漸取代木塔的地位，成爲古塔建築的主流。」〔註 28〕
材質的變化並不能阻止人們對木構建築的熱情，於是磚塔上便出現了新的裝
飾樣式——仿木結構，如：

　　西安南郊長安縣的善導塔建於唐高宗開耀元年（681），是爲紀念高僧善
導而建造。原塔共十三層，現殘存十層，高 33 米。各層塔身都砌出方形壁
柱，每面三間，柱上砌出闌額，柱頭與柱間砌出櫨斗各一，當心間設劵門，
次間磚砌槏柱，所有仿木構件都塗以朱色，槏柱以朱色繪出直櫺窗（圖
3-16）。〔註 29〕玄奘塔爲方形五層樓閣式實心磚塔，初建於唐總章二年（669），
重建於唐大和二年（882），該塔疊澀出簷，簷下作仿木倚柱、額枋及一斗三
升式斗栱（圖 3-17）。〔註 30〕河南登封會善寺淨藏禪師塔爲八角形塔，塔身八
角各砌一角柱，柱下連以地窣和橫枋，上連闌額，柱頭上砌作一斗三升斗
栱，闌額上爲人字形補間斗栱。塔正面闢圓劵門，兩側面裝飾有假門，四斜
面浮雕直櫺窗（圖 3-18）。〔註 31〕

　　如果將上述磚塔上出現的仿木結構與唐末五代墓葬中出現的仿木磚雕相
比較，就不難發現兩者的相似之處。

圖 3-16　西安南郊　　　　圖 3-17　　　　　　　圖 3-18　河南登封
　　長安縣的善導塔　　　　　西安玄奘塔　　　　　　會善寺淨藏禪師塔

〔註 28〕趙克禮：《陝西古塔研究》，科學出版社，2007 年，頁 5。
〔註 29〕中國藝術研究院《中國建築藝術史》編寫組編著：《中國建築藝術史》（上），
　　　　文物出版社，1999 年，頁 335。
〔註 30〕趙克禮：《陝西古塔研究》，頁 35。
〔註 31〕《中國建築藝術史》（上），頁 337。

此外，兩者的發展軌迹也基本一致。根據趙克禮的研究，凡塔簷下隱出「一斗三升」斗栱者，當爲唐中期及其以後所建。〔註32〕這種從盛唐起開始模仿木建築的結構樣式，直接影響到宋塔的形制。〔註33〕而且，隨著技術的發展，宋塔上的仿木建築逐漸向繁複、富麗的方向發展，主要表現在斗栱的結構變化，這時不再局限於唐塔中簡單的一斗三升式，而是以較爲複雜的雙抄五鋪作和三抄六鋪作爲主（圖3-19）。這種變化同樣表現在墓葬的仿木磚雕中，唐末、五代墓葬中的仿木斗栱多爲一斗三升式或斗口跳，至宋代中後期則以四鋪作和五鋪作爲主（圖3-20）。這種一致性絕非偶然，而是代表了兩者之間的密切關係，即磚塔的仿木磚雕應是墓葬仿木磚雕直接的技術來源和形式來源。正如宿白所說：「自唐宋以來地上用磚仿木建築之佛塔，在技術上逐漸達到一定的熟練程度，因之刺激了與其建築方式大略相同之地下墓室的進一步演變，於是北宋以來，大量出現幾乎完全模仿木建築之磚室墓。」〔註34〕

圖3-19　西安戶縣寶林寺塔　　圖3-20　白沙宋3號墓室東南壁斗栱

 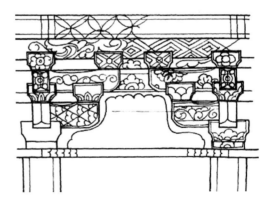

二、仿木建築的表現方式

（一）建築的外觀

墓葬與地上木構建築最大的不同在於，地上建築可以致力於外觀的裝飾，並使其成爲建築中最引人注目的部分，而地下墓葬建築則很難做到，因

〔註32〕趙克禮：《陝西古塔研究》，頁36。
〔註33〕羅哲文主編：《中國古代建築》，上海古籍出版社，1990年，頁130。
〔註34〕宿白：《白沙宋墓》，文物出版社，2002年，頁111。

爲其外貌將完全掩埋在封土和地穴中。但對外觀的關注又迫使工匠去創造一
種更新的方法，於是，他們便選擇了一種巧妙的方式——將建築外觀搬到墓
室之內。以洛陽伊川後晉孫璠墓爲例，該墓平面呈圓形，以墓室中心線爲軸，
左右爲對稱的八根方形抹角倚柱，上承鋪作，柱間爲闌額，倚柱和闌額塗朱
彩。斗栱上依次爲撩簷方、簷椽、板瓦，撩簷方、簷椽塗朱。如果站在墓門
向內觀看，儼然是站在一座庭院的門口〔註 35〕，而由立柱分割的幾部分壁畫
便轉化爲一座建築的不同開間。

　　至宋代，墓室內的仿木建築磚雕中大多不再有屋檐，而是專門致力於重
重斗栱的塑造，那麼，我們如何判定這些斗栱所表現的是否爲建築外觀呢？根
據《營造法式》：「殿閣等外簷自八鋪作至四鋪作，內外並重栱計心，外挑出
下昂，裏跳出卷頭。」〔註 36〕可見下昂是區分裏跳、外跳的標準，即出下昂
的一面爲外向。反觀這些仿木磚雕斗栱，均有下昂的出現（圖 3-21）。〔註 37〕
因此，宋代墓室中的鋪作仍爲外向，即表現的是建築的外觀。〔註 38〕

圖 3-21　下昂

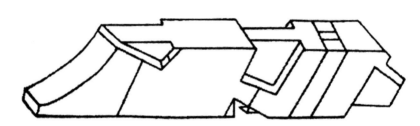

〔註 35〕　梁莊愛倫（Ellen Johnston Laing）在宋金墓葬研究中早就注意到這一現象，他
　　　　　指出，當一個人站在墓室之中，就像站在一個庭院中，墓室的牆壁代表著圍
　　　　　繞庭院的建築。（Ellen Johnston Laing, Patterns And Problems In Later Chinese
　　　　　Tomb Decoration, Journal of Oriental Studies. vo16, 1978, pp.17.）
〔註 36〕　《營造法式・大木作功限一》卷十七，頁 366～367。
〔註 37〕　這裡需要說明的是，由於材質的原因，仿木建築中的下昂並未向下傾斜，而
　　　　　是平行伸出，但其外端的造型與木構下昂基本一致，筆者據此判定它們爲下
　　　　　昂。
〔註 38〕　唐代的墓葬壁畫中多繪影作木構建築，但多爲建築內部裝飾的描繪，如懿德
　　　　　太子墓過洞內兩壁內用朱畫柱子、地栿、重楣（闌額），頂部畫方形和矩形格
　　　　　子，格內畫卷草和團窠（團花）圖案。這是對當時宮殿、寺觀和大型宅邸的
　　　　　室內頂棚的模仿。（傅熹年：《唐代隧道型墓的形制構造和所反映出的地上宮
　　　　　室》，《傅熹年建築史論文集》，頁 245～263。）墓室內僅繪製立柱和一斗三升
　　　　　式斗栱，很難確定其內外的屬性。

　　事實上，人們對建築外觀的迷戀早在戰國時期就有充分體現，藝術家在表現人們的室內生活時往往不會犧牲建築的外觀，如山東郎家莊 1 號戰國墓出土的漆盤（圖 3-22），人物活動於華麗的屋宇之中，其上的建築裝飾歷歷可見，廊柱也在描繪之列，只是爲了方便室內空間的描繪而捨棄了圍牆，就好像這些建築是由一個個門柱支撐的屋宇組成。河南輝縣趙固區戰國 1 號墓出土的宴樂射獵紋銅鑑上也刻有類似的圖像（圖 3-23）。〔註39〕後代的藝術家一直沿用這種表現方式，只是建築結構越來越複雜，如宋山漢代第二批畫像第14 石（圖 3-24）、成都揚子山漢墓畫像磚中的廳堂建築、北魏寧懋石室山牆外

圖 3-22　　　　　　　　　　　圖 3-23
山東郎家莊 1 號戰國墓出土的漆盤　　河南輝縣戰國 1 號墓銅鑑摹紋

圖 3-24　　宋山第二批畫像第十四石局部

〔註39〕 中國科學院考古研究所：《輝縣發掘報告》，科學出版社，1956 年，頁 115～116。

壁畫像中的建築（圖 3-25）、西安大雁塔門楣石刻唐代佛殿圖（圖 3-26）、敦煌中唐 159 窟觀無量壽經變中的建築等等（圖 3-27）。北朝墓葬中出現的「屋形槨」則是藝術家表現建築外觀的另一種形式〔註 40〕，如山西大同北魏宋紹祖墓石槨（圖 3-28）、智家堡石槨、寧懋石室、壽陽北齊厙狄迴洛墓木槨、隋虞弘墓石槨等（圖 3-29、圖 3-30），其外形完全仿照地上木建築的外觀，屋頂為懸山頂或歇山頂。此外，宋紹祖墓石槨、智家堡石槨、寧懋石室的內壁還彩繪或刻有壁畫，題材多為墓主夫婦像、牛車、鞍馬、庖廚、舞蹈伎樂等家居場景〔註 41〕，從而使得石槨更具有居室的特點，與之相對應，墓室的空間則轉化為外部空間。唐代墓葬承襲了這一樣式，如初唐李壽墓〔註 42〕、懿德

圖 3-25　寧懋石室山牆外壁畫像（局部）

〔註 40〕 巫鴻曾討論過「屋形槨」的來源，認為其形式來源有三種：漢代墓葬的石室、畫像石棺、地上石祠堂。巫鴻著，鄭岩譯：《「華化」與「復古」：房型槨的啟示》，《禮儀中的美術——巫鴻中國古代美術史文集》（下卷），生活・讀書・新知三聯書店，2005 年，頁 659～671。

〔註 41〕 山西市考古研究所、大同市考古研究所：《大同市北魏宋紹祖墓發掘簡報》，《文物》2001 年第 7 期，頁 19～39。王銀田、劉俊喜：《大同智家堡北魏墓石槨壁畫》，《文物》2001 年第 7 期，頁 40～51。黃明蘭：《洛陽北魏世俗石刻線畫集》，人民美術出版社，1987 年，頁 95～105。郭建邦：《北魏寧懋石室線刻畫》，人民美術出版社，1987 年。鄭岩：《魏晉南北朝壁畫墓研究》，文物出版社，2002 年，頁 102。山西省考古研究所、太原市考古研究所、太原市晉源區文物旅遊局：《太原隋代虞弘墓清理簡報》，《文物》2000 年第 1 期，頁 27～52。

〔註 42〕 陝西省博物館、文管會：《唐李壽墓發掘簡報》，《文物》1974 年第 9 期，頁 71～88、61。

圖 3-26　西安大雁塔門楣石刻唐代佛殿圖

圖 3-27　敦煌中唐 159 窟壁畫觀無量壽經變中的建築

圖 3-28　山西大同北魏宋紹祖墓石槨

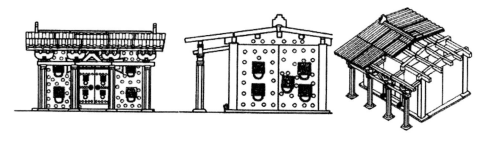

（左：正面；中：東側面；右：結構透視圖）

圖 3-29　屋形槨示意圖

（左：智家堡石槨；中：寧懋石室；右：虞弘墓石槨）

圖 3-30　北齊庫狄迴洛墓木槨復原立面及透視圖

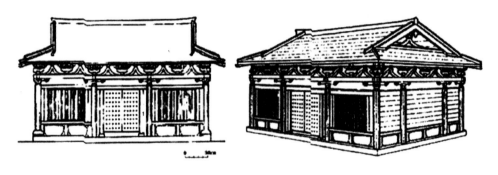

太子墓〔註43〕、永泰公主墓〔註44〕、章懷太子李賢墓〔註45〕、李憲墓〔註46〕等高規格墓葬中均有此類石槨（圖 3-31）。它們均爲廡殿頂，四壁刻有圖像。至中晚唐，屋形石槨逐漸淡出，但這一形式卻在遼代墓葬中延續下來，並演變爲兩種形式：其一是石室，以寶山遼代 1、2 號墓最爲典型，其中 1 號墓石室位於墓室正中偏後，平面呈長方形，門正對甬道，其餘三面外表塗白灰，影作仿木結構，內部四壁及室頂磨光作畫；2 號墓石室緊貼墓室後壁起築，平面呈方形，裝飾手法與 1 號墓石室相類。〔註47〕另一種形式便是法庫葉茂臺

〔註43〕　陝西省博物館、乾縣文物局唐墓發掘組：《唐懿德太子墓發掘簡報》，《文物》1972 年第 7 期，頁 26～31。

〔註44〕　陝西省文物管理委員會：《唐永泰公主墓發掘簡報》，《文物》1964 年第 1 期，頁 71～94、39。

〔註45〕　陝西省博物館、乾縣文物局唐墓發掘組：《唐章懷太子李賢墓發掘簡報》，《文物》1972 年第 7 期，頁 13～25。

〔註46〕　陝西省考古研究所：《唐李憲墓發掘報告》，科學出版社，2005 年。

〔註47〕　內蒙古文物考古研究所、阿魯科爾沁旗文物管理所：《內蒙古赤峰遼壁畫墓發

圖 3-31　唐李憲墓石槨

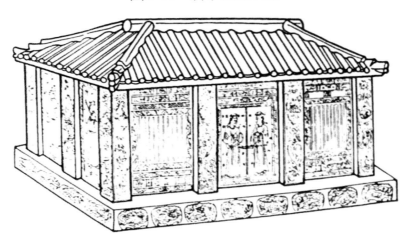

遼墓出土的木結構「小帳」式棺室，它位於主室後部，九脊頂，面闊三間，進深兩間（圖 3-32）。〔註48〕在五代墓葬中，屋形槨則轉變爲安置在棺之「前和」的小木屋，如江蘇寶應縣涇河南唐墓中即出土了兩例〔註49〕，此類木屋體量較小，各部位結構嚴謹，似可看作地上木建築的縮微，它們同樣體現了人們對建築外觀的關注（圖 3-33）。

圖 3-32　法庫葉茂臺遼墓木結構「小帳」

掘簡報》1998 年第 1 期，《文物》，頁 73～95。

〔註48〕　遼寧省博物館、遼寧鐵嶺地區文物組：《法庫葉茂臺遼墓紀略》，《文物》1975年第 12 期，頁 26～36。

〔註49〕　李忠義：《江蘇寶應縣涇河出土南唐木屋》，《文物》1965 年第 8 期，頁 47～51。

圖 3-33　南唐木屋

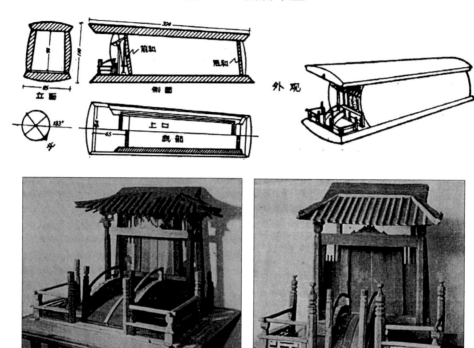

（上：1號棺實測圖；下：1、2號木屋）

　　相比之下，仿木建築可看作「屋形槨」的另一演變形式，所不同的是，它僅保留了建築正面的外觀，真實的建築空間已不復存在。

　　木構建築的外觀以斗栱最為精彩，墓葬中的仿木建築同樣將其作為主要刻畫對象。大體看來，唐末、五代仿木建築磚雕中的斗栱多為一斗三升式，至宋代中後期，斗栱逐漸變得較為複雜，多為四鋪作或五鋪作。有意思的是，仿木建築磚雕中一直未出現地上木建築中的六、七、八鋪作。筆者推測，這應與仿木建築的材料和技術有關。根據《營造法式》，下昂為斗栱的重要構件，其作用在於增加簷部挑出的深度，同時盡量減少斗栱高度增加的幅度，以便於適應屋面坡度的變化。〔註 50〕但事實上，只有六鋪作以上的昂身長至平槫，可稱為真正意義上的下昂。而五鋪作出一抄一昂，四鋪作出插昂，這些昂均徒有其表，並未起到下昂的作用，與卷頭無異。由此推知，宋代墓葬中的斗栱多以四鋪作和五鋪作為主，可能是為了降低昂的處理難度，

〔註 50〕陳明達：《營造法式大木作制度研究》，文物出版社，1993 年，頁 100。

這樣將原本斜出的昂改為平昂就不會影響其視覺的真實感。同時，隨著鋪作的增多，昂的長度及出跳份數也會相應增加，這正是磚雕較難解決的問題，且鋪作數量的增多會直接導致其高度的增加，在地上木構建築中，可以通過昂的使用減低鋪作的高度，但仿木磚雕無法採用此做法，只能每增加一鋪作，高度就增加一足材。〔註 51〕這樣就會使得斗栱變得很繁重，墓葬建築的穩固性也會受到影響。宋代的工匠可能是出於上述幾點的考慮，才選擇了看來較為複雜但又不至於對墓葬建築的穩固性造成威脅的四鋪作或五鋪作。

（二）仿木構件的比例

既然墓室內的仿木建築磚雕意在表現建築外觀，那麼如何使其達到視覺的真實就成為藝術家所面臨的首要問題。對此，工匠主要採用了兩種途徑。

首先，從仿木建築的結構來看，其構件由不同磚雕構件組裝而成的。以當時的技術，完全可以用整塊磚來雕刻〔註 52〕，但工匠卻摒棄了這一簡便的手法，而是採用更為複雜的形式，即先按照木建築的造型加工仿木構件，然後再將這些部件進行裝配組合。可見，這裡的仿真不僅包括木構件的外形及內部的結構，甚至還包括製作的程序，即從視覺效果、材料和技術多個層面上仿真。

其次，對各仿木構件之間比例關係的處理，這是加工、組裝仿木構件的重要前提。那麼，工匠確定各構件的尺寸及比例關係的標準是什麼？這一標準與地上木構建築之規制有何關係？筆者認為，解決此類問題的行之有徵之方法，便是以木構建築的規則為標準，對仿木構件的尺寸、比例進行細緻考察。

基於此，本書將選用宋代《營造法式》（成書於北宋元符三年，1100 年）作為基本的衡量標準。它是現存最早的建築學著作，雖成書較晚，但其中多記載工匠代代相傳、沿用已久的方法，且很多制度是編者與熟練工匠商討研究後而制定的。〔註 53〕而且，根據傅熹年的研究，唐代建築的一些基本特點

〔註 51〕　一材為 21 份，即栱高 15 份加契 6 份。

〔註 52〕　當時墓葬中一出現了大型的磚雕，如馮暉墓甬道的伎樂磚雕。《五代馮暉墓》，頁 13～23。

〔註 53〕　《營造法式》：「總三十六卷，計三百五十七篇，共三千五百五十五條。內四十九篇二百八十三條，繫於經史等群書中檢尋考究，至或經傳相合，或一物而數名各異，已於前項逐門看詳立文外。其三百八篇，三千二百七十二條，係自來工作相傳，並是經久可以行用之法。與諸作諳會經歷造作工匠，詳悉

與《營造法式》較爲吻合。〔註 54〕因此，該書便成爲研究八世紀之後建築發展史的重要典籍。〔註 55〕

　　根據《營造法式》，木構建築的構件之間存在較爲嚴格的比例關係，以下僅列出與仿木磚雕相關的幾個方面：

1. 栱的高寬比例：栱高 15 份，寬 10 份，契高 6 份，寬 4 份，即栱和契的截面高寬之比均爲 3：2（圖 3-34）。〔註 56〕
2. 木構建築的補間鋪作與間廣的比例：每一朵鋪作的廣是栱長加兩個散斗耳，即單栱造是令栱長 72 份加散斗耳 4 份，共 76 份；重栱造是慢栱長 92 份加散斗耳 4 份，共 96 份。每鋪作一朵占間廣 125 份，用單補間鋪作的間廣 250 份，用雙補間鋪作的間廣 375 份（圖 3-35）。但間廣的分數並非一成不變，而是有一個變動的範圍，單補間間廣在 200～300 份之間，雙補間間廣在 300～450 份之間（按六等材）。〔註 57〕

講究規矩，比較諸作利害，隨物之大小，有增減之法。」《營造法式・補遺・總諸作看詳》，轉引自陳明達：《營造法式大木作制度研究》，文物出版社，1993 年，頁 10。

〔註 54〕 參見傅熹年：《日本飛鳥、奈良時期建築中所反映的中國南北朝、隋、唐建築特點》、《唐大明宮含元殿原狀的探討》、《唐長安大明宮玄武門及重玄門復原研究》、《五臺山佛光寺建築》，《傅熹年建築史論文集》，頁 147～167、184～229、234～263。

〔註 55〕 陳明達：《營造法式大木作制度研究》，頁 2。

〔註 56〕 這裡需對木構建築中的「以材爲祖」稍加說明。《營造法式》：「凡構屋之制，皆以材爲祖。材有八等，度屋之大小，因而用之。……各以其材之長，分爲十五分，以十分爲其厚。凡屋宇之高深，名物之短長，曲直舉折之勢，規矩繩墨之宜，皆以所用材之分以爲制度焉。」（《營造法式・大木作制度》卷四，中國書店，2006 年，頁 72～73。）文中指明了材的大小是與房屋的規模相適應的，在建造房屋之前，先要按照預定的大小決定取用某一等材。「材」是標準方料的截面，它的高、寬比是 3：2，把材高分爲 15 份，其厚即爲 10 份。房屋的規模，各部分的比例，各個構件的長短、截面大小、各種外觀形象等，全部是用「份」的倍數規定的。所以「份」是模數，各等材有一定的份值。陳明達：《營造法式大木作制度研究》，頁 6。

〔註 57〕 《營造法式》：「凡於闌額上坐櫨枓安鋪作者，謂之補間鋪作。當心間須用補間鋪作兩朵，次間及梢間各用一朵。其鋪作分佈，令遠近皆勻。（若逐間皆用雙補間，則每間之廣丈尺，皆同如只心間用雙補間者，假如心間用一丈五尺，則次間用一丈之類。或間廣不勻，即每補間鋪作一朵，不得過一尺。）」《營造法式・總鋪作次序》卷四，頁 87～88。文中的說法採用了陳明達對此段內容的解釋。陳明達：《營造法式大木作制度研究》，頁 11～15。注：六等材一

3. 柱高：一般房屋及無副階殿身柱高最大不超過雙補間標準間廣
375 份，最小可略低於單補間間廣 250 份（按六等材）。〔註58〕

圖 3-34　《營造法式》中八種規格斗栱的圖解

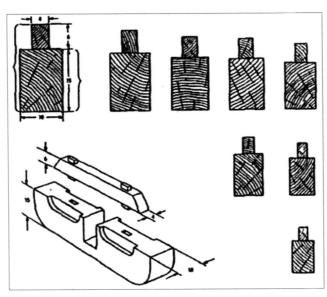

圖 3-35　標準間廣、椽平長、生起的份數及實際尺寸

材　　份		生起 每五份 （寸）	間　　廣		椽架平長	
材等	份值 （寸）		用雙補間 375 份（尺）	用單補間 250 份（尺）	150 份 （尺）	187.5 份 （尺）
一	0.60	3.00	22.50	15.00	9.00	11.25
二	0.55	2.75	20.625	13.75	8.25	10.3125
三	0.50	2.50	18.75	12.50	7.50	9.375
四	0.48	2.40	18.00	12.00	7.20	9.00
五	0.44	2.20	16.50	11.00	6.60	3.25
六	0.40	2.00	15.00	10.00	6.00	7.50
七	0.35	1.75	13.125	8.75	5.25	6.5625
八	0.30	1.50	11.25	7.50	4.50	5.625

份為 0.4 寸。

〔註58〕　《營造法式》：「若副階廊舍，下簷柱雖長，不越間之廣。」《營造法式‧柱》
　　　　　卷五，頁 99。本書採用陳明達的解釋。陳明達：《營造法式大木作制度研究》，
　　　　　頁 17～19。

對上述幾項標準的選擇均與仿木建築之特點有關。該形式雖是對地上木構建築的模仿，但受材料的限制，它根本無法完全按照木建築來修建，只能對露在外面的構件進行刻畫，如屋檐、斗栱、柱、門、窗等。而且，由於磚雕是依附在墓室建築上的，屬於浮雕的系統，我們看到的磚雕最多只有建築外觀的一半。因此，只需比較上述幾點即可。

在此，筆者將主要選取李茂貞夫人墓和馮暉墓為代表，原因在於：一方面，對仿木構件之間比例關係的研究勢必會涉及仿木建築磚雕各構件的詳細尺寸，而五代裝飾有仿木建築的墓葬只有上述兩座墓葬發表了較為詳細的報告；另一方面，兩者的仿木磚雕較為精美，基本可以代表五代墓葬的最高水平。同時，遼代早期的北京大興區青雲店 1 號墓的年代與五代接近〔註59〕，可作為參照。此外，仿木建築磚雕在唐末、五代僅是生發期，其結構較為簡單，這種面貌持續了約一個世紀，直到宋代中期才基本形成較為繁複富麗的面貌〔註60〕，因此，有必要對宋代中後期典型的仿木磚雕作深入分析，以便掌握仿木建築的發展脈絡，並有助於深入分析該形式與地上建築的關係。根據仿木建築的特點及發掘報告的詳盡程度，這裡將主要選取白沙宋墓為標本。

李茂貞夫人墓端門〔註61〕

1. 栱的高寬比例

第一層建築：門柱頂端鋪作，未雕出泥道栱。華栱高 13 釐米，折合為 3.9 寸，相當於六等材 9.75 份；栱寬 20 釐米，折合為 6 寸，相當於六等材 15 份，高 9.75 份約等於 10 份，那麼栱的高、寬之比即為 10：15，與標準比例正好相反。補間鋪作，未雕出泥道栱，華栱高 13 釐米，寬約 13 釐米〔註62〕，兩者均約等於 10 份。其中栱高低於標準份數，而寬卻正好吻合。兩者的比例是 1：1（圖 3-36）。

〔註59〕 遼代以景宗、聖宗為界，早期為景宗以前，即907～983 年；中期為聖宗至興宗時期，即983～1055 年；後期為道宗至天祚帝時期，即1055～1125 年。李清泉：《宣化遼墓：墓葬藝術與遼代社會》，文物出版社，2008 年，頁40。

〔註60〕 韓曉囡將宋代仿木磚雕墓分為兩個時期，前期從北宋太祖建隆元年至神宗元豐八年（公元960～1085 年），後期從哲宗元祐元年至欽宗靖康二年（公元1086～1127 年）。《宋代墓葬裝飾研究》，山東大學博士論文，2006 年，頁5。

〔註61〕 《五代李茂貞夫婦墓》，頁6～8。

〔註62〕 報告中未給出華栱的高和寬，文中的數據為筆者根據圖 10「M1 端門第一層建築補間鋪作結構圖」推算而來。

圖 3-36　端門第一層鋪作結構圖

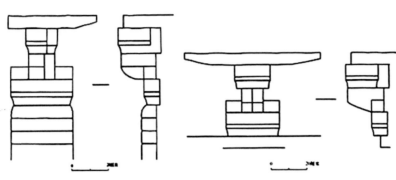

（左：門柱頂端鋪作；右：補間鋪作）

　　第二層建築：補間鋪作，未雕出泥道栱，華栱高 12 釐米，寬 12 釐米，兩者均折合爲 3.6 寸，相當於六等材 9 份。其中栱寬較爲接近，栱高明顯減少。兩者的比例是 1：1。轉角鋪作，未雕出泥道栱，華栱高 12 釐米，寬 12 釐米，兩者的比例是 1：1（圖 3-37）。

圖 3-37　端門第二層鋪作結構圖

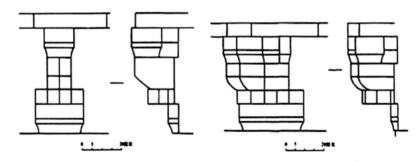

（左：補間鋪作；右：轉角鋪作）

　　第三層建築：西側柱頭鋪作，未雕出泥道栱，華栱高約 10 釐米，折合爲 3 寸，相當於六等材 7.5 份；寬約 8 釐米，折合爲 2.4 寸，相當於六等材 6 份。如果將兩者均增加一倍，即爲 15：12，與標準比例 15：10 較爲接近。〔註63〕

〔註63〕報告中只記述華栱通高 18 釐米，該數據應是包括其上的散斗高度，而木建築
　　　　中栱的高是不包括散斗高度的。此外，報告中所説的華栱寬爲 24，但根據圖
　　　　16「M1 端門第三層建築西側立柱及柱頭鋪作結構圖」的比例來計算，其寬度
　　　　約爲 8 釐米，不知報告的數據是指哪個部位的寬度。因此，文中所用的栱的
　　　　高度和寬度是筆者根據圖 16 來推算而來。

中間柱頭鋪作，未雕出泥道栱，華栱高約 10 釐米，寬約 10 釐米，兩者的比例爲 1：1（圖 3-38）。〔註 64〕

圖 3-38　端門第三層鋪作結構圖

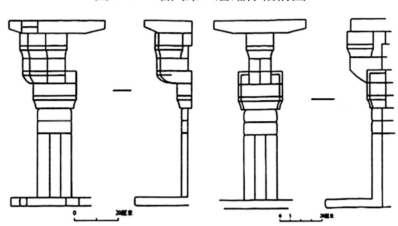

（左：西側立柱柱頭鋪作；右：中間立柱柱頭鋪作）

根據以上數據可以看出，該墓栱的高寬之比與木構建築的比例 3：2 明顯不同，即栱的寬度大大加寬了。此外，鋪作中的櫨斗及散斗的寬度也明顯偏大。工匠有意加大柱頭華栱、櫨斗及散斗的寬度，可能是出於承重的考慮：一方面，增加栱的寬度可以加大著力面，以增加建築的穩固性；另一方面，增加栱的寬度等同於降低栱的高度，這樣也可起到穩固作用。從端門的保存狀況也表明這種方法的有效性，斗栱支撐的屋檐大多基本完好，以第一層建築較爲突出。此外，端門上的鋪作的另一特點是省略了泥道栱，這也許是工匠有意降低鋪作的複雜性。這些均是仿木建築發展初期所呈現的特點。

2. 補間鋪作與間廣

端門第一層建築雖有補間鋪作，但未雕出泥道栱，所以無法得知其與間廣的比例關係。但可將間廣的大小與《營造法式》的標準相對照。第一層建築的間廣約 360 釐米〔註 65〕，折合 10.8 尺，相當於六等材 270 份，雖與《營

〔註 64〕報告中說第三層建築的四組柱頭鋪作的數據基本相同，但根據圖 17「M1 端門第三層建築中間立柱及柱頭鋪作結構圖」，中間柱鋪作與兩側鋪作的數據存在差別。因此，文中所用的栱的高度和寬度是筆者根據圖 17 來推算而來。

〔註 65〕報告中未發表斗栱的具體數據，間廣的數據爲筆者根據報告中的圖 6 推算得來。

造法式》規定的單補間 10 尺（250 份）稍有差別，但基本符合其浮動範圍 200
～300 份。可見，端門第一層建築的間廣基本是按照地上木構建築的規度來
定的。

3. 柱高與間廣〔註 66〕

第一層建築：柱高約 330 釐米，折合 9.6 尺，相當於六等材 240 份。根據
《營造法式》，一般房屋及無副階殿身柱高最大不超過雙補間標準間廣 375
份，最小可略低於單補間間廣 250 份。端門的柱高則基本屬於後一種情況，
換言之，基本符合木建築的規制。

馮暉墓門樓

1. 栱的高寬比例〔註 67〕

第一層斗栱：華栱的高與寬之比為 3：2，正好符合《營造法式》中規定
的栱的標準比例。

第二層斗栱：未雕出泥道栱，華栱的高與寬之比為 1：1。其形制、比例
基本等同與上述之李茂貞夫人墓（圖 3-39）。

圖 3-39　馮暉墓門樓局部

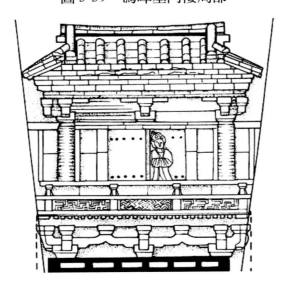

〔註 66〕報告中未發表斗栱的具體數據，柱高的數據為筆者根據報告中的圖 6 推算得
　　　　來。
〔註 67〕報告中未發表斗栱的具體數據，該比例是筆者根據圖六「墓門正視、側視圖」
　　　　換算而來。

2. 補間鋪作與間廣

門樓上層雖有補間鋪作，但未雕出泥道栱，所以無法得知其與間廣的比例關係。現僅將間廣的大小與《營造法式》中的單補間相對照。間廣約 188 釐米，折合 5.64 尺，相當於六等材 141 份。如果增加一倍將是 282 份，這一份數符合單補間的浮動範圍 200～300 份。可見，該墓門樓間廣是按照木建築的尺寸的二分之一來定的，基本是木建築的等比例縮小。

3. 柱高與間廣

柱高約 70 釐米，折合 2.1 尺，相當於六等材 52.5 份。如果增加一倍將是 104 份，與《營造法式》中規定的柱高「最小略低於單補間間廣（250 份）」的標準相差甚遠。可見柱高並未像開間那樣做等比例縮小，而是大大降低了。

北京大興區青雲店遼代 1 號墓 [註68]

1. 栱的高寬比例

墓門栱高約 24 釐米，寬約 12 釐米，二者的比例為 2：1。

墓室內的斗栱為繪製而成，栱高與栱寬的比例為 1.5：1～1：1。

2. 補間鋪作與間廣

墓門補間鋪作寬為 72 釐米，相當於六等材 54 份，如將其增加一倍則為 108 份。間廣為 168 釐米 [註69]，相當於六等材 126 份，將其增加一倍為 252 份。可見，間廣的規模為《營造法式》中標準份數的二分之一，如按同樣的比例，而鋪作的寬度則明顯大於標準 76 份的二分之一。

3. 柱高與間廣

墓門雖未雕出柱高，但根據其應在的位置可知，柱高略小於間廣 [註70]，符合《營造法式》所規定的標準。

白沙 1 號宋墓（北宋元符二年，公元 1099 年）

1. 栱的高寬比例

墓門鋪作的栱高為 15 釐米，折合 4.5 寸，相當於六等材約 11 份；厚約為

〔註68〕 北京市文物研究所：《北京大興區青雲店遼墓》，《考古》2004 年第 2 期，頁 18～21。注：該墓雖為影作木構，但結構與仿木磚雕接近，可作參照。
〔註69〕 該數據是根據報告中斗栱寬及栱間距計算得來。
〔註70〕 該數據是根據報告中圖二「M1 平、剖面圖」推算而來。

9.2 釐米〔註71〕，折合 2.76 寸，相當於六等材 7.4 份。兩者的比例約爲 3：2，但份數小於《營造法式》的標準 15 份、10 份。

　　前室鋪作的栱高與寬之比約爲 3：2（圖 3-40）。〔註72〕

　　後室第一層鋪作的栱高與寬之比約爲 3：2，第二層小鋪作的栱高與寬之比約爲 2：1（圖 3-41）。〔註73〕

圖 3-40　前室補間鋪作、前室與過道轉角鋪作

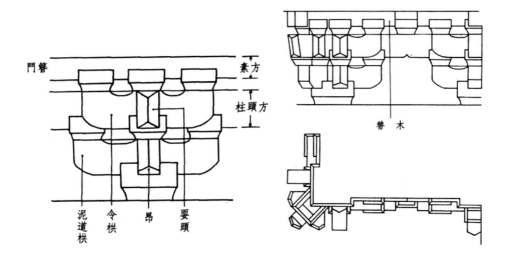

圖 3-41　白沙宋墓後室第一、二層鋪作

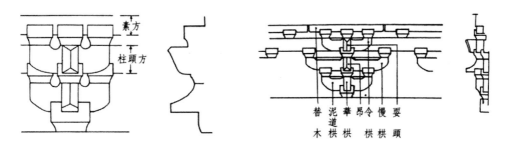

〔註71〕根據發掘報告，墓室均用大小略等的磚塊砌成，磚長 31 釐米，寬 14.5 釐米，厚 4.6 釐米。根據圖版 1「第一號墓墓門」，栱寬約爲兩塊磚的厚度，即 4.6×2＝9.2 釐米。

〔註72〕報告中未有詳細尺寸，該比例是筆者根據插圖七「第一號墓前室補間鋪作」、插圖八「第一號墓前室、過道間轉角鋪作」推算而來。

〔註73〕報告中未有詳細尺寸，該比例是筆者根據插圖十二「第一號墓後室補間鋪作」、插圖一四「第一號墓後室室頂小鋪作」推算而來。

栱高與栔高之比：除後室小斗栱外，所有鋪作栱高均爲 15 釐米，墓門鋪作栔高爲 5.2 釐米，前室鋪作栔高 5.8 釐米，栱高與栔高之比爲 15：5.2 和 15：5.8，基本接近《營造法式》規定的 15：6。〔註74〕

可見，該墓栱的高、寬是按照木構建築的標準等比例縮小的，在細節的處理上遠勝於五代。

2. 補間鋪作與間廣

墓門：補間斗栱爲單抄單昂重栱五鋪作，泥道慢栱長 80 釐米，折合 2.4 尺，相當於六等材 60 份，等於《營造法式》的標準份數 90 份的三分之二；墓門間廣爲 160 釐米〔註75〕，折合 4.8 尺，相當於六等材 120 份，小於標準份數 250 份的二分之一。可見，補間鋪作的尺寸明顯偏大。此外，根據《營造法式》，按重栱計算，鋪作間的標準淨距離應爲 29 份，由於該墓補間鋪作的尺寸相當於標準尺寸的三分之二，那麼鋪作間距應爲約 19 份，但墓門的泥道慢栱是連在一起的，不僅如此，相鄰的兩個栱還共用一個散斗。《營造法式》中對此類情況也有涉及：如橫向栱相碰，可用連栱交隱之鴛鴦交手栱，即在相連的兩栱中間合用一斗，斗下隱作兩栱頭相交狀。這種情況一是用在轉角鋪作與補間鋪作相犯時，再就是因梢間面闊稍窄而造成橫栱相犯。〔註76〕該墓明顯屬於後者，而這樣的結構必然會使得斗栱的規模增大。

前室：補間鋪作爲單昂四鋪作計心造，單栱造。根據《營造法式》，此類鋪作的尺寸應以最長的令栱爲標準。〔註77〕但事實上，該鋪作的泥道栱長 73.3 釐米，相當於六等材約 55 份，而令栱卻只有 58 釐米，相當於六等材 42.5 份。〔註78〕那麼工匠到底以哪個長度適合間廣的規模呢？東、西兩壁爲單補間，長 1.84 米，相當於六等材 138 份，如果將其增加一倍則爲 276 份，符合

〔註74〕 宿白：《白沙宋墓》注釋 23、30，頁 31～32。

〔註75〕 間廣爲兩立柱之間的距離，根據報告中插圖四「第一號墓墓門復原及墓門各部分名稱圖」，其長度正好相當於泥道慢栱的二倍，應爲 160 釐米。

〔註76〕 《營造法式·大木作制度》卷四：「凡栱至角相連長兩跳者，則當心施枓，枓底兩面相交，隱出栱頭，謂之鴛鴦交手栱。……凡轉角鋪作須與補間鋪作勿令相犯，或梢間近者須連栱交隱，或於次角補間近角處從上減一跳。」頁 77、89。文中的解釋參見潘谷西、何建中：《「營造法式」解讀》，頁 92～93。

〔註77〕 《營造法式·大木作制度·栱》卷四：「泥道栱其長六十二分，……（令栱其）長七十二分，頁 75～76。

〔註78〕 這樣調整的原因在於：令栱爲與牆壁最外面，如果尺寸過大會影響墓室四壁的穩固性。

《營造法式》規定的單補間的浮動範圍 200～300 份。南壁有補間鋪作二朵，長 2.28 米，相當於六等材 171 份，如果將其增加一倍則為 342 份，符合《營造法式》規定的雙補間的浮動範圍 300～450 份。可見前室東、西、南壁的長度是根據木建築標準單補間的長度縮減一半而來的。按此比例，將鋪作長增加一倍，令栱便是 85 份，泥道栱則為 116 份，顯然前者更接近單栱造的標準尺寸 72 份。可見，工匠還是按照木建築的規制注重令栱與間廣的比例關係。但這樣做勢必會出現一個問題：雖然令栱符合標準尺度，但實際上鋪作的長度應是泥道栱的長度 73.3 釐米，從而使得前室鋪作明顯偏大。這一特點與墓門相似。

後室：平面呈六邊形，分上下兩層鋪作。下層鋪作為單昂四鋪作計心造，單栱造。令栱長 46 釐米，相當於 34.5 份。如增加一倍則為 69 份，略同於標準尺寸 72 份。後室每面 1.26～1.30 米不等，相當於六等材 94.5 份～97.5 份，如增加一倍則為 189～195 份，略接近於《營造法式》規定的單補間的浮動範圍 200～300 份的最小份數。

可見，該墓的墓門、前室、後室的間廣均是按照地上木構建築的標準的二分之一來建造的，只不過三者所依據的標準份值稍有不同，其中後室最小。而補間鋪作與間廣的比例也不盡相同，其中墓門和前室的鋪作均偏大，好像在刻意誇張其體量，只有後室鋪作比例與間廣一致，為標準木構鋪作的二分之一。

3. 柱高與間廣

墓門柱高與間廣完全相同，約為 160 釐米〔註79〕，完全符合《營造法式》的要求。前室柱高約 180 釐米〔註80〕，相當於六等材 135 份，如按照間廣及鋪作的比例增加一倍，則為 270 份，也符合《營造法式》規定的「柱高最大不超過雙補間標準間廣 375 份，最小可略低於單補間間廣 250 份」。後室柱高約 125 釐米，約相當於六等材 98.8 份，如增加一倍則為 197.6 份。可知，柱高明顯小於標準最小份數 250 份。如此一來，就使得後室斗栱的體量較為突出。

〔註79〕報告中未有明確尺寸，該數據是筆者根據插圖四「第一號墓墓門復原及墓門各部分名稱圖」推算而來。

〔註80〕報告中未有明確尺寸，該數據是筆者根據插圖版十六「第一號墓平面、仰視、立面、剖面圖」推算而來。

根據前文數據的比較不難看出，仿木建築與地上木構建築之間關係密切，即工匠在製作仿木磚雕時基本是按地上木建築的規制進行等比例縮小的。但不同階段又略有不同：唐末五代，仿木構件的結構較為簡單，構件局部的比例上有著明顯的特點，即仿木構件的寬度如斗栱、間廣等均偏大，高度均偏小。究其原因，可能在於：這時期是仿木建築的生發期，很多技術問題還未能解決。因此，為了建築的穩固性，工匠會在不影響視覺真實的情況下對仿木構件的高度做適當調整。這種狀況在宋代中後期得到了很大的改觀，此時，由於技術的成熟，仿木建築的結構逐漸變得複雜，多為四鋪作或五鋪作，各部位構件及間廣的比例逐漸規範，大體看來，均按地上木建築規模的二分之一等比例縮小，只是斗栱的尺寸在構件中稍顯突出。其中的原因較為簡單，斗栱是木建築中最為精彩的部分之一，為了在仿木建築中突出這一特點，勢必會對這一結構進行重點刻畫。

這種對原型建築進行「縮微」的手法並非五代工匠首創，漢代也有類似的範例出現，如山東臨淄東漢王阿命刻石（圖3-42），它是對墓葬中的封土與祠堂的模仿與縮微，所不同的是，王阿命刻石並沒有按照一個比例進行科學的縮小。〔註81〕

圖3-42　山東臨淄東漢王阿命刻石

〔註81〕鄭岩：《山東臨淄東漢王阿命刻石的形制及其他》，《藝術史研究》第十輯，
2008年，頁275～297。

（三）觀看視角

　　筆者開始敘述墓室內的壁畫時，曾試圖站在死者的視角；而看
到照壁時我們顯然已經轉過身來面對墓門，背後是長長的墓道。也
許這就是送葬的人們對這座墓葬的第一印象。照壁不是一張平面的
紙，那些立體的磚雕是最引人注目的部分，一眼望去，首先看到的
其實不是那些複雜的升仙圖像，而是一座高樓的輪廓。〔註82〕

文中談到的是觀者在某一特定視角下對仿木磚雕的視覺感受，在這裡，觀者
的視線使作品產生了存在的意義。對於那些長期從事藝術活動的工匠來說，
這應該是一個熟知的法則，因爲其作品的成功與否在某種程度上依賴於觀者
的評判。以此推知，工匠在精心設計墓葬中那些複雜的仿木磚雕時，一定會
預先設定觀者的位置與視線，以求最大限度地展示作品最精彩之處。

　　傅熹年在《中國早期佛教建築佈局演變及殿內像設的布置》一文中探討
了觀者的視角與殿內建築裝飾及佛像的關係，他認爲，30°仰角以內是人平視
時可以較自然而舒適的視物範圍，觀者處在建築的特定位置並以這一視角總
能看到建築內部裝飾的精彩部位或佛像的全貌，如麥積山北周 004 窟、唐代
五臺山佛光寺東大殿、遼代應縣佛宮寺塔、薊縣獨樂寺塔等無不體現了這一
規律，說明這是當時建造者有意設計的。〔註83〕那麼，具體到墓葬中的仿木
建築，是否也存在這一規律呢？仿木建築磚雕主要分佈於墓門與墓室，位置
不同，觀看的視角亦不同，筆者將對此進行分別探討。

　　1. 墓門

　　河北故城西南屯晚唐墓：墓門高 2.35 米，假設觀者的視平線爲 160 釐米
〔註84〕，那麼，觀者看到端門頂端的視角約爲 46°（圖 3-43）。〔註85〕

　　李茂貞夫人墓：端門殘高 7.3 米，當觀者站在墓道進口時，是在俯視端
門，這一位置很難看到端門的全貌，然後觀者拾階而下直至底部，此時觀者
看到端門全貌的視角約爲 41°（圖 3-44）。

〔註82〕 鄭岩：《魏晉南北朝壁畫墓研究》，文物出版社，2002 年，頁 157～158。

〔註83〕 傅熹年：《中國早期佛教建築佈局演變及殿內像設的布置》，《傅熹年建築史論
　　　　文集》，頁 136～146。

〔註84〕 該數據爲傅熹年在《中國早期佛教建築佈局演變及殿內像設的布置》中的標
　　　　準數據。

〔註85〕 衡水市文物管理處：《河北故城西南屯晚唐磚雕壁畫墓》，《河北省考古文集》
　　　　（三），科學出版社，2007 年，頁 129～138。

圖 3-43　河北故城西南屯晚唐墓墓門仰角

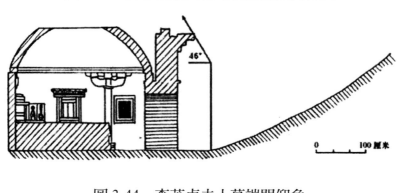

圖 3-44　李茂貞夫人墓端門仰角

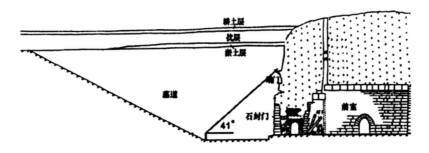

　　馮暉墓：墓門高 6.54 米〔註 86〕，觀者站在墓道底部看到頂端的視角約爲 50°（圖 3-45）。

　　白沙 1 號宋墓：門樓高 3.68 米，觀者站在墓道底部看到其頂端的視角約爲 45°（圖 3-46）。

圖 3-45　馮暉墓墓門仰角

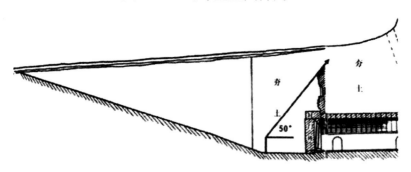

─────────────────

〔註 86〕根據報告，墓門通高 2.6 米，其上的門樓高 3.94 米，本書所指的墓門高度其實爲這兩部分的總和，即 6.54 米。

圖 3-46　白沙 1 號宋墓墓門仰角

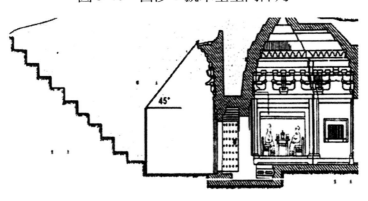

　　上述幾座墓門的規模各不相同，但觀看視角卻較爲接近，均在 40°～50°之間，這種現象絕非偶然，而應是工匠普遍採用的一種方式。那麼，工匠是如何能使觀者保持較爲固定的觀看視角呢？其實方法很簡單，即調整墓門至斜坡墓道底部的距離。其中李茂貞夫人墓端門最高，僅殘高就已 7.3 米，端門與墓道底部的距離約爲 6.6 米〔註87〕；馮暉墓之墓門高 6.54 米，端門與墓道底部的距離約爲 5 米〔註88〕；白沙 1 號宋墓之墓門高爲 3.94 米，墓門與墓道底部的距離約爲 2 米〔註89〕；河北故城西南屯晚唐墓墓門最低，只有 2.35 米，墓門與墓道底部的距離約爲 56 釐米〔註90〕。從這些數據的變化不難看出，爲了保持 40°～50°的視角，工匠會根據墓門的高度來調整墓門與墓道底部的距離，亦或是根據墓門與墓道底部的距離來決定墓門的高度。顯然，這一角度遠遠大於人的正常視角，從而造成一種「需仰視才見」的視覺效果。一般來講，這是人們對體量較大之物象的觀看方式，也許設計者正是想通過此種特殊的視覺體驗來突出墓門的高大與宏偉。更有意思的是，就規模很大的李茂貞夫人墓和馮暉墓而言，這種視覺感受是合情合理的，但對於那些規模較小的墓葬如河北故城西南屯晚唐墓，這種設計便起到了奇妙的作用，它強化了

〔註87〕 此數據是筆者根據報告中的「李茂貞夫人墓平剖面圖」推算得來。《五代李茂貞夫婦墓》，頁 10。

〔註88〕 此數據是筆者根據報告中的「馮暉墓剖面圖」推算得來。《五代馮暉墓》，頁 4～5。

〔註89〕 此數據是筆者根據報告中的「第一號墓平面、仰視、立面、剖面圖」推算得來。《白沙宋墓》，圖版十六。

〔註90〕 此數據是筆者根據報告中的「故城西南屯晚唐墓群 M1 平剖面圖」推算得來。《河北省考古文集》（三），頁 131。

建築本身的體量，使其瞬時變得偉岸起來。

2. 墓室

與上述墓門的視角不同，墓室內仿木磚雕的視角又遵循著另一觀看規律。〔註91〕由於斗栱是仿木建築中最精彩之處，因此觀看的視角當以此爲準。

河北故城西南屯晚唐墓：觀者的視線正好與斗栱高度平齊。

內蒙古清水河縣山跳峁 M4：當觀者站在墓室入口處欣賞壁面斗栱之全貌時，視角約爲 14.5°（圖 3-47）。

洛陽伊川後晉孫璠墓：當觀者站在墓室門內觀看仿木建築之斗栱時，視角約爲 10°（圖 3-48）。

圖 3-47　內蒙古清水河縣山跳峁 M4 墓室內斗栱視角

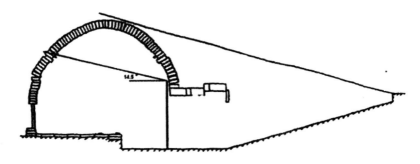

圖 3-48　洛陽伊川後晉孫璠墓斗栱視角

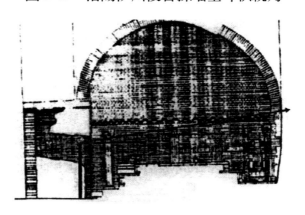

〔註91〕目前發表的五代裝飾有仿木磚雕的墓葬材料過於簡略，只能從中選取較爲詳實且具代表性的墓葬，如內蒙古清水河縣山跳峁 M4、洛陽伊川後晉孫璠墓。由於無法獲取準確數據，文中所使用的數據只能是根據簡報中的墓葬平、剖面圖來推算。宋代依然選取白沙宋墓爲標本進行分析。

白沙 1 號宋墓：當觀者站在前室入口處，看到前室北壁斗栱全貌的視角約為 35°，看到甬道北壁斗栱的視角約為 21°；如觀者位於墓室正中，看到前室北壁斗栱以及甬道北壁斗栱的視角一則分別為 55°、22°；當觀者處於後室門內，看到後室第一、二重斗栱的視角分別約為 24°、39°；如站在後室正中，看到兩重斗栱的視角則約為 30°、60°（圖 3-49）。

圖 3-49 白沙宋墓墓室斗栱視角

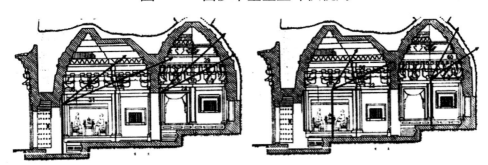

其中，河北故城西南屯晚唐墓、內蒙古清水河縣山跳峁 M4、洛陽伊川後晉孫璠墓的墓室內安置有棺床，因此觀者的位置只能在墓室入口處，此時的觀看視角均在 30° 之內。白沙宋墓的結構較為複雜，觀者的位置也較為靈活，但其中也有規律可循，那就是當觀者位於前、後墓室入口處時，其觀看視角多在 30° 之內，正好符合人們自然而舒適的觀看規律。那麼，此處應為工匠事先為觀者預設的最佳方位。〔註 92〕可見，工匠在設計仿木建築磚雕的比例關係與墓室規模時充分考慮了觀者的位置和視線，與地上木建築的設計原則基本一致。

（四）建築空間

1. 內與外

在實現了仿木建築外觀的視覺真實性之後，藝術家必然會遇到另一關鍵問題，即如何協調仿木建築的外觀與墓室內部空間之間的矛盾？

一種最常見的方法是，改變建築平面的形態使其與穹窿頂相接，即將原本處於平面的開間安排在一個閉合的墓室之內。我們可以看到，唐末、五代

〔註92〕其中白沙 1 號宋墓後室第二層斗栱的視角除外，這表明工匠是第一層斗栱的視角為標準的。

裝飾有仿木磚雕的墓室平面多為圓形或弧方形，至宋代多為六邊形或八邊形，每兩個立柱之間表示一個開間，現實中二維的建築立面變成一種閉合的三維空間（圖3-50）。觀者如想看到所有開間的面貌，必需旋轉身軀，目光隨著墓室壁面的延伸而移動；隨著觀者身體的運動，三維的空間在其視覺中再次延展為一種二維的立面。此時，壁面仿木建築與穹窿頂的連接便也順理成章了。

圖3-50　二維建築平面圖與墓室內三維仿木建築

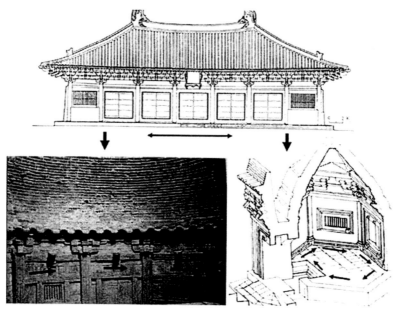

（上：五臺山唐代佛光寺大殿；下左：後晉孫璠墓
墓室後壁；下右：白沙2號宋墓結構透視圖）

完成了仿木建築與室頂在形狀上的對接之後，工匠還要解決仿木建築外觀與墓室內部空間在視覺上的統一，對此，藝術家主要採用了以下幾種方式：

其一，在仿木建築屋檐之上的穹窿頂繪製星象圖，如洛陽伊川後晉孫璠墓，周壁鋪作八朵，鋪作之上依次為撩簷枋、簷椽、板瓦。穹窿頂繪製星象圖，其中太陽塗朱，居甬道之東；月亮抹白，居甬道之西。〔註93〕這種組合

〔註93〕四川大學歷史文化學院考古隊、洛陽市第二文物工作隊：《洛陽伊川後晉孫璠墓發掘報告》，《文物》2007年第6期，頁9～15。

使得室壁上的仿木建築與星象圖之間產生了一種奇妙的空間關係：墓室彷彿轉化爲外部的空間，類似現實中四周被建築環繞的庭院，而穹窿頂就好像被建築截取的一片天空，它向四面延伸，直到四壁的屋檐之後，四壁的仿木建築及其虛擬的建築空間均處在天空的包圍之中。這一情景恰似趙廣超對「院」的描述，「院子其實是將天地劃了一塊放在家裏」〔註94〕，而墓室中繪有星象圖的穹窿頂正是這一片劃出的天空。

　　然而，工匠似乎並不滿足於上述的舉措，在此基礎上，他們還在屋檐之上繪製特殊的場景——升仙。如宋代的李皇后陵，墓室爲磚砌的近圓形的多角形，穹窿頂，墓室各角置柱，柱上的斗栱爲四鋪作，斗栱以上爲椽、望板兩重、屋檐瓦當、重唇板瓦。屋檐之上用紅、黑、青灰繪宮室樓閣，樓閣之間繪有粉白朵雲。雲氣之上爲青灰色蒼穹，其間以白粉途徑約 5～8 釐米的圓點，布滿天空以象徵星辰（圖 3-51）。〔註95〕此場景與《歷代名畫記》中記載的司馬承禎死後尸解之情形極爲吻合。文中提到，當死者尸解成仙後，會有白雲從堂戶出，並有仙鶴繞壇而上。

圖 3-51　宋代的李皇后陵升仙圖

〔註94〕 趙廣超：《不只中國木建築》，生活・讀書・新知三聯書店，2006 年，頁 140。
〔註95〕 郭湖生、戚德耀、李容淦：《河南鞏縣宋陵調查》，《考古》1964 年第 11 期，頁 564～577。

司馬承禎，字子微，自梁陶隱居至先生四世，傳授仙法。開元
中自天台徵至，天子師之……二十三年（736）尸解，白雲從堂戶出，
雙鶴繞壇而上，年八十一，諡貞一先生。〔註96〕

在另一則小說中，則講述了賢婦楊敬真被引入仙境的過程，其場面更爲壯
觀：

至十八日夜五更，村人復聞雲中仙樂之聲、異香之芳從東來，
復下王家宅，作樂久之而去。王氏亦無聞者。及明來視，其門棘封
如故。房中彷彿若有人聲。遽走告，縣令李邯親率僧道官吏，共開
其門，則新婦者宛在床矣。但覺面目光芒，有非常之色。邯問曰：「向
何所去？今何所來？」對曰：「昨十五日夜初，有仙騎來曰：『夫人
當上仙，雲鶴即到，宜靜室以俟之。』隧求靜室。至三更，有仙
樂、彩仗，霓旌、絳節，鸞鶴紛紜，五雲來降，入於房中。執節者
前曰：『夫人準籍合仙，仙師使者來迎，將會於西嶽。』於是彩童二
人，捧玉箱來獻，箱中有奇服，非綺非羅，制若道衣之衣：珍華香
潔，不可名狀。遂衣之。畢，樂作三闋，青衣引白鶴來，曰：『宜乘
此。』初尚懼其危，試乘之，穩不可言。飛起而五雲捧出，彩仗、
霓旌，次第前引，至於華山雲臺峰。」〔註97〕

此處，仙界的使者降臨凡世時均乘坐祥雲，並伴有仙樂、彩仗，霓旌、絳節、
鸞鶴，而得道升仙的人奔赴仙境時的交通工具爲鸞鶴，並由祥云「捧出」。至
於唐、五代人們心目中的仙境之面貌，小說中亦不乏記載：

初上一山，山下有水，過水，延綿凡十餘處，景色漸異，不與
人間同。忽下一山，見水北朱戶甲第，樓閣參差，花木繁榮，煙雲
鮮媚，鸞鶴孔雀，徊翔其間，歌管嘹亮耳目。〔註98〕

初尚荒涼，移步愈佳。行數百步，方及大門，樓閣重復，花木
鮮秀，似非人境。〔註99〕

可見，其中仙境的一個重要特點便是「朱戶甲第，樓閣參差」。那麼李皇后陵
墓室內繪製的景象無疑象徵了墓主升仙的場景：仙雲承載墓主從屋頂升起，

〔註96〕《歷代名畫記》卷九，頁186。
〔註97〕《續玄怪錄・楊敬真》卷一，頁424～426。
〔註98〕《玄怪錄・張老》卷一，頁348。
〔註99〕《玄怪錄・裴諶》卷一，頁351～352。

並將其送至「朱戶甲第，樓閣參差」的天上仙境。黑山溝宋墓中的升仙場景更爲豐富，這些內容均位於四部的鋪作之上，共八幅（圖3-52）。畫面中的人物、建築皆居於祥雲之上，以表現墓主乘坐祥雲由堂戶出〔註100〕，在仙人的指引下向仙境飛升的過程。此外，新密下莊河、新密平陌宋墓、高村宋墓的升仙圖也與之類似（圖3-53、圖3-54）。〔註101〕

圖3-52 登封黑山溝宋墓升仙圖局部

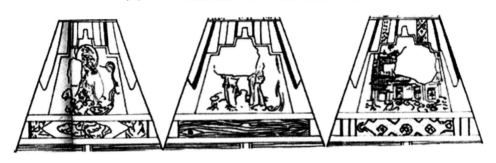

圖3-53 登封高村宋墓升仙圖

圖3-54 新密平陌宋墓升仙圖

〔註100〕該墓未雕出屋檐，但在木構建築中，斗栱上承屋檐，因此，升仙圖位於斗栱之上也意味著墓主升仙後駕祥云「由堂戶出」。

〔註101〕鄭州文物考古研究所：《鄭州宋金壁畫墓》，科學出版社，2005年，頁31～116。

　　事實上，五代李茂貞夫人墓端門的升仙圖雖與上述圖像的位置佈局不盡相同，但表達的觀念並無二致。該墓端門爲樓閣式仿木建築，西廂屋頂上鑲嵌一組磚雕乘鳳駕鶴西遊圖，畫面以一駕鳳的女子（應是墓主形象）爲中心，前面有兩位乘鶴的仙人，中間一對仙鶴展翅飛翔，後面已殘，內容不詳。畫面的下部有朵朵祥雲。人物與雲鶴均向南行進（圖3-55）。與之相對的東廂磚雕已殘，內容不詳。墓室內的兩幅擡轎圖似乎與該圖密切相關，其中庭院東壁二人轎子圖中人物的行進方向是向北面向墓室，而西壁八人轎子圖的方向則是向南背對墓室。不同的行進方向使得兩者產生了內在聯繫，東壁的轎子應是迎接墓主的，而西面的轎子應是送墓主離開墓室的，而且離開時轎子的規模大大增加，由二人擡轎變爲八人擡。端門東、西廂的兩幅《婦人啓門圖》又可看作這一行列的起點與終點。東廂的板門兩扇半開，一女手持拂塵端立門間，好像是在開門迎接外來的使者；而西廂的板門則一扇緊密，一扇微啓，一侍女魁身立於微啓的門間，作探身張望狀。如將這些圖像組合成一個整體，便可解釋爲墓主升仙的全過程：首先迎接墓主的使者從東廂進入墓室，東廂上部已殘的磚雕應與西廂的乘鳳駕鶴西遊圖相似，但方向相反。庭院東壁的二人轎直接到達墓室，然後由八人擡轎恭送已得道升仙的墓主，其乘坐的轎子似乎也經過了精心修飾，雖形制不變，但較前者富麗豪華。至端門從西廂

圖3-55　李茂貞夫人墓乘鳳駕鶴西遊圖

出，侍女探身凝視升仙的行列。離開墓葬的墓主乘坐仙鶴、祥雲，在仙人的引領下向仙境飛升，此處的仙鶴、祥雲依然是從屋頂升起。整個過程恰似上述楊敬眞的升仙場面（圖 3-56、圖 3-57）。

圖 3-56　李茂貞夫人墓端門乘鳳駕鶴西遊圖

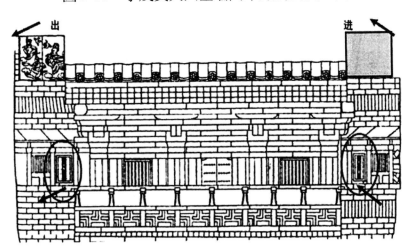

圖 3-57　李茂貞夫人墓庭院西壁、東壁轎子圖

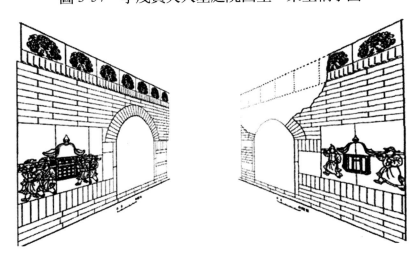

通過上述實例可知，畫工通過仿木建築與星象圖、升仙圖的組合，巧妙地實現了仿木建築與穹窿頂的自然銜接。

其二，在墓室頂部裝飾藻井。如白沙1號宋墓，該墓後室平面呈六邊形，壁面有兩重鋪作，第一重爲單昂四鋪作，第二重爲單抄單昂五鋪作。鋪作之

上隨瓣內收，砌出山花帳頭和寶蓋。從藻井的結構及鋪作的數量來看，該墓後室室頂接近於《營造法式》中的小藻井（圖 3-58）。〔註 102〕這就能解釋爲什麼後室有兩重鋪作了。此種處理方法就使得第一層鋪作具有了雙重功能：如與室頂的藻井相結合，即是對室內裝飾的表現；如與其下的柱、門、窗結合，便構成了建築的外觀。在此，斗栱有效地連接了內外兩個空間。

圖3-58　《營造法式》中的小藻井

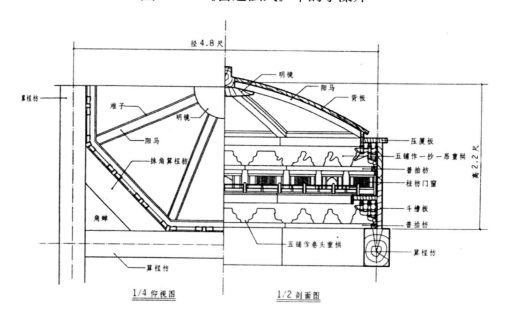

當然，其中也會存在一些問題。首先《營造法式》中的小藻井爲八邊形，而該墓爲六邊形；其次，《營造法式》中小藻井的兩層斗栱均爲五鋪作，而該墓後室第一層斗栱爲四鋪作；此外，根據《營造法式》，斗栱應按六等材的十分之一縮小〔註103〕，但該墓第一層鋪作的泥道慢栱長 33 釐米，相當於六等材

〔註102〕藻井位於殿閣中心部分，用以突出室內主體位置（御座、佛座、神座）上的空間。藻井有兩種規格：一種是大藻井。用於殿身內：一種是小藻井，用於殿前副階內。兩者除尺寸大小不同之外，式樣也有簡繁之別：前者自上而下有三個結構層——方井層、八角井層、斗八層，所用斗栱爲六鋪作與七鋪作：後者自下而上僅有兩個結構層——八角井層、斗八層，所用斗栱爲五鋪作。潘谷西、何建中：《「營造法式」解讀》，東南大學出版社，2005 年，頁 126。宿白早已注意到該墓後室頂部結構與《營造法式》中的小藻井的相似之處。《白沙宋墓》，頁 111。
〔註103〕潘谷西、何建中：《「營造法式」解讀》，頁 126。

24.8份，約爲標準重栱鋪作92份的四分之一，而第一層鋪作則相當於單栱標準鋪作的二分之一。第一個問題比較好解釋，因爲《營造法式》只是提供估算工料的典型例證，並不提供全面式樣，因此不能排除宋代存在斗八、斗四之外的藻井式樣，山西應縣金代淨土寺大殿就有六角藻井。〔註104〕後兩個問題應是工匠爲解決上述內外問題而進行的局部調整。其中具有雙重功能的第一層鋪作，既要保證與仿木建築間廣的比例關係，又要兼顧藻井的完整性，因此就需要工匠採取一種兩全的舉措：一方面，爲了保證與前室的協調，後室鋪作、間廣、柱高的份數基本接近標準制度的二分之一，但這裡選取的數據是標準數據的最小值，使得後室的鋪作明顯小於前室，這在前文已有論述；另一方面，爲了與第一層鋪作的比例相協調，第二層鋪作選取了標準份數的四分之一，明顯大於十分之一的要求。兩層斗栱的相互妥協使得內外空間達到了相對的統一。

其三，轉角鋪作的處理。將外簷鋪作搬到室內最大的障礙便是轉角鋪作，因爲室內四角的結構與室外正好相反。那麼，工匠又是如何處理這一問題的？在木建築中，轉角鋪作於45°方向外跳增加角華栱與角昂，裏跳爲內角華栱，角昂上別施由昂。影栱及各跳頭上的瓜子栱、慢栱在角柱中心線與跳頭外的一頭改爲出跳，這樣一種相交出跳的栱稱爲「列栱」，其相列的程序爲：泥道栱與華栱出跳相列；瓜子栱與小栱頭出跳相列；慢栱與切幾頭相列；令栱與瓜子栱出跳相列（圖3-59）。〔註105〕唐末、五代裝飾有仿木磚雕的墓葬平面多成圓形或弧方形，壁面上的鋪作均處於弧形的壁面上，其結構與柱頭鋪作或補間鋪作完全相同，從而避免了轉角鋪作的出現。南唐二陵中雖出現了轉角鋪作（圖3-60），但只是簡單的一斗三升式，其中櫨斗的方向符合轉角鋪作的特點，但栱的轉折方向與外觀正好相反。宋代哲宗元祐元年之後，墓室平面以六邊形或八邊形爲主〔註106〕，室內的斗栱多爲四鋪作或五鋪作，如將其中的轉角鋪作與木建築相比，我們會發現，兩者存在很大的差異，以白沙1號宋墓爲例：

前室平面爲方形，四角安置有轉角鋪作，均爲單昂四鋪作計心造。其中位於中心位置的昂與兩側栱的夾角爲45°，類似於木建築轉角鋪作中於45°方

〔註104〕潘谷西、何建中：《「營造法式」解讀》，頁126。
〔註105〕潘谷西、何建中：《「營造法式」解讀》，頁92。
〔註106〕韓曉囡：《宋代墓葬裝飾研究》，頁85。

圖 3-59　　　　　　　　　　　　　　圖 3-60

應縣木塔副階外簷轉角鋪作　　　　李昪陵前室西北角鋪作

向外跳增加的角華栱和角昂。但仔細觀察就可發現，兩側的栱均爲泥道栱、
泥道慢栱、令栱等，而非角華栱和角昂，這與木結構轉角鋪作明顯不同，換
言之，仿木建築中去除了木建築的角華栱和角昂，並將橫向的栱前移 45°。如
果將其與旁邊的補間鋪作相比，除了將泥道栱等向前移動 45°之外，其他結構
幾乎完全相同（圖 3-61）。因此，與其說磚雕的轉角鋪作是對木建築轉角鋪作
的改造，毋寧說是改變了補間鋪作或柱頭鋪作中栱的角度，以模仿木結構轉
角鋪作的視覺效果。其他墓葬中的轉角鋪作之做法大致相同，只是泥道栱、
令栱等前移的角度不同，如六邊形墓室只需前移 30°即可（圖 3-62）。從視覺
的角度來看，上述的做法使得室內的轉角鋪作既具有木建築轉角鋪作的視覺
效果，又大大降低了製作的複雜性，更重要的是，它們恰好契合了室內建築
空間，內、外兩種空間再一次得到了成功地銜接。

圖 3-61　白沙 1 號宋墓前室轉角鋪作

泥道拱、令拱
前移45°

圖 3-62　白沙 1 號宋墓後室第一重轉角鋪作

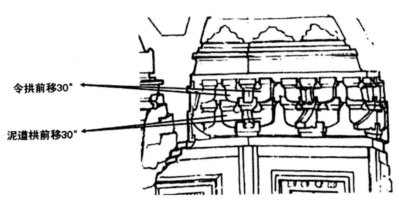

令拱前移30°

泥道栱前移30°

　　除此之外，仿木建築磚雕中也出現了較爲眞實的轉角鋪作，它的製作方法則嚴格地遵照木建築轉角鋪作之結構法則，如白沙 1 號宋墓，前室北壁正中和過道相接處的轉角鋪作係內轉角，爲全墓最繁雜的鋪作，櫨斗口銜正側面泥道栱、正側面昂和角縫的角昂，正面泥道栱上砌柱頭方，側面柱頭方則雕作連隱慢栱，正面昂上砌令栱。令栱外端與角昂上的耍頭相交，並伸至側面，磨解作耍頭樣，側面昂上也砌出令栱。此令栱外端至側面的做法相同（圖3-63）〔註 107〕，其外形結構基本等同於木構轉角四鋪作。內向與外向轉角鋪作的明顯差異再一次表明，工匠爲了調和外向的轉角鋪作與室內空間的矛盾而進行的主觀創造。

圖 3-63　白沙 1 號宋墓前室北壁正中和過道相接處的轉角鋪作

2. 仿木構件之間的空間關係

解決了內外空間的矛盾之後，工匠還需注意仿木構件之間的空間關係，這直接關係到該藝術形式的視覺效果。

唐末五代至宋的仿木斗栱主要有一斗三升式、把頭絞項作、四鋪作、五鋪作等，其中一斗三升式、把頭絞項作的結構簡單，本書將不做重點分析，這裡僅以仿木建築中最爲複雜的四鋪作、五鋪作爲標本，分析其構件之間空間表現的特點。

根據唐、五代木構建築及《營造法式》，橫向的栱並非處於同一平面，而是存在著前後關係，而縱向的栱及昂的出跳份數也不盡相同。但由於材料的限制，在仿木建築上很難模仿這種微妙的縱向空間關係。爲了達到較爲眞實的視覺效果，工匠採用了以下幾種處理方法（以白沙 1 號宋墓前室斗栱爲例）：其一，使令栱突出牆面的部分大於泥道栱，形成兩者之間的前後關係；其二，利用墓室穹窿頂內收的特點，上層的令栱隨著墓室壁面的內收而向前突出，從而大大增加了其出跳的幅度；其三，在斗栱構件的正面尤其是邊緣部位多使用亮色勾畫，而側面和底面使用濃重的顏色，從而造成對比較強的陰影效果，以增加其立體感；其四，利用建築彩繪來區分不同部件（圖3-64）。

圖 3-64　白沙 1 號宋墓前室西北隅鋪作

3. 虛擬空間

如前文所述，墓室的仿木磚雕注重表現建築的外觀，而有意省略建築的內部空間，但只有外觀的建築是沒有使用價值的，換言之，「真正的建築並非在它的四牆，而是存在於裏面的空間，那個真正住用的空間」〔註108〕。對於此問題，工匠的解決方案是，借助其他的圖像來實現對虛擬空間的想像。就目前的材料來看，大至包括以下幾種方式：

（1）虛擬空間與真實空間的連接

在仿木磚雕中，虛擬空間與真實空間的連接主要是通過門、窗來實現的。因為門和窗總是連接建築內外空間的通道，它們的存在便意味著一個隱秘的內部空間的存在，而且，在當時的人看來，墓室四壁雕刻的門窗會藉由某種媒介自動打開，如《傳奇》記載：

> ……入戶，但見一室空闊，可百餘步，穴之四壁，皆鐫為房室，當中有錦繡幃帳數間，垂金泥紫，更飾以珠翠，炫晃如明星之連綴。帳前有金爐，爐上有蛟龍、鸞鳳、龜蛇、燕雀，皆張口噴出香煙，芳芬蓊鬱。旁有小池，砌以金璧，貯以水銀，鳧鷖之類，皆琢以瓊瑤而泛之。四壁有床，咸飾以犀象，上有琴瑟、笙簧、鼗鼓、柷敔，不可勝記。煒細視，手澤尚新。煒乃恍然，莫測是何洞府也。取琴良久，試彈之四壁，戶牖咸啓，有小青衣出而笑曰：「玉京子已送崔家郎君至矣。」遂卻走入。須臾，有四女，皆古環髻，曳霓裳之衣，謂煒曰：「何崔子擅入皇帝玄宮耶？」煒乃捨琴再拜，女亦酬拜。煒曰：「既是皇帝玄宮，皇帝何在？」曰：「暫赴祝融宴爾。」遂命煒就榻鼓琴，煒乃彈胡笳。……乃抵波斯邸，潛鬻是珠。有老胡人一見，遂匍匐禮手曰：「郎君的入南越王趙佗墓中來，不然者，不合得斯寶，蓋趙佗以珠為殉故也。」崔子乃具實告。方知皇帝是趙佗，佗亦曾稱南越武帝故耳。遂具十萬緡易之。〔註109〕

文中描述的墓室四壁「皆鐫為房室」，隨著音樂的出現，四壁的門窗全部被打開，於是便有侍女走出與客人交談，之後她們又可輕易進入這一隱匿的室內空間。更有意思的是，文中聲稱墓主人為西漢南越王趙佗。目前已發掘廣州南越王墓，墓主為南越國第二代王趙眛。該墓為紅砂岩石砌成，以中心對稱，

〔註108〕趙廣超：《不只中國木建築》，頁124。

〔註109〕《傳奇·崔煒》，頁1093～1094。

共有七室，前三後四。南北長 10.85 米，東西最寬處寬 12.5 米。整體佈局似仿前殿後寢，墓主居後部中室，此後還有一庫，位於中軸線最末端。前部東、西爲耳室，後部東西爲側室（圖 3-65）〔註110〕，其中的墓室四壁並未鐫刻房室。現雖未發現趙佗墓，但筆者推測，其墓葬結構當與之類似。可見小說中的記載純屬唐人的想像，與實際情況並不相符。但這種記述方式恰恰反映了人們對四壁雕刻之假門窗的一種觀念。唐末、五代墓葬中大量出現的磚雕門窗恰可看作該觀念的形象化，人們相信死者及其侍從可以通過刻在墓壁上的門窗進入另一虛擬的建築空間。

圖 3-65　廣州南越王墓結構透視圖

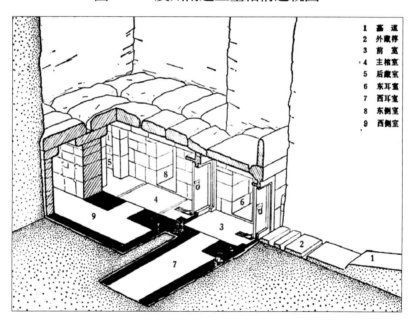

當然，刻在墓室四壁的門窗並不都是緊緊關閉的，工匠也常常會將其表現爲半啓的狀態，使得內外空間更加通透（圖 3-66）。其實這種藝術形式古已有之，如山東蒼山東漢畫像石墓中的「啓門圖」等等〔註111〕，此形式一經出現便備受各代藝術家的青睞，以五代、宋、遼時期墓葬中的仿木建築最爲豐富。

〔註110〕廣州市文物管理委員會：《西漢南越王墓》，文物出版社，1991 年。
〔註111〕宿白曾指出，夫人啓門圖意在表示假門之後尚有庭院或房屋、廳堂，亦即表示墓室至此並未到盡頭之意。《白沙宋墓》，頁 55。

圖 3-66　啟門圖

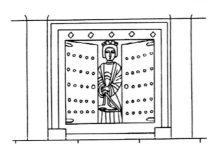

（左：李茂貞夫人墓端門局部；右：馮暉墓門樓局部）

（2）仿木建築與室內裝飾及人物活動場景的結合

如果說墓室四壁的假門窗爲觀者窺見墓室之外的虛擬空間提供了一個有效通道，那麼對室內景象的描繪便是對虛擬空間的進一步眞實化。

首先是室內裝飾及傢具等居室生活必需品。唐代李徽墓（684）墓室四壁仿木磚雕立柱與斗栱之間繪有花卉紋樣（圖 3-67）〔註 112〕，這些紋樣應是在模仿居室內四壁裝飾絲織品的做法，五代馮暉墓甬道和墓室壁面繪製的大量花卉圖案可作爲直接依據。其中甬道直壁部分背景用粉紅色，間隔以淡黃色團花，伎樂磚雕即鑲嵌在這一背景中，墓室直壁部分壁畫均以赭色爲襯底，白底淡黃色團花牡丹相間，團花之間塡以淡黃色牡丹。小龕之中也繪有同樣的圖案（圖 3-68）。與之類似的圖案可見於唐代的絲織品，如靑海都蘭熱水出

圖 3-67　唐代李徽墓花卉圖

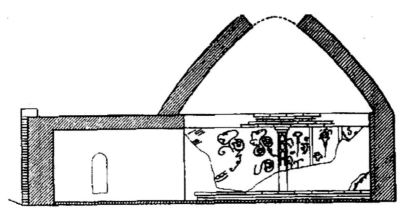

〔註 112〕湖北省博物館、鄖縣博物館：《湖北鄖縣李徽、閻婉墓發掘簡報》，《文物》
　　　　1987 年第 8 期，頁 30～32。

圖 3-68　馮暉墓墓室東壁壁畫線描圖

土的唐代側式寶花文錦與李徽墓花卉紋樣的造型、風格較爲接近，而瑞士阿
貝格基金會藏唐代大窠寶花紋錦以及新疆阿斯塔那唐墓出土的中窠蕾花立鳥
紋印花絹又與馮暉墓花卉圖案較爲吻合（圖 3-69、圖 3-70）。

圖 3-69　青海都蘭熱水出土的唐代側式寶花文錦

圖 3-70　唐代織物圖案

（左：瑞士阿貝格基金會藏唐代大窠寶花紋錦；
　右：新疆阿斯塔那唐墓出土的中窠蕾花立鳥紋印花絹）

關於建築壁面裝飾織物的做法在文獻中有著明確的記載：

> 通義坊劉相國宅，本書宗朝朔方節度使李進賢舊第。……屬牡丹盛開，因以賞花爲名，及期而往。廳事備陳飲饌，宴席之間，已非尋常。舉杯數巡，復引眾賓歸內，室宇華麗，楹柱皆設錦繡；列筵甚廣，器用悉是黃金。階前有花數叢，覆以錦幄。〔註113〕

> 房中施雲母屏風，芙蓉翠帳，以鹿瑞錦障暎四壁。〔註114〕

> 安樂公主改爲悖逆庶人，奪百姓莊田，造定昆池四十九里，直抵南山，擬昆明池，累石爲山，以象華嶽，引水爲澗，以象天津，飛閣步簷，斜牆磴道，被以錦繡，畫以丹青，飾以金銀，瑩以珠玉。又爲九曲流杯池，作石蓮花臺，泉於臺中流出。窮天下之壯麗，言之難盡。〔註115〕

可見，絲織品乃是唐代貴族裝點廳堂、居室的奢侈品，它們不僅用於室內四壁，甚至「飛閣步簷，斜牆磴道」也會「被以錦繡」。而墓葬中繪製的花卉圖案正是對地上此類裝飾的模仿，遼代墓葬中繪製的大量的小型花卉也是這一裝飾形式的延續（圖3-71）。

圖3-71　宣化M10前室、後甬道及後室花卉圖案

〔註113〕《劇談錄・劉相國宅》卷下，《唐五代筆記小說》，頁1478。

〔註114〕《太平廣記・神十一・汝陰人》卷三百一，《四庫・子部・小說家類》（348），頁68。

〔註115〕《朝野僉載》卷三，《唐五代筆記小說》，頁41。

　　與上述對絲織品的模仿相比，工匠似乎更傾向於精心刻畫室內的傢具，主要有桌、椅、燈檠及各種日常用具（包括熨斗、剪刀、茶具等）（圖 3-72），此類題材在宋代仿木磚雕中依然盛行。

圖 3-72　河北故城縣西南屯晚唐 1 號墓壁展開圖

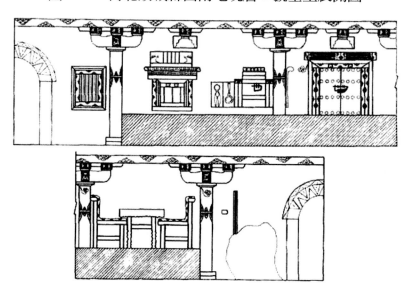

　　此外，工匠並未滿足於對室內裝飾及傢具的表現，同時還專注於室內人物活動的描繪。人的存在不僅使得虛擬的建築空間更加真實，還賦予其豐富的內涵，後文將對此做詳細闡述。

三、仿木建築所承載的觀念

　　唐末五代墓葬中的仿木建築主要分佈在墓門和墓室兩個部位，其中李茂貞夫人墓和馮暉墓這兩座高規格墓葬中仿木建築僅見於墓門，而室內裝飾有仿木建築的墓葬規格均不高，如河北陽泉金家莊唐墓、洛陽伊川後晉孫璠墓、內蒙古清水河縣山跳峁五代墓等。那麼，墓葬規格的差異與分佈位置不同必然導致仿木建築內涵的差異。此外，仿木建築與墓室內的圖像作為一個整體，共同承載著某種特殊的觀念。

（一）身份與財富

1.墓門

　　一種新的建築技術之出現總會引起上層社會的關注，他們會將其用於建

築中的顯要之處，以顯示其身份的優越性。以李茂貞夫人墓爲例〔註116〕，該墓端門的結構與懿德太子墓墓道北壁的城樓圖基本一致，正面門樓爲三開間，其上分別爲一門、二窗，前有勾欄，兩側斜壁上建有東西兩廂。所不同的是，李茂貞夫人墓將原來的建築繪畫改爲了仿木建築磚雕。馮暉墓的門樓則是在此基礎上的簡化。兩座墓中出現豪華墓門應與唐代以來的門第觀念有關。

根據唐代的里坊制度，非王公貴族不可將大門開在道路兩旁。

> 宅亦曰第，言有甲乙之次第也。一曰：出不由里門，面大道者，名曰第。爵雖列侯，食邑不滿萬戶，不得作第。其舍在里中，皆不稱第。〔註117〕

這說明，凡住宅在坊里圍牆之內，只能從里門出入的，均不得稱「第」；只有不經里門，將住宅的大門直接開向街道的，才可稱爲「第」。而且必須是食邑「萬戶侯」才能獲得此種特殊的批准。〔註118〕此時，坊門作爲里坊內十分醒目的建築個體，成爲官僚貴戚虛飾賣弄的招牌。〔註119〕但這項法規到了中晚唐開始鬆弛：

> 太和五年（831）七月，左右巡使奏：「伏准令式，及至德、長慶年中前後敕文，非三品以上，及坊內三絕，不合輒向街開門，各逐便宜，無所拘限，因循既久，約勒甚難。或鼓未動即先開，或夜已深猶未閉，致使街司巡檢，人力難周，亦令奸盜之徒，易爲逃匿。伏見諸司所有官宅，多是雜賃，尤要整齊，如非三絕者，請勒坊內開門，向街門戶，悉令閉塞。請准前後。」「除准令式各合開外，一切禁斷，餘依。」〔註120〕

〔註116〕 一般來講，夫婦墓的規模及裝飾形式應基本一致，但李茂貞夫婦墓卻迥然不同。李茂貞墓年代爲後唐同光三年（925），爲斜坡墓道單石室墓，由墓道、封門、甬道、墓室四部分組成，全長50.7米。用石條封門，內有石封門一道，結構簡單，無立頰、門額、門砧、門檻等，中直立石板門一扇。這種封門的方式與唐代墓葬大致相同（圖）。而之後的後晉開運二年（945）李茂貞夫人墓的端門卻呈現出完全不同的面貌。如果說李茂貞墓是對唐代墓葬裝飾手法的延續，那麼其夫人墓就代表著一個技術的革新，或者是上層貴族對新技術的接受和使用，因爲唐末齣現的裝飾有仿木磚雕的墓葬規格均較低，該墓是目前考古發現較早的大規模使用仿木磚雕的實例。

〔註117〕 《初學記・居處部》卷二十四，《四庫・子部・類書類》（295），頁148。

〔註118〕 張家驥：《中國建築論》，山西人民出版社，2003年，頁155。

〔註119〕 鄭岩、汪悦進：《庵上坊》，生活・讀書・新知三聯書店，2008年，頁51。

〔註120〕 宋・王溥撰，牛繼清校證，《唐會要校證》卷八十六，〈街巷〉，三秦出版社，2012年，頁1349。

可見唐代中後期人們開始普遍向街開門，這種做法明顯是想傲仿顯貴，宣揚家族的實力，門就成爲顯示身份的重要象徵。白居易在《傷宅》中對此亦有形象論述：

> 誰家起甲第，朱門大道邊？豐屋中櫛比，高牆外迴環。累累六七堂，棟宇相連延。一堂費百萬，鬱鬱起青煙。洞房溫且清，寒暑不能幹。高堂虛且迴，坐臥見南山。繞廊紫藤架，夾砌紅藥欄。攀枝摘櫻桃，帶花移牡丹。主人此中坐，十載爲大官。〔註121〕

這種門第觀念在墓葬中也有著充分體現，唐代多天井的墓葬形制正是對這一觀念的表達，以懿德太子墓爲例，其中層層過洞象徵著重重的宮門。〔註122〕

李茂貞夫人的身份較高，生前曾被封爲皇后〔註123〕，「夫王子王」〔註124〕，顯赫一時。墓誌中也一再強調李茂貞夫人及其子李從曬身份地位的尊崇〔註125〕，如「非常之母而誕非常之子」、「宜其天與國香時，生人傑也」、「母以子貴，何其盛歟」，文中甚至還了引用了「相者」的預言——「此女後當祇見貴人，誕生貴子」〔註126〕。此外，誌文中還使用了大量的溢美之詞來形容李從曬的至孝，如「其事親也盡孝」、「惟王孝以因心，毀將滅性，昊天閡極，觸地無容，爵曾子之漿，孺慕曷已，泣高紫之血，創鉅難勝。」事實證明，李從曬的確無愧贊詞，他爲母親營建了氣勢宏大的墓葬，並讓工匠使用最新的技術——仿木建築磚雕，建成了高 7.3 米的端門，其體量足以另人驚歎，此外，即使是母親死後升仙時也要用規格很高的八擡大轎相送。這些安排無不彰顯了墓主門第的高貴。馮暉作爲五代朔方軍節度使亦是權位尊崇，其墓門的裝飾也意在表現上述的門第觀念。

宋代承襲了這一形式，只是較爲簡略，究其原因，應是墓主身份所致。目前發現的宋代仿木磚雕墓的墓主多爲中下層民眾，他們對墓門的裝飾就不

〔註121〕白居易：《傷宅》，《全唐詩》卷四百二十五，頁 4674～4675。

〔註122〕傅熹年：《唐代隧道型墓的形制構造和所反映出的地上宮室》，《傅熹年建築史論文集》，頁 245～263。

〔註123〕《資治通鑒》卷二百六十六：「（李茂貞）但開岐王府，置百官，名其所居爲宮殿，妻稱皇后，將吏稱箋表、鞭、扇、號令多擬帝者。」頁 8676。

〔註124〕《五代李茂貞夫婦墓》，頁 180。

〔註125〕在李茂貞晚年的政治舞臺上，李從曬扮演著非常重要的角色。先後任鳳翔節度、管內觀察處置等使、宣武節度使、鳳翔節度使等，並爲後晉封爲岐王、秦王。《五代李茂貞夫婦墓》，頁 181～182。

〔註126〕《五代李茂貞夫婦墓》，頁 178～179。

再是對門第的追求，而更傾向於對財富的展示。

2.墓室

　　根據前文所述，墓室內的仿木磚雕表現的是建築的外觀，這種方式使得墓室的規模發生了很大的變化。就墓葬規模而言，不同時代有著不同的表現方法。漢代結構複雜的磚室墓是對建築規模的極端強調，藝術家通過縮小墓葬建築的單位空間來實現對地上建築的複雜結構的真實模仿（圖3-73）。而唐代則通過多重天井來代表現實生活中的重重院落，門洞上方及墓壁繪製的建築繪畫強調了天井及門洞的功能，如懿德太子墓結構即是對東宮的模仿。而唐末五代出現的仿木建築磚雕與以往的方式均不同，它一改前代大面積鋪陳的方式，轉而採用象徵的手法——在墓室內表現虛擬建築的外觀，從而使得原本結構規模簡單的墓葬變得異常豐滿，人們可以根據仿木建築結構的提示，想像著墓葬的規模，想像著重重疊疊之建築空間的存在。

圖3-73　河北安平逯家莊東漢墓墓室結構圖

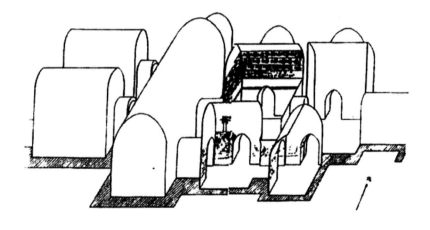

　　事實上，古代對建築規模有嚴格的規定，如《唐會要》：

> 王公已下，舍屋不得施重栱藻井；三品已上，堂捨不得過五間七架，廈兩頭門屋不得過五間；五品已上堂捨不得過五間七架，廈兩頭門屋不得過三間兩架，仍通作烏頭大門，勳官各依本品；六品、七品已下堂捨不得過三間五架，門屋不得過一間兩架，非常參官不得造抽心舍及施懸魚對鳳瓦獸乳梁裝飾。〔註127〕

〔註127〕《唐會要》卷三十一，《四庫·史部·政書類》（201），頁150。

可見，建築規模是身份地位的集中體現。不僅如此，它還是宅第主人財富的象徵。如武則天的寵臣張易之「初造一大堂甚壯麗，計用數百萬」〔註128〕，而玄宗時期虢國夫人建造的豪宅亦是價值不菲，其中僅彩繪壁面一項就花費二百萬，且「復以金盞瑟瑟三斗爲賞」〔註129〕。人們在現實中對建築規模的青睞也會體現在墓葬的建造中。墓室內的仿木建築反映出「人們對於這些部件華美的視覺效果的喜愛。此外，這些部件也成爲墓主幻想的高堂華屋的替代品，成爲財富的象徵」〔註130〕。同時，對於身份地位不高的中下層民眾來說，這些以低廉的材料製作出的仿木建築，「可以在不同程度上擺脫死者生前造房建屋時資金、技術和制度等方面的局限。在那些縮微的圖像中，無論人們生前曾擁有的財富，還是埋藏在心底的欲望，都能夠一一展現出來」〔註131〕。這也許正是仿木建築在後世的中下層民眾中盛行的重要原因之一。

（二）理想的家庭道德觀

隨著仿木建築的出現，墓室的圖像內容也相應地發生了根本的變化，可見兩者關係之密切，換言之，仿木建築與同時出現的其他圖像共同組成了一個統一的意義體系。因此，通過對這些圖像的功能與意義探討便可洞察仿木建築的深刻內涵。

與唐代相比，裝飾有仿木磚雕的五代墓葬壁畫規模明顯縮小，墓道中不再有波瀾壯闊的儀仗隊伍，也不再描繪貴族的戶外活動，如狩獵，打馬球等，而是傾向於表現日常用品、勞動用具以及墓主的家居生活場景，如河北故城西南屯晚唐墓室中刻有一熨斗和一把剪刀（圖 3-74）。〔註132〕洛陽伊川孫璠墓各壁面磚砌內容爲燈檠、燈盞、桌、櫃、注子、盞及托等。〔註133〕內蒙古

〔註128〕《朝野僉載》卷六，頁 83。
〔註129〕《明皇雜錄》卷下，頁 964。
〔註130〕鄭岩、汪悦進：《庵上坊》，頁 64。
〔註131〕鄭岩：《塔與城——管窺中國中古都城的立體形象》，édités par Chrystelle Maréchal（麥里筱）& YAU Shun-chiu（游順釗），*ÉDITIONS LANGAGES CROISÉS*（《語彙叢刊》）, numéro spécial n°2, pp.193～209, Centre de Recherches Linguistiques sur l'Asie Orientale, École des Hautes Études en Sciences Socirles, Paris, 2005。
〔註132〕衡水市文物管理處：《河北故城西南屯晚唐磚雕壁畫墓》，《河北省考古文集》（三），科學出版社，2007 年，頁 129～138。
〔註133〕四川大學歷史文化學院考古隊、洛陽市第二文物工作隊：《洛陽伊川後晉孫璠墓發掘報告》，《文物》2007 年第 6 期，頁 9～15。

圖 3-74　河北故城西南屯晚唐墓中的熨斗、剪刀

清水河縣山跳峁墓地各墓室內皆有磚雕，題材有格子花窗、帶流勺、熨斗、剪子、尺子、茶具、燈架、弓囊、箭囊等（圖 3-75）。〔註 134〕其中除了傢具外，多爲女性家居勞作的工具，其中熨斗見於傳爲張萱的《搗練圖》，爲女性整理織物之用（圖 3-76）。宋代墓葬中也不乏此類用具（圖 3-77）。因此，這些工具似可看作女墓主的象徵。

圖 3-75　內蒙古清水河縣山跳峁墓中雕刻的家居勞作用具

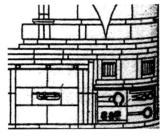

圖 3-76　搗練圖局部　　　圖 3-77　城南莊宋墓磚雕剪子、熨斗

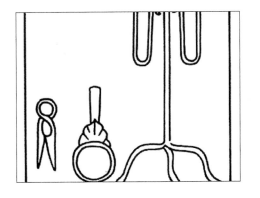

〔註 134〕內蒙古文物考古研究所、烏蘭察布博物館、清水河縣文物管理處：《內蒙古清水河縣山跳峁墓地》，《文物》1997 年第 1 期，頁 20～35。

在與五代同時的遼代墓葬中，仿木建築內出現了人物活動場景，如北京遼統和十三年（995）韓佚墓室內仿木建築間出現了人物形象〔註135〕，北壁正中繪梁枋，梁枋下繪帷幔，帷幔下繪有三扇花鳥圍屏，左右各有一侍女，西側的侍女正在向圍屏後張望，好像在等待主人的到來。東、西兩壁均為女性侍奉圖，東壁北側的侍女手執琵琶，立於桌前，中間侍女手執何物已不可辨認，前側置一方桌，西側侍女持缽，身側為一燈檠；西壁北側侍女手執紅花包袱，身後置衣箱、衣架等，中間侍女手部已漫漶不清，身側置一桌。南側侍女已模糊，細節不可考（圖 3-78）。〔註136〕北京南郊的遼代趙德鈞夫婦墓的九個墓室中均彩繪有仿木建築〔註137〕，壁畫多已殘損，左中室僅存「伎樂圖」〔註138〕，右前室應為廚房，東側繪侍女揉面圖，西側為托盤侍女。此外，東壁下方置有爐竈、鐵鍋、石鍋、玉碗、銅勺等炊事用具〔註139〕，可見，左前室是作為廚房布置的〔註140〕。北京大興區青雲店遼代早期墓的墓室內亦繪

圖 3-78　遼代韓佚墓壁畫

〔註135〕 該墓室內雖為影作木構建築，但外觀形式與仿木磚雕極為接近，因此可將其納入本書的討論。
〔註136〕 北京市文物工作隊：《遼韓佚墓發掘報告》，《考古學報》1984 年第 3 期，頁361～381。
〔註137〕 趙德鈞卒於遼天顯十二年（937），其夫人卒於遼應曆八年（958）。
〔註138〕 報告中認為畫面中的九個人物在觀賞繪畫作品，李清泉認為是表現伎樂等內容（《宣化遼墓：墓葬藝術與遼代社會》，頁41。），筆者傾向於後一種說法。
〔註139〕 蘇天鈞：《北京南郊遼趙德鈞墓》，《考古》1962 年第 5 期，頁246～253。
〔註140〕 李清泉：《宣化遼墓：墓葬藝術與遼代社會》，頁41。

有影作木構，將壁面分爲四部分，墓門東側繪一持壺侍女，西側侍女立於一枝燈旁，作點燈狀。西壁繪有三個侍女，畫面北側爲曬布料場景，布料花色不一，有紅白等色。北壁正中爲兩扇門，一侍者持裝有食物的托盤向室內走來。門西側繪一紅邊木箱，上置一容器，器內裝有錢幣。箱後有一侍女作休息狀。門東側繪兩個執物侍女。東壁繪一男童手牽一婦人，畫面中部上方有破子櫺窗，窗下有磚砌的桌、椅，椅子後立一紅衣侍女（圖 3-79）。〔註 141〕從中不難看出，仿木建築內的圖像多爲女性的日常家居勞作場面。

圖 3-79　北京大興區青雲店遼墓壁畫

宋代早期墓葬依然延續五代的傳統，壁面多裝飾磚雕假門、假窗，以及由一桌二椅、燈檠、衣架、衣櫃、剪刀、熨斗等構成的傢具陳設組合，之後逐漸出現墓主夫婦「開芳宴」、婦人啓門、備侍等題材。至宋代後期，隨著仿木建築的成熟，墓室中的壁畫或磚雕題材大大豐富，增加了孝子圖、升仙圖、侍奉、樂舞等。〔註 142〕

更有意思的是，這些題材的佈局存在明顯的規律：大體看來，壁面分爲1～3 層不等，斗栱以下爲第一層，栱眼壁爲第二層，斗栱以上的梯形壁面爲第三層。其中，第一層均描繪墓主夫婦尤其是女主人的生活場景，如：

新密下莊河宋墓：墓室平面呈八角形，圖像內容從西南壁順時針分別爲：辭行圖、拜師圖、孝順高堂圖、剪子、熨斗等用具、備宴圖、供奉圖（圖 3-80）。

新密平陌宋墓：墓室平面呈八角形，圖像內容從西南壁順時針分別爲：梳妝圖、家居圖（其實應爲侍奉高堂圖）、女主人書寫圖、梳妝圖、備宴圖、讀書圖（圖 3-81）。

〔註 141〕北京市文物研究所：《北京大興區青雲店遼墓》，《考古》2004 年第 2 期，頁18～21。
〔註 142〕韓曉囡：《宋代墓葬裝飾研究》，山東大學博士論文，2006 年。

圖 3-80　　新密下莊河宋墓壁畫

圖 3-81　　新密平陌宋墓壁畫

　　登封高村宋墓：墓室平面呈八角形，南壁正中設甬道，圖像內容從甬道西壁順時針分別爲：烙餅圖、升仙圖、備宴圖、女主人侍夫宴飲圖、備宴圖、備洗圖、升仙圖、出行圖（圖 3-82）。

　　登封黑山溝宋墓：墓室平面呈八角形，南壁爲甬道，北壁爲假門，圖像內容從甬道東壁順時針依次爲：備宴圖、伎樂圖、墓主夫婦對飲圖、侍兒圖、侍寢圖、侍洗圖（圖 3-83）。

圖 3-82　　登封高村宋墓壁畫

圖 3-83　　登封黑山溝宋墓壁畫

　　登封箭溝宋墓：墓室平面呈八角形，南壁正中設甬道，甬道兩側原分別繪有駱駝、牽馬圖。現存圖像從西南壁順時針分別爲：侍奉圖、家居圖、備侍圖、家宴圖、伎樂圖、備洗圖（圖3-84）。

　　白沙 1 號宋墓：分爲前、後兩室，前室爲夫妻開芳宴、伎樂圖，後室有侍宴圖、進奉圖、婦人啓門以及女性家用的剪刀、熨斗等（圖3-85）。

圖 3-84　登封箭溝宋墓壁畫

圖 3-85　白沙 1 號宋墓前室西壁、後室西南壁壁畫

　　有意思的是，上述墓葬中描繪的女性家居活動均見於中唐宋若莘、宋若昭所著之《女論語》〔註143〕，如《學作章第二》中對女性的家居勞作內容做出了詳細的規定：

〔註143〕根據高世瑜的研究，《女論語》應是按照《論語》的體例，以問答的形式撰寫的，共十篇；而現存被稱爲《女論語》的著作卻是四言韻文的形式，且爲十二章，顯然與原書不符，故應非若莘原作，而可能是其妹若昭爲《女論語》所著的申述文字。（高世瑜：《宋氏姐妹與〈女論語〉論析——兼及古代女教的平民化趨勢》，《唐宋女性與社會》，上海辭書出版社，2003 年，頁127～157。）但日本學者山崎純一則認爲現存的《女論語》應是薛蒙妻韋氏所撰的《續曹大家女訓》。（山崎純一：《關於唐代兩部女訓書〈女論語〉、〈女孝經〉的基礎研究》，《唐宋女性與社會》，頁 158～187。）筆者認爲《續曹大家女訓》現已散佚，無從比較，因此，本書將採用高世瑜的說法。

　　　　凡爲女子，須學女工。紉麻緝苧，粗細不同。機車紡織，切莫
匆匆。看蠶煮繭，曉夜相從。採桑摘柘，看雨占風。滓濕即替，寒
冷須烘。取葉飼食，必得其中。取絲經緯，文匹成工。輕紗下軸，
細布入筒。綢絹苧葛，織造重重，亦可貨賣，亦可自縫。刺鞋補襪，
引線繡絨。補聯紉綴，百事皆通。

這些內容恰與磚雕或壁畫中的剪刀、熨斗等用具以及晾曬布料圖相對應，
因爲這些工具均與上述的織作活動有關。孝敬父母是最重要的德行之一，
《事父母章》對孝的行爲作出了明確規定，包括對父母生前的供養及死後的
安葬。

　　　　事父母章第五：女子在堂，敬重爹娘。每朝早起，先問安康。
寒則烘火，熱則扇涼。饑則進食，渴則進湯。父母檢責，不得慌
忙。近前聽取，早夜思量。若有不是，改過從長。父母言語，莫作
尋常。遵依教訓，不可強良。若有不是，借問無妨。父母年老，朝
夕憂惶。補聯鞋襪，做造衣裳。四時八節，孝養相當。父母有疾，
身莫離床。衣不解帶，湯藥親嘗。求神拜佛，指望安康。莫教不
幸，或致身亡。痛入骨髓，哭斷肝腸。三年乳哺，恩德難忘。衣裳
裝殮，持服居喪。安埋設祭，禮拜燒香。追修薦拔，超上天堂。

壁畫中對此類行爲也做了具體描繪，但多注重對父母生前的供養，如侍奉高
堂圖、家居圖等。除了孝敬父母，「事夫」亦是女性家庭生活的重要一環，《事
夫章》中指出：

　　　　女子出嫁，夫主爲親。前生緣分，今世婚姻。將夫比天，其義
匪輕。夫剛妻柔，恩愛相因。居家相待，敬重如賓。……夫若出外，
借問途程。黃昏未返，瞻望思尋。停燈溫飯，等候敲門。……夫如
有病，終日勞心。多方問藥，遍處求神。百般醫療，願得長生。……
粗絲細葛，補洗精神。莫令寒冷，凍損夫身。家常菜飯，供待殷勤。
莫教饑渴，瘦瘠苦辛。

這些內容可體現在夫婦開芳宴圖（即墓主夫婦對飲圖）〔註144〕、辭行圖、出

〔註144〕《醉翁談錄》記載的張生夫婦宴飲的情況：「彩雲更探消息，忽至一巷，睹一
宅稍壯麗，門前掛斑竹簾兒，廳前歌舞，廳上會宴。彩雲感舊泣下曰：『我秀
才娘子，向日常有此會，誰知今日窮困如此。』因拭淚，簾下覷見一女子，
對坐一郎君，貌似張官人，言笑自若。更熟認之，果然是也。遂問青衣，此
是誰家。青衣曰：『此張解元宅……常開芳宴，表夫妻相愛耳。』由此可知，

行圖、侍寢圖、侍洗圖、女主人侍夫宴飲圖等壁畫中，表現的是女主人對丈
夫的恭順與侍奉。女性嫁入夫家之後，不僅要孝敬父母、服侍丈夫，還要對
其他家庭成員表現出盡可能的尊敬與忍讓；既要從事日常的庖廚之事，又要
通曉待客之道。這在《早起章》、《事舅姑章》、《待客章》中均有詳細說明：

　　早起章第四：……拾柴燒火，早下廚房。磨鍋洗鑊，煮水煮湯。
隨家豐儉，蒸煮食嘗。安排蔬菜，炮豆豉舂薑。隨時下料，甜淡馨
香。整齊碗碟，鋪設分張。三湌飯食，朝暮相當。

　　事舅姑章第六：阿翁阿姑，夫家之主。既入他門，合稱新婦。
供承看養，如同父母。……備辦茶湯，逡巡遞去。整頓茶盤，安排
匙箸。飯則軟蒸，肉則熟煮。自古老人，牙齒疏蛀。茶水羹湯，莫
教虛度。

　　待客章第十：大抵人家，皆有賓主。蔟滾湯瓶，抹光素子。準
備人來，點湯遞水。退立堂前，聽夫言語。若欲傳杯，實時辦去。
欲若相留，待夫回步。細與商量，殺雞為黍。物味調和，菜蔬濟楚。
五酌三杯，有光門戶。

壁畫中的備茶圖、備宴圖、侍奉圖、伎樂圖等可與這些內容相吻合，較為形
象地表現了賢婦庖廚炊作及侍奉客人的場景。除此之外，此時的女性還擔負
著教育下一代的重任，正如《訓男女章》中所言：

　　訓男女章第八：大抵人家，皆有男女。年已長成，教之有序。
訓誨之權，實專於母。男入書堂，請延師傅。習學禮義，吟詩作
賦。尊敬師儒，束脩酒脯。五盞三杯，莫令虛度。十日一旬，安排
禮數。設席肆筵，施呈樽俎。月夕花朝，遊園縱步。挈榼提壺，主
賓相顧。萬福一聲，即登歸路。女處閨門，少令出戶。喚來便來，
教去便去。稍有不從，當叱辱怒。在堂中訓，各勤事務。掃地燒
香，紉麻緝苧。若出人前，訓他禮數。道福遞聲，遞茶待步。莫縱
嬌癡，恐他啼怒。莫縱跳梁，恐他輕侮。莫縱歌詞，恐他淫語。莫
縱遊行，恐他惡事。

壁畫中的侍兒圖、拜師圖等恰可看做對上述內容的注腳，其中侍兒圖是對未

夫妻開芳宴旨在表現夫妻恩愛。羅燁：《醉翁談錄・紅綃密邀張生負李氏娘》
壬集卷一，轉引自牛加明：《宋代墓室壁畫研究》，華南師範大學碩士論文，
2004年，頁29。

成年子女的撫養，而拜師圖可對應「男入書堂，請延師傅」，是對成年子女的教育活動。在履行了對家庭其他成員的各種義務之後，女性還要關注自身的形象舉止與文化修養。

> 學禮章第三：凡爲女子，當知女務。女客相過，安排坐具。整頓衣裳，輕行緩步。斂手低聲，請過庭戶。問候通時，從頭稱敘。答問殷勤，輕言細語。備辦茶湯，迎來遞去。〔註145〕

這些內容可體現在梳妝圖、書寫圖、讀書圖中。毋庸置疑，能夠達到《女論語》中規定的種種要求的女性一定堪稱賢婦。但事實上，這只是作者所幻想的理想狀態罷了。

《女論語》的作者雖後來貴爲宮官，但著述卻是在鄉間爲民之時。與之前宣揚上層女性禮教的《列女傳》、《女誡》不同，這是第一部針對民間勞動婦女的女教著作，開創了以通俗韻文講述禮儀規則的女教著述新形式。〔註146〕同時代陳邈妻鄭氏所撰的《女孝經》也涉及下層女性的行爲規範，其中有言：「爲婦之道，分義之利。先人後己，以事舅姑。紡績裳衣，社賦蒸獻。此庶人妻之孝也。詩云：婦無公事，休其蠶織。」〔註147〕這些規訓均顯示了中古以後女教逐漸下移和平民化的端倪。〔註148〕就目前發現的墓室內裝飾有仿木建築的唐末、五代及宋墓之墓主身份而言，多爲中下層民眾〔註149〕，因

〔註145〕《女論語》的内容均採自（明）陶宗儀：《説郛》卷七十下，《四庫・子部・雜家類》（291），頁 480～481。

〔註146〕高世瑜：《宋氏姐妹與「女論語」論析——兼及古代女教的平民化趨勢》，頁 150。

〔註147〕（明）陶宗儀：《説郛》卷七十下，《四庫・子部・雜家類》（291），頁 479。

〔註148〕高世瑜：《宋氏姐妹與「女論語」論析——兼及古代女教的平民化趨勢》，頁 150。

〔註149〕宋代李皇后陵墓室内中也裝飾有仿木建築，周壁上磚雕桌椅、衣架、燈檠、梳粧檯、方格窗等，頂部繪星象圖。（郭湖生、戚德耀、李容淦：《河南鞏縣宋陵調查》，《考古》1964 年第 11 期，頁 564～577。）此外，宋太宗永熙陵頂部繪有天象圖，天象圖下繪宮殿樓閣，其形制、結構與李皇后陵地宮完全相同。（周到、傅永魁：《鞏縣石窟寺・宋陵・杜甫故里》，中州書畫社，1981 年。）其他的帝后陵地宮均未發掘，但有學者推測，從宋眞宗永定陵開始，北宋皇陵地宮由磚築改爲石砌。（陳朝雲：《南北宋陵》，中國青年出版社，2004 年 9 月，頁 29。）可見，儘管現已發掘的兩座宋陵中均裝飾有仿木建築磚雕，但畢竟數量太少，尚無法對宋陵的全面深入研究，而其中仿木建築在帝陵中的功能和意義還有待於進一步的材料來證明。因此，本書對仿木建築意義的討論暫不涉及上層墓葬。

此，這些壁畫可能是爲女墓主提供標準行爲規範而設的，亦或是表現女墓主生前的賢良之舉。

　　第二層、第三層主要爲孝子圖和升仙圖，以黑山溝宋墓爲例，第二層栱眼壁上繪有 8 幅孝子圖，分別爲「曾母齧指，參心痛，負薪而歸」、「王武子行孝，乳姑不怠」、「董永行孝，賣身葬父」、「丁蘭刻木，事親行孝」、「王祥臥冰求鯉」、「孟宗哭竹」、「郭巨埋兒得金」、「王裒聞雷泣墓」（圖 3-86），斗栱之上爲 8 幅升仙圖。

圖 3-86　黑山溝宋墓孝子圖

　　高村宋墓的圖像佈局也是如此，栱眼壁上繪 8 幅孝子圖，分別爲「蔡順拾椹供親」、「趙孝宗行孝」、「丁蘭刻木事親」、「王武子割股奉親」、「舜孝感動天，大象耕田」、「韓伯榆泣杖行孝」、「孟宗哭竹」、「王祥臥冰求鯉」（圖 3-87）。斗栱之上爲升仙圖。有時孝子圖和升仙圖也會同處於第三層，如平陌

圖 3-87　高村宋墓孝子圖

宋墓，第二層栱眼壁爲花卉圖案，斗栱之上原有 8 幅壁畫，南壁兩幅脫落，從西壁開始分別是「閔子騫行孝」、「四洲大聖度翁婆」（即墓主夫婦升仙圖）、仙界樓宇圖、「行孝鮑山」、「王祥臥冰求鯉」、「行孝趙孝宗」（圖 3-88）。

圖 3-88　平陌宋墓壁畫

　　與前述專爲女墓主而設的第一層壁畫相對應，第二層或第三層的「孝子圖」代表了男墓主的行爲準則。而升仙圖的意義則在於：如果墓主夫婦生前嚴格遵照執行了畫面中的行爲規範，就能實現死後升仙的願望，或者說，死後升仙是墓主夫婦生前完美德行的獎賞。我們可以看到，墓主夫婦常常以各種方式出現在第三層的升仙圖中，或已經升仙，如黑山溝宋墓上層西北壁的墓主夫婦升仙圖，或正在被超度，如《四洲大聖度翁婆》〔註150〕。

　　那麼，爲什麼墓葬中會普遍出現上述的圖像組合？筆者推測，其原因主要在於當時家庭結構的變化，即一種新型家庭的形成。根據杜正勝的研究，中國的農民家庭分爲三種類型：漢型家庭、唐型家庭和宋型家庭。其中「漢型家庭」主要是父子兩代結構，即父母與未成年的子女一起構成核心家庭。「唐

〔註150〕然而，這裡還有一個問題需要說明，即升仙本屬道教的修行，但宋墓的升仙圖中卻出現了菩薩、僧人等佛教中的形象，且這些形象也多站在祥雲之上。事實上，兩種宗教系統共存並不矛盾，對民眾來講，兩種宗教均可爲死者提供理想的往生之地，道教提供的是仙境，而佛教則是超度死者進入極樂世界。正如漢代人將各種可能的方案並置在墓葬中以供死者選擇，宋代人也爲死者準備了上述兩種途徑，以保證其死後生活的幸福。關於此問題的探討可參見第二章之第二節王建墓中的佛教與道教觀念的融合。

型家庭」的特點是尊長猶在，子孫多合籍，並同居、共財。因此，已婚兄弟共居同財是其特色，直系的祖孫三代成員共同組成的家庭相當普遍。與「唐型家庭」相比，「宋型家庭」的規模小一些，從結構上看，仍然是三代即祖父子。但是，「唐型家庭」的三代以最年長的祖父母為核心，同一祖父的後代在一個戶頭下，其家庭成員有直系也有旁系；宋代家庭的三代卻是以中間的壯年夫婦為戶主，祖父母是在此寄養而非核心，家中只有直系血緣關係，因為第三代只是這對壯年夫婦的子女。「宋型家庭」並不是宋代才形成的，唐朝後期就已經出現。〔註151〕

在「宋型家庭」中，女主人成為家居生活最重要的力量，這就要求她具有多方面的才能。她們不僅要完成繁重的家庭勞作，還要孝敬父母、相夫教子，同時還要調和各方面的人際關係，只有這樣才能堪稱「孝婦」或「賢妻良母」，這一點在《女論語》中有明確體現。

另一方面，如前所述，「宋型家庭」是以壯年夫婦為核心，如果祖父母在世的時候不分家，可以在原來的家裏從容地養老；如果分家，就只能寄養在兒子的家中，雖然仍是長輩，卻不是家長了。隨著一次性分家析產方式的普遍化，老人的贍養已經是宋元時期的一個突出的社會問題了。〔註152〕《通志條格》中生動記述了老人的生活狀況：

> 有父母在堂，兄弟往往異居者，分居之際置父母另處一室，其兄弟諸人分供日用。父母年高，自行拾薪取水，執爨為食。或一日所供不至，使之詣門求索；或分定日數，令父母巡門就食。日數才滿，父母自出，其男與婦亦不肯留。〔註153〕

在宋代，對於老人的贍養問題，除了採取一些法律手段，更多的還是依靠道德的約束，即大力宣揚孝道，二十四孝故事圖畫也在此間廣泛流傳〔註154〕，宋代墓葬中大量出現的「孝子圖」正是對這一社會現象的回應〔註155〕。

〔註151〕 杜正勝：《傳統家庭結構的典型》，《大陸雜誌》第 65 卷第 2、3 期，1982 年。

〔註152〕 邢鐵：《中國家庭史——宋遼金元時期》（第三卷），廣東人民出版社，2007年，頁 320。

〔註153〕 《通制條格》卷三，轉引自邢鐵：《中國家庭史第三卷：宋遼金元時期》，廣東省出版集團、廣東人民出版社，2007 年，頁 318。

〔註154〕 張國剛：《中古佛教戒律與家庭倫理》（家庭史研究的新視野），生活・讀書・新知三聯書店，2004 年。

〔註155〕 相比之下，唐代在老人問題上更加人性化，當時的法律為老人的贍養提供的重要的保障。首先在家產分割上，老人男子可以得到與青壯年一樣的家產；

綜上所述，墓室中的圖像展現了「宋型家庭」中壯年夫婦的行爲規範，在這個家庭中，男女主人完美履行了各項家庭責任，使得家庭內部「其樂融融」。而仿木建築則爲這一套意義體系提供了一個看似眞實的外殼，它是那個由圖像組成的理想家庭或標準家庭的物質載體，是當時「家」觀念的形象化。

小　結

唐末、五代墓葬中出現了大量的仿木建築，該藝術形式的來源主要有三個：地上木建築的興盛及人們對木建築的迷戀爲仿木建築提供了現實原型及模仿動機；建築繪畫追求眞實性的特點及唐代以建築來表現虛擬的理想世界之方式爲仿木建築提供了形式來源；地上仿木磚塔的興起則爲仿木建築提供了重要的技術來源。

仿木建築旨在表現建築的外觀，這一做法源於前代藝術家關注建築外觀的傳統，它大大擴展了墓葬的原有規模，只是其規模的倍增要依賴於觀者的視覺想像而存在。由於仿木建築位於墓室內壁，因此工匠必須通過一些特殊的方式處理好內外的空間關係，同時，爲了盡可能眞實地模仿地上木建築，工匠便按照木建築的規格等比例縮小，形成一個縮微的建築空間。此外，他們還充分考慮到觀者的視角，並在墓葬中預設了特定的觀看方位。同時，工匠並未放棄對仿木建築之虛擬空間的表達，最常見的方法便是將仿木建築與圖像相結合。

至於仿木建築的意義，則體現在兩個層面：其一，李茂貞夫人墓和馮暉墓的端門與門樓是唐代以來門第觀念的體現，而墓室內的仿木建築不僅象徵著墓主的身份，更是墓主幻想之高堂華屋的替代品，成爲其財富的象徵。其二，中唐以後，社會中下層家庭的結構由「唐型家庭」轉向「宋型家庭」，家庭成員也由原來的直系和旁系的組合變爲單純的直系家屬。在「宋型家庭」中，家庭女主人扮演著重要的角色，與之相適應，出現了約束下層女性行爲規範的規訓著作《女論語》；同時，由於壯年夫婦成爲家庭的核心，老人贍養的問題就變得很突出，於是承擔著教化功能的「孝子圖」再次興起。這些現

其次，唐代的戶口政策是阻止分家析產導致老人孤獨的，法律上也明確禁止父母在而別籍異居。老人在世兒女不分家，不僅保障了老人的經濟生活，而且滿足了老人的感情需要。張國剛：《中國家庭史：隋唐五代時期》（第二卷），廣東人民出版社，2007年，頁183～183。

象生動地反映在墓葬中，致使女性家居勞作場景及孝子圖大量出現在壁畫中，而與上述圖像同時出現的升仙圖則成爲墓主夫婦生前高尚德行的獎賞。這時，仿木建築便成爲承載上述意義體系的物質載體，它爲墓主夫婦高尚的行爲規範提供了看似眞實的活動空間，並與這些圖像一起營造了一個虛擬的、標準的「家」。於是，伴隨著仿木建築的產生與發展，墓葬美術也逐步完成了由唐至宋的變革。

結　論

　　隨著大量墓葬美術材料的出現，美術史研究者所面臨的首要問題是：如
何處理和使用這些材料？它和其他圖像系統之間是什麼關係？如何看待它
在美術史上的地位？本書對五代墓葬的研究正是爲解決上述問題所做的初步
嘗試。

　　五代是一個政治分裂的時代，隨著各藩鎮勢力不斷地此消彼長及相互兼
併，形成了歷史上所謂的「五代十國」。〔註1〕附錄一是對五代墓葬的類型學
分析，從中可以看出政治上的分裂所導致的喪葬文化上的地域差異。其中，
中原地區墓葬多繼承唐代壁畫墓的傳統，但壁畫的內容已發生了很大的改
變，此外還有一個重要的現象，一種墓葬裝飾的新樣式——仿木建築磚雕大
量出現；南方十國則更多表現出與唐代墓葬的差異，各政權在建立之初紛紛
致力於創建各自的墓葬系統，並呈現出較爲嚴整的等級制度。

　　在這一全新之墓葬系統的創建過程中，不同政權、不同階層、不同個人
紛紛用不同的藝術方式來詮釋對墓葬的看法。此時，既然前代的墓葬美術不
再是五代墓葬的唯一來源，那麼其他系統的圖像勢必成爲可供選擇和利用的
重要材料，於是，在墓葬這一特殊的空間內，不同圖像系統之間的交流與碰
撞亦變得異常頻繁，卷軸畫、佛教美術、建築等不同系統的視覺材料以不同
的形式進入墓葬，它們不斷地被選擇、改造、重組，並由此衍生出更爲豐富
的圖像體系，五代墓葬美術也因此一改唐代較爲統一之風格，呈現出紛繁複
雜的新面貌。

〔註1〕　馬端臨云：「五代十國，皆節鎮之流裔而併合者也。」《文獻通考》卷二百七
　　　　十六，《四庫·史部·政書類》（204），頁315。

　　為了更為細緻的說明墓葬美術與其它圖像系統的複雜關係，本書選取了三個案例，它們是王處直墓、王建墓、仿木建築磚雕，三者分別側重不同的圖像系統，其中對王處直墓的討論涉及墓葬與地上繪畫的交流，對王建墓的分析便可看到佛教美術在墓葬中的使用與變換，而對仿木建築磚雕的研究則可揭示墓葬與地上建築的密切關係。大致看來，這三方面涵蓋了墓葬以外的地上圖像系統，可看作本書所要解決之核心問題的三個不同方面，因此它們並非孤立存在，而是有著內在聯繫。

　　在王處直墓中，我們可以看到畫工為表達雇主的主觀願望所做的種種努力，此從中可看到他們在面臨豐富的地上繪畫時所進行的選擇與再創造。在題材上，他們幾乎選取了當時出現的各類繪畫題材，以求準確表現既定的觀念；在壁畫形式風格的選擇上，地上各種形式的繪畫作品、前代的粉本、墓葬系統本身的圖像均在其選擇之列，此時，畫工似乎遵循著一個規則：即對於新興畫科如山水、花鳥，他們會極力追尋著最新的風格，所以該墓山水畫中出現了類似董源的風格，而花鳥畫中則有著與徐熙之「裝堂花」相類的樣式；對於人物畫這一較為成熟的畫科，畫工似乎更傾向於使用現成的粉本，因此我們會看到北魏時就已經出現的繪畫樣式《皇后禮佛圖》在該墓後室《伎樂圖》中的使用，同時也會看到一些卷軸畫、佛教壁畫或墓葬壁畫中常見的單體人物樣式在此處的反覆使用。在處理諸多畫面的空間佈局時，畫工充分借鑒了卷軸畫的創作特點，考慮不同空間、不同畫面之間的呼應關係、畫面的連續性等等，同時他們還通過「臥遊」這一特殊的觀賞方式來處理壁畫與建築空間的關係。

　　更有意思的是，整個壁畫的設計與實施並非獨為傳達雇主的主觀願望，還包含有畫工自身的創造，其中對眾多題材的使用可表現其兼擅不同繪畫題材的特質，對不同系統圖像的風格、形式的借鑒表現出他們對地上美術史發展狀況的感知與反映，而對諸多圖像的組織則又彰顯了他們對不同創作方式的兼收並蓄，此時的畫工似乎不再是被傳統美術史排除在外的非主流一群，而儼然成為充滿想像力和創造力的大畫家，換言之，他們似乎要通過種種努力來實現對自身地位的認定。

　　就王建墓而言，其整體佈局未沿用唐代傳統，而是明顯借鑒了以法門寺為代表的佛舍利瘞埋制度中的最高規格，以實現墓主死後享有最高等級供養的追求。為了進一步表現墓主死後往生的西方極樂世界，棺床採用須彌座的

形式，並於其上雕刻伎樂以像「佛國天樂」，刻蓮花以像「蓮花化生」；爲了保證墓主順利往生西方淨土，棺床兩側還安置了藥師淨土中的十二神將，其半身的形式與墓葬位於地上的設計表示墓主在眾神將的保護下衝出地獄，向西方淨土飛升。除此之外，墓葬中還安排了另一套墓主往生的去處，即棺內的水銀以及哀冊中表示墓主要往生仙界以獲得永生。事實上，這兩個看似不相干的方案存在著內在聯繫，因爲在唐代，《涅槃經變》已與升仙觀念發生了融合，佛涅槃後也可去往理想仙界。而後室的王建像的出現則標誌著墓主已在西方淨土化生或在仙界永生。王建像前放置的象徵帝王身份的寶盝、諡寶、哀冊、諡冊又進一步表明，其眞正目的是在化生或永生後依然保持生前帝王的尊嚴，享受帝王的待遇。可見，佛教美術成爲表達某一政治觀念的重要媒介，至此我們可以看到不同的佛教圖像是如何在墓葬中被巧妙地使用，並進一步完成轉換與重組的。

通過對仿木建築的考察，我們可以看到，在對地上木建築的模仿中，木建築的法則是如何被巧妙使用並改造的。仿木建築旨在表現建築的外觀，它大大擴展了墓葬的原有規模，只是其規模的倍增要依賴於觀者的視覺想像而存在。爲了盡可能眞實地模仿地上木建築，工匠便按照木建築的規格進行等比例縮小，使其形成一個縮微的建築空間。他們還充分考慮到觀者的視角，並在墓葬中預設了特定的觀看方位，其中表現出的觀看規律恰與地上木建築的觀看方式相吻合。由於仿木建築位於墓室內部，工匠必須通過一些特殊的方式處理好內外的空間關係，在此過程中，一些建築構件得到了合理的改造。同時，工匠並未放棄對仿木建築之虛擬空間的表達，最常見的方法便是將仿木建築與其他圖像相結合。至於仿木建築的功能和意義，則主要體現在兩個層面：其一，仿木結構的墓門爲唐代以來門第觀念的體現，而墓室內的仿木建築則是墓主身份與財富的象徵；其二，仿木建築爲墓主夫婦高尚的行爲規範提供了看似眞實的活動空間，從而營造了一個虛擬的、標準的「家」。

上述三個案例表明，墓葬美術與其它圖像系統的交流與互動包含兩個層面：一方面是對圖像本身包括內容、形式風格及佈局方式的借鑒，這在三個案例中均有不同程度的體現；另一方面則是對圖像之原初功能或意義的巧妙使用，如王建墓對佛教淨土觀念的借鑒，仿木建築對建築的身份等級及財富觀念的體現等。

　　至於導致不同系統發生關係的原因，則是多方面的，其中不僅包括雇主的政治目的、個人愛好，更重要的是畫工或工匠所作出的種種努力和嘗試。在此過程中，爲了實現某一設計思想並在此同時顯示其本身的創造性，藝術家可以輕鬆突破不同系統之間的壁壘，他們從眾多圖像中篩選出自己需要的內容，但這種選擇並非原樣照搬，而是通過各種方式對這些圖像進行複製、黏貼乃至修改、變換，新的作品便在他們的妙筆中誕生。他們不僅要掌握墓葬本身的圖像體系，還要通曉不同的繪畫題材，熟知卷軸畫的創作方式，並能將其靈活運用於壁畫創作中；他們還需瞭解佛教美術的各種知識，包括圖像的樣式、圖像的功能與意義、人們的信仰等，這些知識將會指導他們對現有的佛教圖像進行有效地重組；同時，他們還要弄清地上木構建築的各種法則，因爲對仿木建築構件的加工與組裝均以此爲標準，並藉此實現視覺上的仿眞。就墓葬美術的使用者或觀者而言，他們似乎也並不在意圖像的形式風格出自哪個系統，而是更關注這些作品是否符合自己的審美情趣，是否能夠充分表達自己的願望。

　　可見，墓葬美術並非孤立存在，它與其他系統之間其實並無明確的界線，而是共存於同一時代的不同圖像分支，彼此之間各有側重但聯繫緊密。有學者曾將這些不同的圖像系統比作一個不同的家族，這些家族之間有著各種聯姻關係，因而會不斷增進新的因素。〔註2〕這一比喻無疑是生動而準確的。

　　這樣的事實將會引發的兩方面問題：

　　其一，目前的美術史研究分爲不同的領域，包括卷軸畫、佛教美術、建築、墓葬美術等，其劃分的標準大致爲圖像的內容及功能。在長期的研究中，各領域均形成了較爲固定的研究方法，並取得了顯著的成果。但上述墓葬美術與其他圖像的複雜關係又迫使我們從另一角度來思考這種劃分的合理性，即當我們將古代的美術材料分爲墓葬美術、卷軸畫、佛教美術、建築等類別時，是否因過分強調它們之間的差異而在某種程度上將其原本存在的聯繫進行了人爲地割裂，從而違背了古人對這些作品的認知方式？可否在承認不同系統差異的前提下試圖尋找它們在創作方式與創作規律上的一致性？對這些問題的思考將有助於拓展現有的研究方法與視角，加強不同領域研究之間的交流與對話。

　　其二，既然不同的圖像系統之間存在著千絲萬縷的聯繫，那麼，墓葬美

〔註2〕 鄭岩：《北周康業墓石榻畫像札記》，《文物》2008 年第 11 期，頁 67～75。

術在美術史中的地位又當如何呢？顯然，我們不能簡單地將其看做地上其他圖像系統的「影像」或「注腳」，而應承認其獨立的美術史價值，它是對不同圖像系統進行改造、融合後形成的新體系。就墓葬美術與其他系統的關係而言，似乎反映了美術史發展的另一種豐富性，它的生動和直觀，足以讓任何一部文字書寫的《中國繪畫史》黯然失色〔註3〕。此種說法無意無限誇大墓葬美術在美術史上的地位，說到底，它只是整個美術史發展中的重要一環，一部完整的美術史應包含著對不同圖像系統的整合與加工，以求較為真實地反映美術史的發展面貌。那麼，在今後的美術史的編寫中，可否找到一種將不同系統圖像統一起來的敘事方式？

　　這兩方面的問題均非本書所能解決，筆者在此更意在提出問題，而對它們的解決將有賴於我們今後大量的探索與實踐。

〔註 3〕　羅世平：《埋藏的繪畫史》，《美術研究》2004 年第 4 期，頁 68～72。該文雖
　　　　是對墓葬壁畫的專門研究，但此觀點完全可推及整個墓葬美術。